机舱监测与主机遥控

吴泽谋　主编

机械工业出版社

为贯彻落实党的二十大精神，加快"实施科教兴国战略，强化现代化建设人才支撑"，服务新时代海洋人才战略，本书根据交通运输部海事局《海船船员考试大纲（2022 版）》的相关要求而编写。

全书共有 10 章，主要内容包括机舱监测与报警系统概述、单元组合式监测与报警系统、网络型监测与报警系统、火灾自动报警系统、曲柄箱油雾浓度监测报警系统、主机遥控系统基础知识、柴油主机气动操纵系统、AUTOCHIEF-IV 主机遥控系统、基于现场总线的主机遥控系统和电控柴油机控制系统。

本书内容丰富、取材新颖、深浅适度、侧重应用，多方面、多层次地反映了机舱监测与主机遥控的技术。

本书可作为航海类高等学校船舶电子电气工程专业和轮机工程专业的教材，也可作为相关专业（航海技术、船舶与海洋工程）师生和船舶电气技术人员的参考用书。

图书在版编目（CIP）数据

机舱监测与主机遥控/吴泽谋主编. —北京：机械工业出版社，2023.12
ISBN 978-7-111-74616-4

Ⅰ.①机… Ⅱ.①吴… Ⅲ.①船舶舱室-监视系统-高等学校-教材②船舶操纵-遥控系统-高等学校-教材 Ⅳ.①U664.82

中国国家版本馆 CIP 数据核字（2024）第 028128 号

机械工业出版社（北京市百万庄大街 22 号　邮政编码 100037）
策划编辑：杨　琼　　　　　责任编辑：杨　琼
责任校对：郑　婕　王　延　　封面设计：王　旭
责任印制：单爱军
北京虎彩文化传播有限公司印刷
2024 年 3 月第 1 版第 1 次印刷
184mm×260mm・15.75 印张・1 插页・385 千字
标准书号：ISBN 978-7-111-74616-4
定价：79.00 元

电话服务　　　　　　　　　网络服务
客服电话：010-88361066　　机 工 官 网：www.cmpbook.com
　　　　　010-88379833　　机 工 官 博：weibo.com/cmp1952
　　　　　010-68326294　　金 书 网：www.golden-book.com
封底无防伪标均为盗版　　机工教育服务网：www.cmpedu.com

前　言
Foreword

　　机舱监测与主机遥控是面向航海类本专科层次轮机工程和船舶电子电气工程专业学生的一门专业课程。通过该课程的学习使学生获得机舱监测与主机遥控技术理论和专业基础，对毕业后从事机舱监测与主机遥控技术工作打下理论和实践基础。

　　本书是主编及参编人员在多年从事机舱监测与主机遥控教学工作、科研工作和航海实践的基础上编写而成的。在本书的编写过程中，本着精选教学内容、深浅适度、主次分明、详略得当的原则，同时兼顾交通运输部海事局制定的《海船船员考试大纲（2022版）》的原则，在内容阐述方面，以机舱监测与主机遥控为主题，突出实践性、实用性，力求做到文字通顺流畅、通俗易懂，以便学生学习；此外，也可作为相关工程技术人员的参考书。

　　本书包含机舱监测与报警系统和船舶主机遥控系统上下两篇。机舱监测与报警系统内容有：机舱监测与报警系统概述、单元组合式监测与报警系统、网络型监测与报警系统、火灾自动报警系统和曲柄箱油雾浓度监测报警系统。船舶主机遥控系统内容有：主机遥控系统基础知识、柴油主机气动操纵系统、AUTOCHIEF-IV 主机遥控系统、基于现场总线的主机遥控系统和电控柴油机控制系统。

　　吴泽谋组织了本书的编写，制定了详细的编写大纲，并负责了全书的统稿工作。全书共有 10 章，其中第 1、6、10 章由吴泽谋编写；第 2 章由俞万能和吴德烽共同编写；第 3 章由李莅娜、庄一凡和朱子文共同编写；第 4 章由马昭胜、杨荣峰和王国玲共同编写；第 5 章由林洪贵、李寒林和田庆元共同编写；第 7 章由林斌、刘启俊和孙洲阳共同编写；第 8 章由刘光银和刘世杰共同编写；第 9 章由钟尚坤、贾冰、陈庆鹏和尹杰冬共同编写。

　　本书由集美大学的林金表教授主审，他详细地审阅了编写大纲及全部书稿，提出了许多宝贵意见和建议。另外，大连海事大学的李世臣教授/高级轮机长、牛小兵副教授，集美大学的阮礽忠教授、王春芳副教授详细地审阅了编写大纲，并提出了许多宝贵意见和建议。在编写过程中，还得到上海海事大学的林叶春教授、王海燕副教授，以及集美大学轮机工程学院船舶电气自动化教研室的全体老师的帮助和支持，编者在这里一并向他们表示衷心的感谢！

　　本书的编写宗旨是为轮机工程和船舶电子电气工程专业本科教学服务。由于受课程设置、相关教学大纲、编者水平及时间所限，全体编写人员虽倾尽全力，但不妥与错误之处在所难免，竭诚希望同行专家及广大读者批评指正。

目 录 Contents

前言

上篇　机舱监测与报警系统

第一章　机舱监测与报警系统概述

第一节　参数类型及监测方法 ……………………………………………………… 2
第二节　监测与报警系统的组成及功能 …………………………………………… 3

第二章　单元组合式监测与报警系统

第一节　报警控制单元的组成、原理及功能 ……………………………………… 7
第二节　继电器式监测与报警控制单元 …………………………………………… 9
第三节　集成电路式监测与报警控制单元 ………………………………………… 11

第三章　网络型监测与报警系统

第一节　DC C20 型监测与报警系统 ……………………………………………… 14
第二节　K-Chief 500 型监测与报警系统 ………………………………………… 29
第三节　K-Chief 600 型监测与报警系统 ………………………………………… 36
第四节　网络型监测与报警系统的维护管理 ……………………………………… 42
第五节　网络型监测与报警系统的故障诊断及处理 ……………………………… 44

第四章　火灾自动报警系统

第一节　火灾探测方法及探测器 …………………………………………………… 47
第二节　火灾自动报警系统的组成及工作原理 …………………………………… 55
第三节　干货舱自动探火及报警系统 ……………………………………………… 58
第四节　可燃气体探测报警系统 …………………………………………………… 61
第五节　火灾探测器的故障分析 …………………………………………………… 63

第五章　曲柄箱油雾浓度监测报警系统

第一节　Mark5 型油雾浓度监测报警系统 ………………………………………… 66
第二节　Mark6 型油雾浓度监测报警系统 ………………………………………… 76

下篇　船舶主机遥控系统

第六章　主机遥控系统基础知识

第一节　主机遥控系统基本概念 …………………………………………………… 82

第二节　主机遥控系统的主要气动元、部件 ……………………………………… 89

第三节　车钟系统及操纵部位的转换 ……………………………………………… 96

第四节　主机遥控系统的逻辑控制 ………………………………………………… 103

第五节　转速与负荷的控制和限制 ………………………………………………… 121

第六节　主机遥控系统的电/气转换装置和执行机构 …………………………… 134

第七章　柴油主机气动操纵系统

第一节　MAN-B&W MC 型主机气动操纵系统 ………………………………… 143

第二节　SULZER RTA DENIS-6 型主机气动操纵系统 ……………………… 155

第八章　AUTOCHIEF-IV 主机遥控系统

第一节　AC-4 主机遥控系统的硬件结构 ………………………………………… 165

第二节　AC-4 主机遥控系统的控制面板及主要功能 …………………………… 167

第三节　AC-4 主机遥控系统在不同车令下的工作过程 ………………………… 175

第四节　AC-4 主机遥控系统的参数显示与设置 ………………………………… 175

第五节　AC-4 主机遥控系统的装置功能试验 …………………………………… 177

第六节　DGS8800e 数字调速系统 ………………………………………………… 179

第七节　SSU8810 安全保护系统 ………………………………………………… 191

第八节　AC-4 主机遥控系统的故障分析与处理 ………………………………… 194

第九章　基于现场总线的主机遥控系统

第一节　AC C20 遥控系统的结构组成 …………………………………………… 200

第二节　分布式处理单元 …………………………………………………………… 202

第三节　车钟系统 …………………………………………………………………… 205

第四节　AC C20 控制面板 ………………………………………………………… 207

第五节　AC C20 的控制功能 ……………………………………………………… 211

第六节　AC C20 的安全保护功能 ………………………………………………… 217

第七节　AC 600 主机遥控系统简介 ……………………………………………… 219

第十章　电控柴油机控制系统

第一节　电控柴油机控制系统的基本概念 ………………………………………… 229

第二节　Wartsila RT-flex 系列电控柴油机控制系统 ………………………… 233

第三节　MAN B&WME 系列电控柴油机控制系统 …………………………… 239

上篇　机舱监测与报警系统

　　机舱监测与报警系统是轮机自动化的一个重要内容，它的功能是准确可靠地监测机舱内各种动力设备的运行状态及其参数，一旦运行设备发生故障，自动发出声、光报警信号。根据自动化程度的不同，有些系统还具有报警记录打印，参数和状态的定时或召唤打印以及参数的分组显示等功能。对于无人值班机舱，集中监测与报警系统还能把报警信号延伸到驾驶台、公共场所、轮机长房间和值班轮机员的住所。机舱集中监测与报警系统不仅可以改善轮机管理人员的工作条件，减轻劳动强度，及时发现设备的运行故障，而且也是实现无人机舱的基本条件。

第一章
机舱监测与报警系统概述

第一节　参数类型及监测方法

一、参数类型

在机舱中需要监测的参数可分为两类：一类是开关量，另一类是模拟量。

所谓开关量，是指只有两个状态的量。这两个状态通常表现为开关的断开和闭合，而开关的形式可以是机械开关或继电器触点。在船舶机舱中，开关量可以反映设备的运行状态，例如设备是处于运行状态还是停止状态，设备是正常工作还是出现故障，主机凸轮轴位置以及阀门位置等。监测与报警系统能对这些开关量进行显示，需要报警的则发出声光报警。

模拟量是指连续变化的量，例如温度、液位、压力和转速等参数均为模拟量。监测与报警系统应能对这些模拟量进行实时显示，如果参数超过预定的范围，则应发出越限声光报警。越限报警分为两种情况，有些参数是不允许超过某一上限值的，当超过这一上限值时发出的报警称为上限报警；另一些参数则不允许低于某一下限值，当低于这一下限值时发出的报警称为下限报警。通常，温度参数的报警为上限报警，压力参数的报警为下限报警，而液位参数的报警则既有上限报警也有下限报警。

应当指出的是，对于有些设备，其运行参数虽然为模拟量，但并不是把这些模拟量直接送入监测与报警系统，而是通过压力继电器、温度继电器或液位开关等转换为开关量信号再送至监测与报警系统。对于这类参数，监测与报警系统将以开关量的形式进行处理。

二、监测方法

监测与报警系统的种类很多，但所采用的监测方法无非有两类：一类是采用连续监测方法，另一类是采用扫描监测方法。

1. 连续监测

连续监测是指机舱中所有监测点的参数并行地送入监测与报警系统，同时对所有监测点的状态及参数进行连续监测。系统中的核心单元是报警控制单元，它由各种测量和报警控制电路组合而成。每个监测点需要一个独立的电路进行测量和产生报警信号，测量结果和报警信息送至公共的显示和报警电路，但在设计上通常将多个同类型参数的电路制作成一块电路板。

连续监测的方法由于每个监测点采用单独的电路，因此各监测点之间的相互影响较小，当某一监测点通道发生故障时，不会影响其他通道的工作，监测点的数量增减在原则上也不受限制。但所需硬件较多，造价较高。

2. 扫描监测

扫描监测也称为巡回监测，这种方法是以一定的时间间隔依次对各个监测点的参数和状态进行扫描，将监测点信息逐一送入监测与报警系统进行分时处理。因此，无论监测点有多少，仅需要一个测量和报警控制单元。

巡回监测方法可通过常规集成电路和微型计算机来实现，由于微机具有采样速度快、检测精度高、体积小、数据处理功能强大、显示手段先进等优点，大多数船舶均采用基于微机技术的监测与报警系统。此外，计算机网络技术的成熟应用已经使得监测与报警系统朝着分布式网络结构的方向发展。

第二节　监测与报警系统的组成及功能

一、监测与报警系统的组成

监测与报警系统一般由三大部分组成：1）分布在机舱各监测点的传感器；2）安装在集中控制室内的控制柜和监视仪表或监视屏；3）安装在驾驶台、公共场所、轮机长和轮机员居室的延伸报警箱。机舱监测与报警系统的组成及其分布如图 1-1 所示。

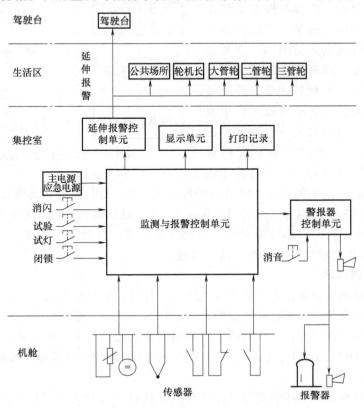

图 1-1　机舱监测与报警系统的组成及分布

二、 监测与报警系统的功能

不同的监测与报警系统，由于实现手段不同，在功能上也略有差异，但原则上都应该具有以下几个方面的功能：

1. 声光报警

声光报警是监测与报警系统最根本的功能，只要监测点的状态发生异常或者出现参数越限，系统就应该发出声光报警，以便问题得到及时处理。大多数导致报警发生的原因均无法在报警发生之后自行消失，只有进行了相应的处理才能使状态恢复正常，这类报警称为常规报警或长时报警。对于某些具有主/备切换功能的设备，当主用设备出现故障并发出报警时，备用将自动运行，往往由于运行参数恢复正常而在短时间内自动消失，这类报警称为短时报警。监测与报警系统对这两种情况一般采用不同的处理方法，图 1-2 示出了一般的报警处理流程。

在正常运行期间，监测与报警系统不会发出报警指示和声响报警。当监测点发生异常时，若该监测点未被闭锁，则系统立即发出声响报警，同时相应的报警指示灯（或屏幕文本字块）快速闪烁，指示报警内容。报警发生后，要求值班人员按消音按钮进行消音（一般情况下，消音按钮对于所有报警都是共用的）和报警确认（按确认按钮或单击闪烁文本）。报警确认

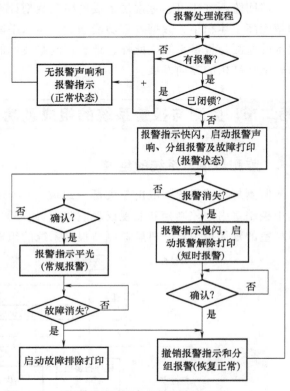

图 1-2 监测点报警处理流程图

后，报警指示灯由闪烁转为平光（或者闪烁转为高亮）。当监测点状态或参数恢复正常时，报警指示消失，即报警灯熄灭（或者高亮消失）。当出现短时报警时，系统也会立即发出声光报警，但往往由于监测状态在短时间内自动恢复正常，报警指示将由"快闪"转为"慢闪"，但声响报警还将继续，直到按下消音按钮。

2. 参数与状态显示

参数显示是指通过模拟仪表、数字仪表或者计算机屏幕对所有监测点的运行参数进行显示，即模拟量显示。状态显示指的是反映设备运行状态的开关量显示，通常采用绿色指示灯表示系统或设备的正常运行，红色灯指示灯表示报警状态。对于采用计算机屏幕的系统，则还可以采用 ON、OFF、HIGH、LOW、NORMAL 和 FAIL 等文本来进行状态显示。

3. 打印记录

打印记录一般有参数打印和报警打印两种。参数打印又分为定时制表打印和召唤打印，定时制表打印是打印机以设定的时间间隔自动地将机舱内需要记录的全部参数打印制表，轮

机人员只要将打印纸整理成册，即可作为轮机日志。召唤打印是根据需要，随时打印当时的工况参数，可对监测点参数进行全点或选点打印。报警打印是由系统自动进行的，只要有报警发生，系统就会把报警名称、报警内容和报警时间进行自动打印输出。而在报警解除时，则自动打印报警解除。

许多监测与报警系统的软件功能还具有"事件"（Event）记录和打印功能。当对系统进行了设置、组态或上、下限报警值等参数的修改时，这些操作都会以"事件"的形式在数据库中进行记录或进行打印输出。

4. 报警延时

在报警装置中，一般均设有延时报警环节，以免发生误报警。根据所监测的参数不同，其延时时间有长延时和短延时之分。例如在监视液位时，由于船舶的摇摆，容易反复造成虚假越限现象，导致频繁报警。类似这些情况可采用 2~30s 的长延时报警，在延时时间之内越限不报警。另外，在运行期间，某些监测开关的状态会由于环境干扰的原因而发生瞬间变化，例如船舶在激烈振动时，某些压力系统的压力波动容易使报警开关发生抖动。为避免误报警，可采用延时 0.5s 的短延时。

5. 报警闭锁

报警闭锁是根据动力设备不同的工作状态，封锁一些不必要的监测点报警。例如，船舶在停港期间，由于主机处于停车状态，主机的冷却系统、燃油系统、滑油系统等均停止工作，与这些系统相关的参数都会出现异常。因此，有必要对与这些系统有关的监测点进行报警闭锁。

6. 延伸报警

延伸报警功能是为无人值班机舱设置的。在无人值班的情况下，必须将机舱故障报警信号分组后传送到驾驶台、公共场所、轮机长及值班轮机员住所的延伸报警箱。延伸报警通常是按故障的严重程度来分组，可把全部监测点的报警信息分为四组：主机故障自动停车报警；主机故障自动降速报警；重要故障报警；一般故障报警。有时为了简化延伸报警，在值班轮机员住所的延伸报警箱上仅设置重要故障报警和一般故障报警两个报警指示灯。

7. 失职报警

在无人值班的情况下，监测与报警系统在发出故障报警的同时，还会触发 3min 计时程序。若值班轮机员未能在 3min 内及时到达集中控制室完成确认操作，即使已在延伸报警箱上进行过确认，仍将被认为是一种失职行为，报警系统就会使所有延伸报警箱发出声光报警信号。报警系统发出失职报警后，只能在集中控制室进行消声，复位 3min 计时器后才能撤销失职报警。

8. 值班呼叫

值班呼叫功能主要用于轮机员交接班时进行信号联络。例如，大管轮与三管轮进行交接班时，大管轮只要在集控室把"值班选择"指向"三管轮"位置即可。这样，系统就会撤销大管轮的值班信号，而向驾驶台、公共场所和三管轮住所的延伸报警发出三管轮值班呼叫声响信号，值班指示灯闪光。应答后，报警声消失，值班指示灯从闪光转为平光，表示三管轮进入值班状态。以后，监测系统会把报警信号传送到三管轮住所的延伸报警箱，而不再送到大管轮处。

9. 测试功能

在集中控制室的操纵台上，一般都设有试灯按钮和功能测试按钮。按试灯按钮，所有指示灯都要亮，不亮的指示灯需要换新。按功能测试按钮，所有监测点均进入报警状态，否则，未报警的监测点表示相应监测通道有故障。测试功能可协助进行故障定位。

10. 自检功能

监测与报警系统正常工作的前提是系统本身没有故障。为了确保监测与报警系统本身的工作可靠性，对诸如输入通道、电源电压和熔丝等重要环节，应具有自动监测功能。出现异常时，系统将自动地发出相应的系统故障报警。

11. 备用电源的自动投入

要使监测系统在全船失电的情况下还能正常工作，就必须配备相应的备用电源。在主电源失电压或欠电压时，系统能自动启用备用电源，实现不间断供电。

第二章
单元组合式监测与报警系统

　　单元组合式集中监测与报警系统采用连续的监测方式，一个报警控制单元独立监测一个监测点，整个监测与报警系统由各个监测点的报警控制单元和一套系统共用单元组合而成，因此称为单元组合式监测与报警系统。每个监测点的状态和参数由相应的传感器检测并送到集控室的报警控制单元。当监测点所对应的设备发生故障或运行参数越限时，报警控制单元能向系统共用单元提供故障报警信号和打印信号，还能将报警信号延伸至驾驶台、公共场所、轮机长及值班轮机员住所。

　　报警控制单元有开关量报警控制单元和模拟量报警控制单元，这两种控制单元的工作原理基本相同，只是越限报警值的调整方法不同，对于开关量报警控制单元，它输入的信号是开关状态，一般由温度开关、压力开关、液位开关等传感器来检测，调整越限报警值往往是在传感器上，通过调整其幅差来实现。对模拟量报警控制单元，其输入量是运行参数的模拟量，其越限报警值是通过调整印制电路板上的电位器来进行的。

第一节　报警控制单元的组成、原理及功能

一、开关量报警控制单元

　　开关量报警控制单元是由输入回路、延时环节和逻辑判断环节所组成的，其逻辑原理框图如图 2-1 所示。其中，输入回路用于接收开关量传感器送来输入信息（即触点是闭合还是断开），并且在输入异常时发出报警信号；同时还可接收"试验"信号，当输入试验信号时同样输出报警信号，以模拟监测点的设备故障。延时环节用于对报警信号产生适当的延时，实现延时报警功能，以避免误报警。逻辑判断环节用来完成逻辑运算、状态记忆和报警控制。

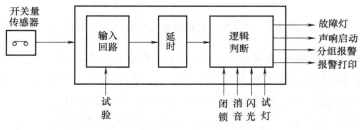

图 2-1　开关量报警控制单元的逻辑组成框图

在监测点参数处于正常范围时，开关量传感器的触点闭合，输入回路不输出报警信号，因此报警指示灯处于熄灭状态，也不启动声响报警、分组报警和故障打印。当监测点的运行设备发生故障，或其相关参数越限时，传感器触点断开，输入回路送出报警信号 V_F，经延时环节和逻辑判断环节后发出报警。报警内容通常包括：1）控制报警指示灯，使之快速闪亮、慢速闪亮、常亮或熄灭；2）启动公共报警系统，向集控室和机舱发出声光报警；3）输出分组报警信号至延伸报警单元，进行归类分组后控制延伸报警箱实现分组报警。4）启动报警记录打印机，记录故障发生的时间和报警内容。逻辑判断环节除了接收报警信号外，还接收闭锁、消闪、闪光和试灯信号。

在发生报警时，值班轮机员首先应按"确认"按钮（也称消音按钮，意即报警已被确认，声响可以停止），以消除声响。然后，按消闪按钮，若是长时报警，则逻辑判断环节将使报警指示灯从快速闪亮变成常亮，以指示故障状态。此时，轮机员应进行相应的报警处理措施。待故障排除后，监测点参数恢复正常，传感器触点又重新闭合，报警指示灯由常亮变为熄灭。若在尚未按下确认按钮时，监测点参数已自行恢复正常，传感器触点已重新闭合，逻辑判断环节将使指示灯从快闪转为慢闪，进入短时故障报警状态，这时，先按下消声按钮进行消声，再按下消闪按钮，指示灯将从慢闪转为熄灭。有些监测与报警系统还设有失职报警功能，在发出延伸报警的同时起动失职报警计时器，若值班轮机员在 3min 内到达集控室进行报警确认，则计时器复位，否则计时满后将发出失职报警。

开关量报警设定值是由开关量传感器来实现的。例如，采用压力继电器作为压力传感器时，其上限报警设定值为继电器的下限设定压力与幅差之和，而下限报警的设定值就是其下限设定压力。

二、模拟量报警控制单元

模拟量报警控制单元主要由测量回路、比较环节、延时环节和逻辑判断环节组成，其原理框图如图 2-2 所示。

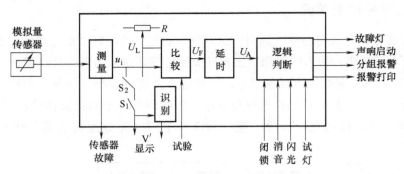

图 2-2 模拟量报警控制单元的逻辑组成框图

测量回路把模拟量传感器送来的模拟量信息转换成相应的电压信号，作为监测点参数的测量值 u_i，并在模拟量传感器发生短路或开路时，向自检单元发出传感器故障信号。比较环节用于故障报警鉴别，它将测量值 u_i 与电位器 R 整定的报警设定值 U_L 进行比较，若参数越限则输出报警信号至延时环节。选择开关 S_1 用于测量值与设定值的选择显示。在功能试验时，比较环节接收到"试验"信号，模拟监测点参数越限，此时若能发出参数越限的报警信号，则说明控制单元工作正常；否则，说明控制单元有故障。延时环节和逻辑判断环节的作用与开关量报警控制单元中的相应环节完全相同。延时环节一般只设置在需要延时报警的监测通道中。

第二节　继电器式监测与报警控制单元

SAM-02 型监测与报警系统是以继电器为基本单元，其工作原理简单，功能齐全。系统由若干块插件板组成，每块插件板可同时安置 6 个相同的报警控制单元，分别对 6 个通道进行监测。该系统用开关量传感器，可监测开关量参数，也可以监测模拟量参数，监测模拟量参数时，通过调整传感器开关的幅差来设定参数的报警值。图 2-3 给出了一个报警控制单元的电路图，下面介绍该电路的工作原理。

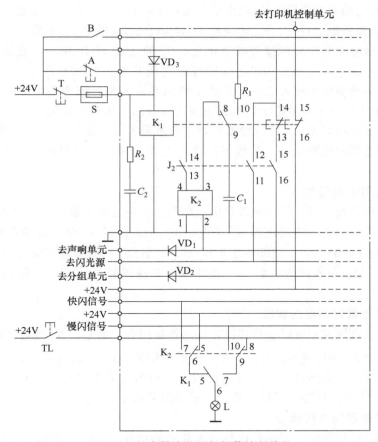

图 2-3　继电器式监测与报警控制单元

1. 参数正常或闭锁报警时的电路状态

被监测参数处于正常范围时，传感器开关 S 闭合，试验开关 T 闭合，继电器 K_1 通电，其触点 K_1 的 8-9 断开，9-10 闭合，24V 电压经电阻 R_1 向电容 C_1 充电，为报警作准备；K_1 的触点 13-14 断开，不输出分组报警信号；K_1 的触点 15-16 断开，不输出故障打印启动信号。K_1 通电的同时，电容 C_2 的充电回路也接通并充电，为延时报警作准备。因 K_1 的触点

8-9 断开，继电器 K_2 断电，K_2 的触点 13-14 断开，无自保作用；K_2 的触点 11-12 断开，闪光源停止工作。另外，K_1 的触点 6-7 闭合和 K_2 的触点 8-9 闭合，报警指示灯 L 经试灯按钮 TL 与 24V 电源相连，因此正常时灯不亮，按下试灯按钮后，指示灯应点亮。

闭锁报警时，闭锁开关 B 闭合，这与传感器开关 S 闭合、试验开关 T 闭合时的情况一样，继电器 K_1 通电，继电器 K_2 断电，报警控制单元不输出报警信号，从而闭锁了该报警控制单元的报警信号。

2. 参数越限时或试验时的电路状态

当发生运行设备故障，监测点参数越限时，传感器开关 S 断开。在无闭锁报警时，闭锁开关 B 断开，二极管 VD_3 截止。此时电容 C_2 经电阻 R_2 向 K_1 放电实现延时报警功能。待 C_2 放电到其电压降到一定值时，延时时间到，继电器 K_1 断电，K_1 的触点 8-9 闭合，电容 C_1 上的电压经双绕组继电器 K_2 的 2-3 绕组、二极管 VD_1 和声响报警控制单元放电，使继电器 K_2 通电，同时启动声响报警。K_2 通电后其触点 13-14 闭合自保，以保证 C_1 放电结束后，继电器 K_2 继续保持通电。这时，K_1 的触点 13-14 闭合，K_2 的触点 15-16 闭合，二极管 VD_2 导通，输出分组报警信号至延伸报警控制单元。K_1 的触点 15-16 闭合，使故障打印控制电路产生一个正脉冲信号，启动打印机把故障打印记录下来。K_2 的触点 11-12 闭合，接通闪光源的电源，使闪光源单元投入工作，并输出快闪和慢闪两种闪光信号。K_1 的触点 5-6 闭合和 K_2 的触点 6-7 闭合，报警指示灯 L 接通快闪信号源，使指示灯快闪。

试验时，按下试验开关 T，这与参数越限时传感器开关 S 断开一样，继电器 K_1 延时断开，报警控制单元发出报警信号。若按下试验开关 T 而未发出报警信号，说明该报警控制单元有故障。

3. 报警应答后的电路状态

在系统发出声光报警时，值班轮机员应立刻到达集中控制室进行消声应答，切除声响报警，然后按下消闪按钮 A，使继电器 K_2 断电，K_2 的触点 13-14 断开解除自保。K_2 的触点 11-12 断开切除闪光源的电源，使其停止工作。K_2 的触点 15-16 断开切除分组报警信号。K_2 的触点 6-7 断开，触点 5-6 闭合，将 24V 电压直接加在报警指示 L 上，使其从快闪切换成常亮。

4. 参数恢复正常时的电路状态

当故障排除参数恢复正常时，传感器开关 S 重新闭合，继电器 K_1 通电，K_1 的触点 9-10 闭合，电源经电阻 R_1 向电容 C_1 充电，为下次报警作准备；K_1 的触点 15-16 断开，在故障打印控制单元产生一个负脉冲，自动启动打印机打印出故障排除时间。K_1 的触点 6-7 闭合和 K_2 的触点 8-9 闭合，报警指示灯 L 熄灭，撤销报警信号。

5. 参数短时越限的电路状态

当出现短时故障报警时，值班轮机员尚未按应答按钮 A，监测点参数已自行恢复正常，使传感器开关 S 断开又闭合，这时继电器 K_1 和 K_2 均通电。K_1 的触点 9-10 闭合，C_1 充电；K_1 的触点 15-16 断开，启动故障排除打印；K_1 的触点 13-14 断开，撤销分组报警。K_1 的触点 6-7 闭合，K_2 的触点 9-10 仍闭合，报警指示灯 L 接通慢闪信号源，使报警指示灯从快闪切换成慢闪。这时，值班轮机员先按下消声按钮，切除声响报警，然后在了解报警原因后按下消闪按钮 A，使继电器 K_2 断电，K_2 的触点 11-12 断开，使闪光源停止工作。K_2 的触点 9-10 断开，触点 8-9 闭合，使报警指示灯 L 从慢闪直接切换成熄灭，而不经过平光过程。

利用试验开关 T 与消闪按钮 A 的配合操作，可进行长时故障和短时故障的报警试验。

第三节　集成电路式监测与报警控制单元

WE-2 型监测与报警系统是采用集成电路组成的单元组合式监测与报警系统，其控制单元主要由运算放大器和逻辑电路等集成电路组成，可对开关量和模拟量两类参数进行监测。

一、开关量监测与报警控制单元

图 2-4 为 WE-2 型监测与报警系统的开关量监测与报警控制单元的电路原理图。其工作过程如下：

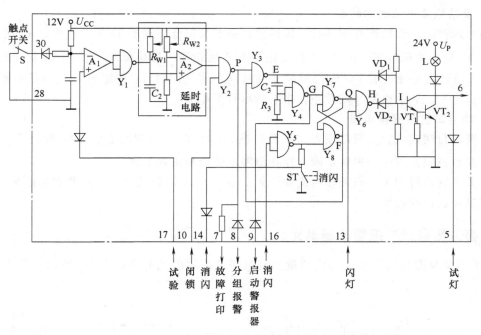

图 2-4　用集成电路组成的开关量监测与报警控制单元

1. 监测点参数正常时的状态

当监测点参数正常时，传感器开关 S 闭合，端子 30 为低电平，A_1 输出高电平，Y_1 输出低电平，A_2 输出低电平，Y_2 输出高电平，即 P 点为高电平，不输出故障打印和分组报警信号，Y_3 输出低电平，一方面使 Y_4 输出高电平，不启动报警器，另一方面使 I 点为低电平，VT_1 和 VT_2 均截止，报警指示灯 L 不亮。

2. 参数越限时的状态

当参数越限，传感器开关 S 断开，A_1 反相端变为高电平，则 A_1 输出低电平，经 Y_1 反相为高电平，向延时环节的电容 C_2 充电使 A_2 同相端电压不断升高。当升高到略大于 A_2 反相端设定的电位时，A_2 翻转输出高电平，这段报警延时时间可通过 R_{W2} 来调整。端子 10 在没有闭锁信号时为高电平，于是与非门 Y_2 输出低电平，即 P 点为低电平，经端子 8 输出分组报警信号至延伸报警单元，同时端子 7 输出故障打印信号。与非门 Y_3 输出高电平，由 C_3

和 R_3 组成的微分电路产生一个正的尖峰脉冲，经非门 Y_4 输出一个负的尖峰脉冲，G 点出现的负尖脉冲，一方面经端子 9 输出声响启动信号至警报器单元，另一方面使 RS 触发器的 Q 端置位为高电平，打开与非门 Y_6，由端子 13 送来的闪光信号经 Y_6 到达 H 点，使 I 点的电位高低交替变化，致使晶体管 VT_1 和 VT_2 间断导通，报警指示灯 L 闪光，并由端子 6 输出到外接的报警指示灯。

3. 报警应答后的状态

发生故障报警时，可按下消闪按钮 ST 进行消闪，也可通过端子 16 送来的高电平信号或者端子 14 送来的低电平信号进行消闪。有消闪信号时，RS 触发器的 R 端为低电平，使触发器的 Q 端置位为低电平，从而封锁 Y_6，于是端子 13 来的闪光信号不能通过 Y_6，H 点为高电平，使 I 点保持高电平，晶体管 VT_1 和 VT_2 始终导通，报警指示灯转为常亮。

4. 参数恢复正常时的状态

当故障排除，参数恢复正常时，传感器开关 S 又闭合，端子 30 为低电位，A_1 输出高电平，经 Y_1 反相为低电平，因 A_2 同相端电位低于反相端而输出低电平，经 Y_2 输出高电平，P 点的正阶跃电平通过端子 7 输出故障排除打印信号，同时 Y_3 的输出 E 点为低电平，使 I 点保持低电平，VT_1 和 VT_2 均截止，报警指示灯 L 熄灭。

5. 功能试验与报警闭锁

若要进行功能试验，只需按下"试验"按钮，端子 17 出现低电平，A_1 输出低电平，这相当于参数越限，可试验报警功能和检查报警系统能否正常工作。

若要实现报警闭锁，只需接通闭锁开关，端子 10 就出现低电平，使 P 点始终为高电平，从而闭锁该通道的报警。

二、 模拟量监测与报警控制单元

WE-2 型监测与报警系统的模拟量监测与报警控制单元电路如图 2-5 所示。其中延时环

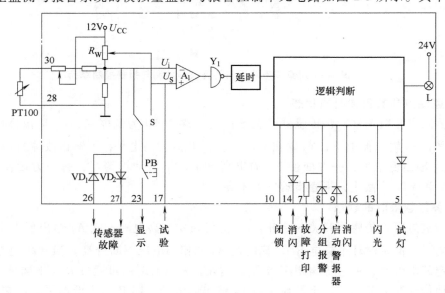

图 2-5　用集成电路组成的模拟量监测与报警控制单元

节和逻辑判断环节的原理与开关量报警控制单元相同，其输入、输出信号的作用大多数与开关量报警控制单元相同，下面仅说明与开关量报警控制单元的不同之处。

1. 输入及输出信号

端子 30 和 28 为模拟量传感器信息输入端，传感器采用 PT100 型铂热电阻。端子 26 和 27 为传感器故障信号输出端，当传感器发生短路或开路时，因其测量值超过正常测量范围，就向自检单元发送传感器故障信号。端子 23 是参数测量值或报警设定值输出端，按下 PB 按钮时可将测量值或报警设定值送至显示单元，S 为显示选择开关。

2. 工作原理

模拟量传感器给出的信息经测量回路转换成电压信号 U_i 送至比较器 A_1 的反相端，并从端子 23 送至显示单元。电位器 R_W 的中间抽头电压 U_S 为上限报警设定值，送至 A_1 的同相端。当监测点参数超限时，其测量值大于报警设定值，即 $U_i > U_S$，使比较器 A_1 翻转输出低电平，经 Y_1 反相为高电平，高电平信号送至延时电路，经延时后送至逻辑判断电路。延时电路和逻辑判断电路的动作过程与开关量监测与报警控制单元相同。功能试验时，端子 17 出现低电平，使比较器 A_1 输出低电平，以模拟监测点参数越限。

第三章
网络型监测与报警系统

目前，船舶机舱监测与报警系统基本上都采用计算机实现。根据计算机监控系统的结构特点，船舶机舱监测与报警系统可分为集中型系统、集散型系统和全分布式系统。

集中型系统采用单台计算机的结构形式，可靠性较差，一旦计算机发生故障，则整个系统完全瘫痪。集散型系统采用集中和分散相结合的系统结构，将监测任务合理地分散成由多台微机进行分别监测的子系统，各个子系统与上层计算机进行通信连接，以便集中管理和信息共享。

初期的集散型系统，在各子系统内部大多采用模拟信号传输，即在子系统计算机与机旁仪表之间使用模拟量进行信号传输，所以在机旁和子系统计算机之间需敷设大量的电缆。另外，模拟信号长距离传输所引起的干扰也较严重。典型子系统如西门子公司的 SIMOS32 型集中监测与报警系统。

后来，一些公司应用传统控制网络技术对子系统进行了改造，即在控制对象附近放置现场处理单元来实现模拟信号的收发，而现场处理单元与子系统计算机之间则通过 BITBUS、RS485 等网络进行数据交换。这种改造虽然起到了一定的效果，并已成为一个时期内船舶监测与报警系统的主流，但由于传统控制网络的固有缺陷，所以未能实现真正意义上的全分布式控制。而且各公司所建控制网络的封闭性，也阻碍了船用现场控制设备间互换与互操作的实现。这类系统的典型代表有西门子公司的 SIMOS IMA32C 系统和 NORCONTROL 公司（KONGSBERG 公司的前身）的 DataChief1000 系统等。

进入 20 世纪 90 年代后，随着现场总线技术的不断完善，在新造船舶中，越来越多地采用现场总线作为各个子系统的内部控制网络，上层网络采用局域网，形成全分布式的网络型监测系统。

第一节　DC C20 型监测与报警系统

一、DC C20 监测与报警系统的结构组成

DC C20 是一个完全基于微处理器的监测与报警系统，其组成如图 3-1 所示。主要组成包括分布式处理单元（DPU）、远程操作站（ROS）、移动式操作站（MOS）、现场操作站（LOS）、以太网（Ethernet）、CAN（Controller Area Network，控制器局域网）现场总线网、网关（SGW 和 dPSC）、值班呼叫系统（WBC 和 WCU）和不间断电源等。

DC C20 系统采用 CAN 现场总线和以太网（Ethernet）相结合的网络结构形式，并且均

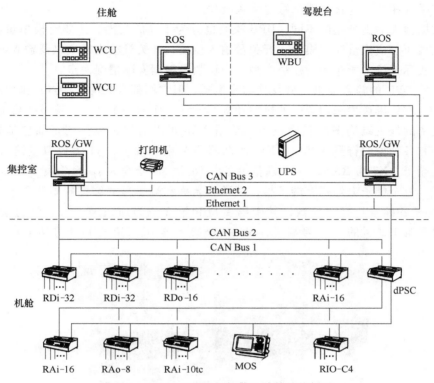

图 3-1　DC C20 监测与报警系统的结构框图

采用双冗余结构。系统中的主要设备包括：

1. 分布式处理单元（DPU）

DPU（Distributed Processing Unit，分布式处理单元）是采用模块化设计、具有通信功能的智能化远程 I/O 单元，如图 3-1 中所示的 RDi-32、RDo-16、RAi-16、RAo-8、RAi-10tc 和 RIO-C4 等。它们分布在机舱各处，一方面作为传感器和执行器的 I/O 接口，直接与传感器和执行器相连；另一方面通过 CAN 总线与上层网络相连，从而实现上层网络对机舱设备的监测和控制。连接 DPU 和上层网络的两套 CAN 总线分别标识为 CAN Bus1 和 CAN Bus2。这两套 CAN 总线总是互为热备份，当主用网络出现故障时，备用网络自动切入工作，充分保证系统工作的可靠性。

DPU 是 DC C20 监测与报警系统的核心组成部分，所有的监测、控制和自动功能均由这些 DPU 进行最终实施。它们分布在机舱各处，可以直接安装在机器设备上，也可以根据需要将若干个 DPU 组装在一个控制箱内，并称之为"数据采集单元（Data Acquisition Unit，DAU）"。

DPU 以微处理器为核心，采用单电路板结构。DPU 一方面作为传感器或执行器的接口，对来自模拟量、开关量传感器的信号进行处理、监测和报警，或向不同设备输出模拟量、开关量控制信号。

另一方面，DPU 通过双芯屏蔽电缆或双绞线等连接到双冗余 CAN 总线，实现 DPU 之间的互联以及 DPU 与操作单元之间的数据通信。操作单元通过网络能对 DPU 的工作状态进行连续监测，并可通过网络向各个 DPU 下载相应的软件和参数，使得不同的 DPU 具有相应的不同功能。例如，某些用于监测与报警，某些用于控制，某些用于安全保护或这些功能的混合。与传统系统相比，连接电缆的数量大大减少。

按照数据输入输出类型的不同，DPU 模块也分为不同的类型，主要有模拟量输入模块、热电偶输入模块、模拟量输出模块、开关量输入模块、开关量输出模块以及输入输出混合模块等。一个实际系统中所包含的模块类型及模块数量根据实际情况而定。

尽管不同 DPU 的输入输出类型及其功能不同，但它们都有共同的特点，主要特点如下：

1）所有 DPU 模块均采用统一的机械和电气设计。作为一个例子，图 3-2 给出了模拟量输入输出模块的外观结构图和正面视图。从图 3-2b 可以看出，模块的正面包括接线端子、状态指示灯和各种说明符号。其中，X10 为两路 24V 电源端子、X1 为模拟量输入端子、X3 为计数输入端子、X7 为 RS-422/485 通信端子、X8 和 X9 分别为 CAN 总线 1 和 CAN 总线 2 的接线端子，每个端子上均标有端子号，端子的名称和端子号的编排规则适用于所有 DPU。例如，X1 端子的编号共有 3 位数，其中第 1 位和第 2 位为通道号，第 3 位为端子号（如 011~014 表示第 1 通道的 1~4 号端子，161~164 表示第 16 通道的 1~4 号端子）。

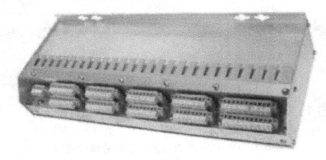

a) 外观结构图

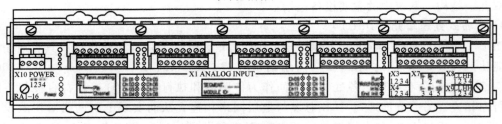

b) 正面视图

图 3-2 DPU 模块示例

状态指示灯包括通道状态指示灯和模块状态指示灯，通道状态指示灯用于指示相应的输入输出通道的工作状态，每个指示灯对应一个通道；模块状态指示灯有 RUN、Watch Dog、Info、End Init 和 Power 等，它们组合起来表示模块的不同状态见表 3-1。

表 3-1 DPU 状态指示灯的组合含义

LED 指示灯名称标示	工作状态	应用程序未加载	未初始化	工作停止	电源极性错误
RUN	绿	灭	灭	灭	灭
Watch Dog	灭	红	红	红	灭
Info	黄（闪烁）	灭	灭	灭	灭
End Init	绿	绿	灭	绿	灭
Power	绿	绿	绿	绿	红

2）DPU 具有参数存储功能，能够独立完成参数的监测、报警和控制。当 ROS 出故障时，DPU 的工作不受影响。

3）DPU 具有完备的通信功能，支持双冗余 CAN 总线高速多主通信网络协议，具备 CAN 网络状态、容错管理功能。DPU 之间通过冗余的 CAN 总线进行通信。很多 DPU 还配备了一个 RS-422 或 RS-485 串行接口，以便和其他外部设备进行数据通信。

4）通过 ROS，可将用于 DPU 硬件组态和编程所需的软件下载到 DPU 中，并在 ROS 上对 DPU 进行遥控组态。在更换 DPU 后，需要给新单元下载参数。在 ROS 和 LOS 上，可以实现对 DPU 的监测、控制和参数调整。

5）所有的 DPU 均用 DC 24V 电源供电，DPU 的硬件无需进行设置和调整，所有连接均可即插即用。DPU 的电源、通信、I/O 通道连接都采用光电隔离。

6）具有强大的自检功能（检查模块内部温度、存储器性能以及 CAN 总线状态）。若 DPU、过程总线、电缆或传感器有故障，则会产生相应的报警信号。

以下介绍 DC C20 系统中常用的 DPU 模块：

（1）模拟量输入模块（RAi-16）

RAi-16 是一个具有 16 个通道的模拟量输入模块，每个通道的输入类型可以是电压、电流或电阻信号，具有内建的量程和量纲转换功能和参数越限报警功能。除此之外，模块还包含一个计数器通道，计数频率为 5～500Hz。此模块适用于检测机舱的各种温度、压力、液位和转速等模拟量信号。必要时，RAi-16 也可当作开关量输入模块来使用。

（2）热电偶输入模块（RAi-10tc）

RAi-10tc 是为各种热电偶传感器专门设计的模拟量输入模块，共有 10 个输入通道，特别适用于检测柴油机的排烟温度。具有内建的热电偶冷端补偿和量程、量纲转换功能及参数越限报警功能。如果采用外部冷端补偿，则需采用外部放大电路，并以 RAi-16 模块进行输入。

（3）模拟量输出模块（RAo-8）

RAo-8 是一个具有 8 个通道的模拟量输出模块，输出信号可以选定为 DC ±10V 的电压信号或者是 ±20mA 的电流信号，适用于模拟量指示输出和控制量信号输出。

（4）开关量输入模块（RDi-32、RDi-32A）

RDi-32 和 RDi-32A 都是具有 32 个通道的开关量输入模块，RDi-32 为触点输入，RDi-32A 为 AC 24V 或 DC 24V 电压信号输入。当输入状态异常时，能够发出开关量报警，并由发光二极管（LED）指示每个输入通道的输入状态。适用于检测各种机舱设备的运行状态、阀门位置等开关量信号。

（5）开关量输出模块（RDo-16）

RDo-16 是一个具有 16 个通道的开关量输出模块，设有 LED 指示每个通道的输出状态。最大输出电压为 AC 230V，最大输出电流为 3A（电阻性负载），支持脉冲输出。适用于各种开关量指示输出和开关量控制信号的输出。

（6）混合模块（RIO-C1、RIO-C2、RIO-C3、RIO-C4）

这里说的混合模块是指单个模块中既包含模拟量或开关量输入通道，又包含模拟量或开关量输出通道。

1）RIO-C1：RIO-C1 具有模拟量、开关量的输入、输出和脉冲输入功能，表 3-2 所示为模块所包含的通道类型、通道数量和相应的功能特点。

从表 3-2 可以看出，RIO-C1 的模拟量输入通道可直接测量单相交流电的电压和电流信号，通过测量或计算，可以获得船舶电站系统中发电机和电网电压、发电机输出电流、发电机和电网频率、发电机和电网电压之间的相位差、电网的有功功率和无功功率；两个计数器输入通道可分别接收来自两个磁脉冲传感器的脉冲信号，从而计算出回转设备的转速值；输出通道可分别输出模拟量指示信号和开关量控制信号。因此，RIO-C1 特别适用于对发电机组的监测和控制。同时，也适用于船舶主机或辅机的安全保护系统。

表 3-2 RIO-C1 的通道类型、通道数量和相应的功能特点

通道类型	通道数	功能描述
模拟量输入（AC 电压）	2	单相交流电压输入,Max. 30Vrms,50/60Hz
模拟量输入（AC 电流）	1	交流电流输入,Max. 1A,50/60Hz
模拟量输入	4	同 RAi-16
计数脉冲输入	2	DC 24V 计数脉冲输入,检测磁脉冲转速探头
开关量输入	4	同 RDi-32
模拟量输出	2	4~20mA 电流输出
开关量输出	6	Max. 3A（电阻性负载）,直接驱动电磁阀或继电器

2）RIO-C2：RIO-C2 包含 8 个开关量输入和 8 个开关量输出通道，每个通道均设有 LED 进行输入和输出的状态指示。其输入信号可以是自由触点或 24V 交直流电压，输出为继电器触点输出，特别适用于泵和阀门的控制。

3）RIO-C3：RIO-C3 专门用于船舶发电机的安全保护，其输入输出通道设计成可与各种电流、电压变换装置以及配电板设备进行连接，具有短路、过电流、逆功率自动脱扣和有功功率、功率因素计算等功能。

4）RIO-C4：RIO-C4 也是专门用于船舶电站系统的发电机监控模块，其主要功能包括发电机并车、发电柴油机自动起停、发电柴油机转速定值控制、发电机功率计算、机组间负荷分配、主配电板仪表驱动、柴油机预润滑控制（可选）、燃油选择控制（可选）和发电机电压定值控制（可选）等。RIO-C4 是 RIO-C1 的升级产品。

（7）总线耦合控制模块（PSS）

PSS 类似以太网的集线器 HUB，全称为 Process Segment Starcoupler，用于 CAN 总线分支，此外还具有分段隔离的作用。CAN 现场总线容易因短路、接线松动而损坏，从而导致整个 CAN 总线瘫痪。PSS 的作用是使两段总线互相保护。

（8）MEI、DGU、ESU 和 RPME

这 4 个模块是专门用于主机遥控系统的 DPU 模块，分别用作遥控系统和主机的接口单元、数字调速器、安全保护单元和转速检测单元。这 4 个模块将在第九章结合 AC C20 主机遥控系统阐述。

2. 远程操作站（ROS）

ROS（Remote Operator Station，远程操作站）由 PC（个人计算机）、OCP（操作控制面板）（或普通 PC 键盘）、鼠标、显示屏和打印机组成，PC 采用 Windows NT 或 Windows XP 操作系统。ROS 通常设置在集控室、驾驶室和甲板舱室，常见的配置是集控室 2 台，驾驶室

和轮机长房间各 1 台，其他舱室是否设置可根据需要而定。其中，集控室的 2 台是必备的，其他场所为可选安装。各 ROS 均配置双网卡，形成双冗余的以太网络，在图 3-1 中分别标识为 Ethernet 1 和 Ethernet 2。

集控室的 2 台 ROS 还兼有系统网关（System Gate Way，SGW）的功能，使得局域网中的各个 ROS 能够通过 SGW 与 CAN 总线相连。通过 SGW 和 CAN 总线，ROS 一方面可以接收各个 DPU 送出的机舱现场信息，另一方面还能向 DPU 发送操作指令、控制参数和程序包。

另外，ROS 还作为过程数据、工程数据和软件的数据库，用于 ROS 和不同 DPU 的软件也存储在 ROS 的 PC 中，调试期间或更换 DPU 时，可以通过 ROS 将参数下载到 DPU 中，在 ROS 上可以对报警值和系统参数进行修改，在一个 ROS 上进行的修改将会自动地刷新其他所有的 ROS。当现场参数或状态发生变化时，DPU 将刷新每一个 ROS 中的数据库，保证任一个 ROS 上显示的数据总是最新的，从而大大减小数据传送量，提高数据的访问速度。

3. 值班呼叫系统（Watch Calling System，WCS）

按照无人机舱的基本设计原则，DC C20 系统在驾驶台和轮机员舱室及公共场所设有延伸报警装置。驾驶台的延伸报警装置称为 WBU（Watch Bridge Unit），而舱室及公共场所的延伸报警装置则称为 WCU（Watch Cabin Unit）。WBU 和 WCU 通过 CAN 总线（在图 3-1 中标识为 CAN Bus 3）与 ROS 进行通信连接，形成值班呼叫系统（Watch Calling System，WCS）。

4. 网关（SGW、dPSC）

DC C20 是一个网络型监控系统，在不同网络类型及不同网段之间需要有一个专门设施来转换网络之间不同的通信协议或在不同数据格式之间进行数据翻译，这一设施称为网关。在 DC C20 系统中，共有两种网关，即系统网关（System Gateway，SGW）和 CAN 总线双处理器网段控制器（dual Process Segment Controller，dPSC）。

（1）系统网关（SGW）

SGW 是 CAN 总线网和以太网之间的网关，采用双冗余设计，实现 CAN 与以太网两种网络之间的冗余连接，进而实现 DPU 和 ROS 之间的双向信息传输。其主要任务是：

1）接收来自于 CAN 总线的信息，对 ROS 进行刷新。

2）管理从 ROS 发送到 DPU 或 LOS 的操作指令、参数和程序。

所有必需的组态和软件安装均通过以太网完成。通过执行简单的网络管理协议还可以通过以太网进入 SGW 和 CAN 的故障诊断数据库。

（2）双处理器网段控制器（dPSC）

CAN 最多能支持 110 个节点，即在 CAN 总线上最多能挂接 110 个 DPU 模块。当系统规模较大，或者出于某种特殊需要时，往往需要对 CAN 进行扩展，即把 CAN 扩展成上下两层，上层一般叫作全局 CAN 总线（Global CAN Bus），下层则称作局部 CAN 总线（Local CAN Bus）。

dPSC 就是用于扩展局部 CAN 总线的专门设备，它是一个双二通道 CAN 网关，设有两个单独供电的处理器，每个处理器各有两个 CAN 接口，两个处理器通过双口存储器共享信息。因此，1 个 dPSC 模块共有 4 个 CAN 接口，其中两个冗余接口连接上层全局 CAN 总线，另外两个连接下层局部 CAN 总线。此外，dPSC 还提供了两个 RS-422/RS-485 串行通信接口，用于连接其他具有数字通信功能的控制系统或设备，如辅锅炉控制系统和分油机控制系统等。图 3-3 所示为采用 dPSC 进行 CAN 总线扩展的实例。

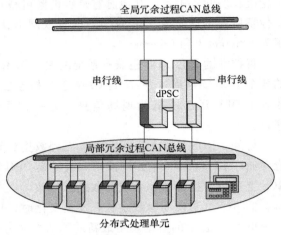

图 3-3 CAN 总线扩展实例

dPSC 的主要任务是：

1）处理来自于局部 CAN 总线的信息并将其送往全局 CAN 总线，进而通过系统网关（SGW）供 ROS 使用。

2）管理由系统网关（SGW）或 ROS 发送到局部 CAN 总线的指令、参数和程序。

dPSC 具有开放式主控制器的能力，能够管理连接到总线上的所有 DPU。如果与某个 DPU 的通信出了故障，dPSC 将在全局 CAN 总线上产生系统故障信息。dPSC 遵从 ISO 11898 标准，对 CAN 通道采用光电隔离。因而，一个 CAN 通道的短路或故障不会影响其他的通道。dPSC 还带有两个 RS-422/RS-485 双路串行接口，用于和其他设备的通信。当 dPSC 的两个处理器控制同一个 DPU 时，它们处于并联运行状态，因而可为 CAN 总线通信和逻辑控制提供冗余功能。

5. 其他辅助设备

系统中的其他辅助设备包括不间断电源（UPS）、以太网集线器（HUB）、现场操作站（Local Operator Station，LOS）和便携式操作站（Midi Operator Station，MOS）。

UPS 确保在短时间失电的情况下能够继续给系统中提供 AC 220V 和 DC 24V 电源。

HUB 用于以太网内各个 ROS 联网。

LOS 用于在机舱现场对各个 DPU 模块进行操作，在 LOS 面板上可以选择和访问挂在同一 CAN 总线上的任意 DPU，例如查看 DPU 中的过程变量、对所辖设备的现场操作、参数调整和模块自检操作等。

MOS 是一个特殊设计的移动式操作站，通过 MOS 面板可以方便地实现各种操作站功能，可用作 LOS、ROS 或驾驶台值班监测系统的显示单元。

二、 DC C20 监测与报警系统的主要功能

1. 监测与报警功能

监测与报警是 DC C20 系统最重要的功能之一，这一功能使系统能够对机舱设备的运行状态和参数进行连续监测，并在发生异常时进行报警。

（1）模拟量监测和报警

模拟量是指那些连续变化的量，例如温度、压力、液位和转速等。在处理模拟量报警时，DC C20 系统具有以下特点：

1）高限（High）报警，当监测点参数的测量值高于设定的报警值时发出报警，适用于温度、转速和液位等参数。

2）超高限（High-High）报警，当监测点参数的测量值高于某一超高限设定值时发出报

警，此时系统将发出自动停机指令。

3）低限（Low）报警，当监测点参数的测量值低于设定的报警值时发出报警，适用于温度、压力和液位等参数。

4）超低限（Low-Low）报警，当监测点参数的测量值低于某一超低限设定值时发出报警，此时系统将发出自动停机指令。

5）线路故障报警，当输入线路发生故障，例如传感器断线或短路时，系统将发出相应测量点的线路故障报警。

6）为避免报警状态的波动（即频繁报警），系统采取了三种技术手段：从报警状态向正常状态恢复时设有不灵敏区；对输入参数设置有可调的滤波因子；报警状态的触发和消失均设有延时。

（2）开关量监测和报警

开关量信号的监测和报警功能只监测输入信号的两个状态，即输入点是断开还是闭合。输入信号来自反映设备状态的继电器触点、位置开关、温度开关、液位开关和压力开关等。通过正确调整开关量的动作值，系统也能实现测量点的高限和低限报警。为避免报警频繁，开关量报警也设有延时功能。

（3）报警闭锁

在船舶机舱中，有些报警属于条件报警，当满足某种特定的条件时，即使监测点的状态不正常，也不应该发出报警。例如，当船舶在港时，与航行无关的报警都将被闭锁。DC C20 的这一功能是通过对某一报警点或者报警组定义一个报警抑制信号来实现的，当条件满足时，抑制信号有效。

（4）接收其他系统的报警信息

许多辅助设备的控制系统都有自带的监测和报警功能，例如分油机控制系统、曲柄箱油雾浓度监测与报警系统、燃油黏度控制系统等。这些控制系统一般都定义有各种不同的报警状态，当报警发生时，除了在自身控制面板上发出报警之外，还可将报警信号送至 DC C20 系统，并由 DC C20 系统进行统一的报警处理。

此外，船舶火灾报警系统往往是一个独立的监测与报警系统，但只要火灾报警控制箱设有和其他设备的数据接口，便可以通过 RS-422 串行接口与 DC C20 的 CAN 网络相连，并在 ROS 上以 Mimic 窗口的形式显示各层甲板的火灾探头分布及报警情况。

（5）报警确认

当报警发生时，DC C20 系统可以在 Mimic 显示、分组显示和汇总显示等各种情况下对屏幕上所出现的单个报警或整个报警分组进行报警确认。

（6）柴油机排气温度监测

排气温度监测系统除了监测各缸实际排气温度之外，还将计算各缸排气温度的平均值和偏差值。其中，偏差值是指单缸排气温度和平均温度之间的差值，当超过允许范围时将发出排气温度偏差报警。偏差允许范围是根据柴油机负荷大小连续计算的，柴油机负荷越大，允许的偏差报警带就越小。由于低负荷时，各缸排气温度会相差较多，因此当平均温度低于某一设定值时，偏差报警自动封锁。

（7）历史参数曲线监测

这一功能不仅可以显示出过程参数的当前值，而且可以显示参数的历史状态，并以曲线的形式形象地反映出参数随时间的变化过程和发展趋势。DC C20系统最多可以显示5个历史曲线页面，每个页面可包含8个参数的变化曲线，以不同的颜色和标签进行区分。

（8）油耗经济性监测

在DC C20系统中，可通过DPU采集燃油流量、燃油温度、柴油机转速、轴输出功率和航速等信息。这些信息通过网络发送至ROS，由ROS进行处理和计算，可以实现对柴油机的油耗信息进行实时监测，据此可进一步对各种操作的经济性进行评估。

这一功能是通过安装在ROS上的专门软件实现的，计算程序输出的性能参数包括：

1）柴油机瞬时油耗，包括单台主机瞬时油耗和总瞬时油耗（对于多主机船舶）（kg/h）。

2）船体效率（kg/n mile）。

3）柴油机效率 [g/(kW·h)]。

4）单机轴功率和总轴功率（对于多主机船舶）（MW）。

5）燃油消耗总量和输出功总量按照航次累计，累计信息包括：

① 航行时间（h）；

② 航行距离（n mile）；

③ 航次总油耗（t）；

④ 航次输出总功（MW·h）。

油耗经济性监测窗口通过OCP（Operator Control Panel，操作控制面板）功能键激活，一般在每个航次结束时进行复位清零，复位操作将激活打印机输出一份航次报告。

（9）设备运转计时监测

为了便于掌握设备的运行时间，DC C20系统提供了设备运行计时监测功能，对各种指定的设备，如空压机、泵、风机和发电机等设备进行运行状态跟踪计时。轮机员通过OCP功能键可随时调出计时统计窗口，或进行打印输出，统计结果可作为制定设备维修计划的重要参考。每当对某个设备进行维修之后，应对其进行计时清零，以便重新计时。

2. 综合控制功能

利用DPU模块的输入输出功能和软件设计，DC C20系统除了对机舱设备的状态和参数进行监测与报警之外，还可实现对设备的控制。与设备控制有关的各种数据采集、信号处理和控制功能均由与设备相连的各个DPU完成。这一解决方案使得ROS出现故障时能够确保进行有效的机旁操作。归纳起来，DC C20系统的控制功能包括以下几个方面：

（1）泵的控制

泵的控制功能包括：

1）泵组顺序启动。与某一管系操作相关的两个或几个泵可以按照事先规定的顺序自动启动。

2）主备用切换。当主用泵的出口压力低于设定值时，备用泵自动启动。

3）失电自动启动。某些重要泵能够在全船失电后恢复供电时进行泵组自动启动，启动顺序由泵的控制逻辑决定。

4）启动禁止。有两种情况需要进行启动禁止：一是在泵的出口压力建立期间，二是当主机或发电原动机停机等外部逻辑条件满足时。

5）报警功能。当泵的控制系统发生下列情况时，将发出相应的报警：

① 备用泵自动启动；

② 泵自动启动失败或跳闸；

③ 备用异常报警，即当某一停止的泵不在备用状态时也将发出报警提示。

实现泵自动控制的传感器可以是开关量传感器，也可以是模拟量传感器。若采用模拟量传感器，则泵的启停极限值由 DPU 内部的数据库确定，否则由压力开关进行设定。

泵的逻辑控制程序及其启停极限值数据通过 ROS 下载并存放于各个 DPU，其中数据库还可通过 ROS 或 LOS 进行修改。泵的控制可在 ROS 上的 Mimic 图上通过轨迹球或鼠标进行遥控操作，方便快捷。由于程序和数据存放于 DPU 内。因此，即使 ROS 停止运行，也能保证泵的逻辑控制正常进行。图 3-4 所示为 DPU 与泵启动控制箱之间逻辑接线原理图。

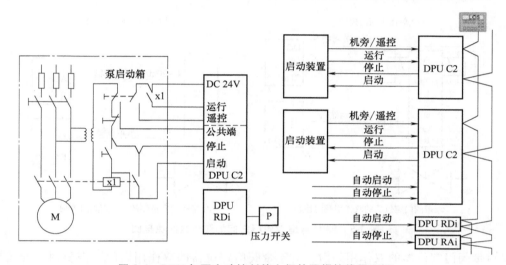

图 3-4　DPU 与泵启动控制箱之间的逻辑接线原理图

（2）阀门遥控

阀门遥控是指对船舶各种管系当中的阀门进行远距离控制，通常是在专门的操作台上根据管路模拟图和具体作业需要通过操作手柄控制相关阀门的开启或关闭，进行特定的连通路径组态，以实现压载水调驳和燃油驳运等操作任务，对于液货船，则还可以进行装卸货操作。

在 DC C20 系统中，阀门遥控是通过 DPU 和 ROS 实现的。阀门控制操作程序存放于 DPU 内，DPU 与 ROS 进行通信。在 ROS 的 Mimic 窗口中，可通过 OCP 对管路系统中的相应阀门进行操作，操作命令传送至机舱现场 DPU 模块，并通过执行机构指挥阀门动作，同时反映阀门位置的状态信息则通过传感器送至 DPU 作为反馈信号。图 3-5 所示为 DPU 与遥控阀门之间的逻辑接线原理图。

根据阀门的控制原理，系统可包含以下几种阀门类型：

1）单作用阀门。单作用阀门的控制只需要 1 开关量输出通道和 1 或 2 个开关量输入通道。开关量输出通道控制阀门的动作（阀门的复位由弹簧动作），开关量输入通道用于检测阀门的位置，如图 3-5a 所示。

2）双作用阀门。双作用阀门的控制需要两个开关量输出通道分别用于控制阀门的开启和关闭。另外，还需两个开关量输入通道，用于检测阀门的开关状态，如图 3-5b 所示。

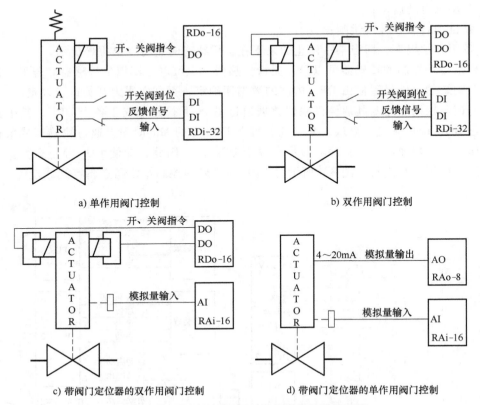

a) 单作用阀门控制　　　　　　　　　　　b) 双作用阀门控制

c) 带阀门定位器的双作用阀门控制　　　　d) 带阀门定位器的单作用阀门控制

图 3-5　DPU 与遥控阀门之间的逻辑接线原理图

3）带阀门定位器的双作用阀门。对于带阀门定位器的双作用阀门，需要两个开关量输出通道分别用于控制阀门的开启和关闭，开关量输出采用脉冲输出方式。另外，需要 1 个模拟量输入通道用作阀门开度的连续反馈，如图 3-5c 所示。这种阀门适用于需要对阀门开度大小进行控制的场合。

4）带阀门定位器的单作用阀门。带阀门定位器的单作用阀门采用模拟量输出进行控制，并通过模拟量输入来检测阀门的实际位置，因此需要 1 个模拟量输出通道和 1 个模拟量输入通道，如图 3-5d 所示。这种阀门也是适用于需要对阀门开度大小进行控制的场合。

（3）PID 过程反馈控制

PID 控制器是 ROS 中的一个软件模块，其控制规律通过软件算法实现。PID 软件模块可以下载到与控制回路相关的 DPU 中，这些 DPU 通过模拟量输入通道输入被控量测量值，在 DPU 内部与设定值比较形成偏差，经控制算法计算后，再由模拟量输出通道送至执行机构，形成闭合的控制回路。图 3-6 所示为 PID 控制系统中 DPU 与调节阀之间的逻辑接线原理图。

PID 控制器的调试可在 ROS 或者 LOS 上进行，由于控制器以软件模块的形式存在，因此可以方便地对这些模块进行组态，形成各种复杂的控制系统，例如一个控制器的输出送至另一控制器的输入端，形成串级控制。

通过 ROS 的操作面板，可以对控制器软件进行各种设置，主要设置功能如下：

1）调节器作用强度参数调整，包括比例带、积分时间和微分时间。

2）被控量设定值调整。

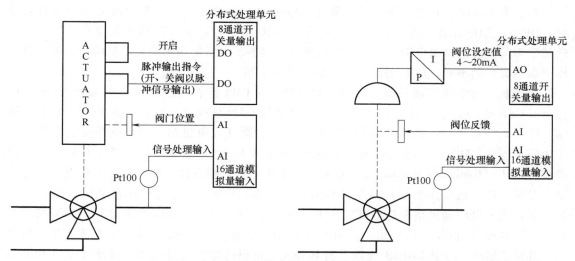

图 3-6　PID 控制系统中 DPU 与调节阀之间的逻辑接线原理图

3）输出模式设定，即自动控制和阀位手动控制设定。

4）调节器作用规律类型设定，通过切除积分或者微分作用，可以方便地得到 P、PI、PD 或 PID 控制规律。

5）输入输出信号类型设定，输入可以设定为电流、电压或电阻类型，输出可以是电流或者是电压类型。

（4）辅助设备的控制

若在 CAN 上挂接必要的 DPU，并配置相应的软件模块，DC C20 系统还可以实现对空压机、分油机和辅锅炉等辅助设备进行自动控制。来自设备的各种开关量和模拟量通过 DPU 的输入通道采集，经控制程序处理后，再由输出通道输出开关量信号对设备进行逻辑控制或输出模拟控制量进行参数反馈控制。

1）空压机自动控制：空压机的自动控制功能包括空压机的自动起停、遥控手动起停、失电重起和自动放残等。

2）分油机自动控制：DC C20 系统的分油机控制程序专门针对 ALFA LAVAL 分油机设计，通过 DPU 的输出通道可以控制分油机进油温度、分油机起停及密封水电磁阀和排渣水电磁阀等。在 ROS 上可以显示分油机系统的 Mimic 图，在 Mimic 图上对阀门进行手动操作即可进行管路组态，选择单机运行、串联运行或并联运行等分油模式。当串联运行时，第一台分油机被默认为分水机，而第二台则可设定为分水机或分杂机。

3）辅锅炉自动控制：辅锅炉自动控制包括点火时序控制、PID 反馈控制和报警显示等，所控制的设备包括燃油备用泵、燃烧器电动机、燃油加热器、喷油设备、点火时序、风门挡板和蒸汽泄放阀等，这些设备均与 DPU 相连接并由 DPU 输出的控制信号进行控制。DPU 通过网络与 ROS 通信，将锅炉控制系统的各种状态参数送往 ROS，分别为监视报警系统和辅锅炉控制系统 Mimic 软件提供数据。

（5）电力管理系统

DC C20 系统的电力管理系统（Power Management System，PMS）涵盖了电站自动控制的所有功能，包括全船电力的生产、配送和安全保护等。

对于基本型电力管理系统，每台发电机组配置一个 DPU，用于单台发电机组的自动控制。DPU 与 ROS 相连，在 ROS 上可以对各个 DPU 的监控功能进行初始化设置。控制系统适用于不同类型的发电机组，如柴油发电机组、透平发电机组和轴带发电机组等，但根据发电原动机类型的不同，DPU 的配置和控制策略也不同。

对于复杂的电站管理系统，一般通过 dPSC 将 PMS 扩展为一个独立的局部 CAN 总线（Local CAN Bus），这一局部 CAN 总线再通过全局 CAN 总线（Global CAN Bus）与 ROS 通信。图 3-7 所示为 PMS 的典型结构，电站包含三台柴油发电机组，每台机组分别配置两个 RIO-C1 模块，其中 DSS（Diesel engine Start，stop & Safety）为柴油机起停控制和安全保护模块，GMC（Generator Monitoring & Control）为发电机监控模块，根据发电机和电网信息控制主开关动作并通过向柴油机发送 INC/DEC（增加/减少）指令进行调频调载。RAi-16 模块用于检测发电柴油机是否具备遥控条件，若遥控条件不具备，则将发出相应的报警指示并禁止 Loc/Rem（机旁/遥控）切换。RIO-C2 则用于重载起动管理，当电站总功率不足时将禁止重载设备起动。由于 RIO-C1 模块本身具有发电机组的综合管理能力，因此可以将 DSS 和 GMC 合并为由一个 RIO-C1 实现，并把这一 RIO-C1 模块称为 DGC（Diesel Generator Monitoring & Control），即柴油机监控模块。此时，RIO-C1DGC 与发电机组的逻辑连接如图 3-8 所示。

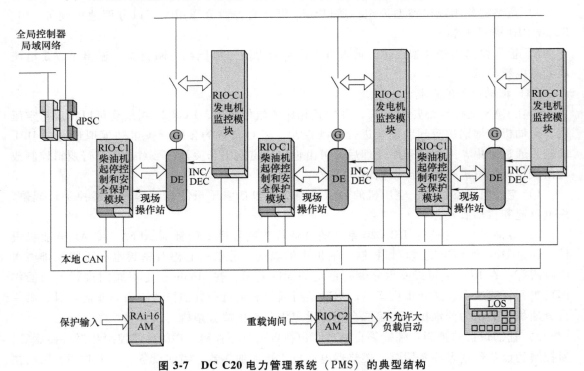

图 3-7　DC C20 电力管理系统（PMS）的典型结构

三、DC C20 监测与报警系统的界面操作

远程操作站（ROS）是 DC C20 系统的重要组成部分，一个 ROS 由主计算机（MCU）、显示器（VDU）、打印机、操作控制面板（OCP）或普通的 PC 键盘和鼠标组成。在系统的监测、报警和控制过程中完成以下任务：

1）和 CAN 中的数据采集或控制设备（即 DPU）进行双向数据通信，从 DPU 收集数据或向 DPU 传送指令、数据和程序。

2）对报警信息进行监控和报警信息的确认。

3）向驾驶台和轮机员舱室提供延伸报警信息。

4）在 CAN 和以太局域网之间起网关的作用。

DC C20 系统的大部分操作都和 ROS 有关，下面仅从 ROS 的角度来介绍界面操作。

1. 操作控制面板（OCP）

OCP 是 DC C20 系统的主要输入设备，由按键、指示灯和轨迹球等组成，如图 3-9a 所示。此外，在 OCP 的左下角还设有一个键盘接口，以便需要时连接 PC 标准键盘。

按照功能的不同，OCP 分为不同的功能区，图 3-9b 示出了不同区域的功能划分。分组报警区域用于在发生报警时进行分组报警指示和报警确认；值班功能按钮区域用于值班状态的指示、值班切换和值班呼叫；Mimic 功能按钮用于各种系统的 Mimic 模拟图的显示和操作；数字键区域用于在需要时

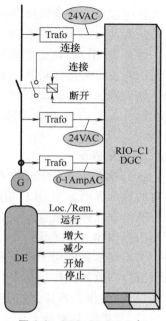

图 3-8　RIO-C1 DGC 与发电机组的逻辑连接

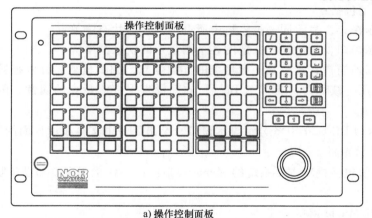

a) 操作控制面板

b) OCP 不同的功能区

图 3-9　OCP 功能结构图

输入各种数值，并提供屏幕的翻页和方向键功能；报警控制按钮用于报警确认、消音、报警汇总显示（显示当前存在的所有报警）和历史报警显示（分页显示最后发生的 2000 个报警，每页 26 个）；轨迹球和轨迹球按钮相配合完成光标移动、光标定位和相应的操作功能；其他功能按钮的具体功能依实际情况不同而异。

如果系统没有配置 OCP 硬件，则可在主计算机上连接标准键盘和鼠标。按 F1 功能键，将在显示屏上调出 OCP 模拟图，可用鼠标进行单击操作。模拟 OCP 的功能与硬件 OPC 类似。

2. 显示界面

显示界面是计算机监控系统重要的信息输出手段，DC C20 的软件系统在 ROS 上提供了丰富的显示界面，与 OCP 相配合可以实现各种复杂的人机交互功能。ROS 上的显示界面主要包括以下几种类型：

（1）文本显示界面

文本显示界面用于输出报警信息和监测机舱设备运行的实时状态或实时参数，分为报警显示窗口和监测窗口。其中，报警显示窗口具有三种类型：

1）分组报警窗口，按分组类型显示当前报警状态。

2）报警汇总窗口，显示当前存在的所有报警。

3）历史报警窗口，分页显示最后发生的 2000 个报警，每页 26 个。

监测窗口类型包括：

1）分组显示窗口，显示同一报警组中所有测量点的状态清单。

2）选点显示窗口，显示预先选定的各个测量点的状态清单。

3）测量点属性窗口，显示某一测量点的详细信息，如测量点名称，报警限等（在计算机编程时，通常用一被称为"标签（Tag）"的变量来保存测量点的属性，因此测量点属性也称为标签属性）。

图 3-10 所示为 DC C20 ROS 分组显示窗口，给出了一个文本显示界面的例子。

（2）图形显示界面

图形显示界面包括机舱主要系统的 Mimic 模拟窗口、柱状图窗口和设备状态窗口等，主要包括：

1）管路系统 Mimic 窗口。

2）柱状图窗口，如各缸排烟温度及其平均温度柱状图窗口。

3）备用泵汇总显示窗口。

4）控制器和阀位状态汇总窗口。

5）参数曲线趋势图窗口。

6）电站管理窗口。

7）主配电板和发电机窗口。

这些窗口实时显示设备的工作状态，例如阀门的开闭状态、设备的起停状态、液位或其他参数的高低等。图形显示界面具有可交互的性质，即在图形界面上可以对实际设备进行操作和控制。

（3）访问控制界面

为了安全考虑，系统可以通过访问密码来设置对系统进行操作和控制的权限，包括

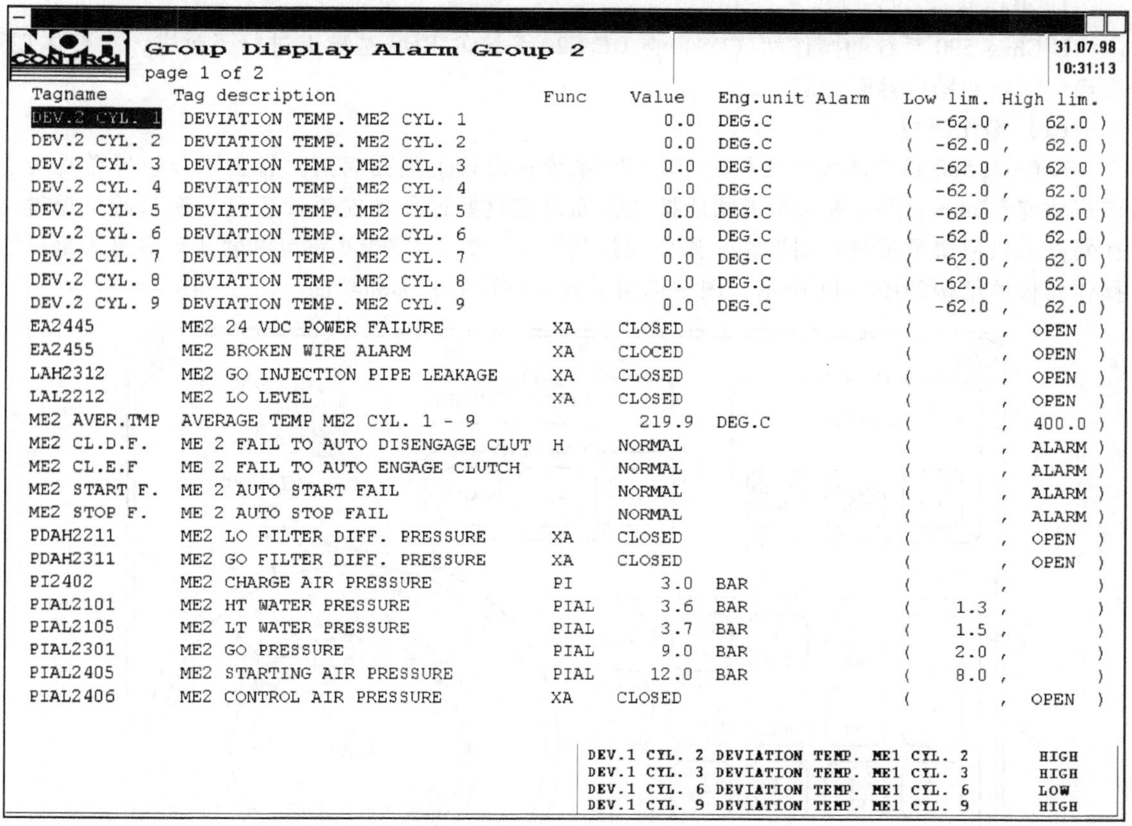

```
┌─                                                                        ■ ■
│ NOR    Group Display Alarm Group 2                          31.07.98
│ CONTROL                                                     10:31:13
│        page 1 of 2
│ Tagname        Tag description         Func   Value   Eng.unit Alarm   Low lim.  High lim.
│ DEV.2 CYL. 1   DEVIATION TEMP. ME2 CYL. 1      0.0   DEG.C           ( -62.0 ,  62.0 )
│ DEV.2 CYL. 2   DEVIATION TEMP. ME2 CYL. 2      0.0   DEG.C           ( -62.0 ,  62.0 )
│ DEV.2 CYL. 3   DEVIATION TEMP. ME2 CYL. 3      0.0   DEG.C           ( -62.0 ,  62.0 )
│ DEV.2 CYL. 4   DEVIATION TEMP. ME2 CYL. 4      0.0   DEG.C           ( -62.0 ,  62.0 )
│ DEV.2 CYL. 5   DEVIATION TEMP. ME2 CYL. 5      0.0   DEG.C           ( -62.0 ,  62.0 )
│ DEV.2 CYL. 6   DEVIATION TEMP. ME2 CYL. 6      0.0   DEG.C           ( -62.0 ,  62.0 )
│ DEV.2 CYL. 7   DEVIATION TEMP. ME2 CYL. 7      0.0   DEG.C           ( -62.0 ,  62.0 )
│ DEV.2 CYL. 8   DEVIATION TEMP. ME2 CYL. 8      0.0   DEG.C           ( -62.0 ,  62.0 )
│ DEV.2 CYL. 9   DEVIATION TEMP. ME2 CYL. 9      0.0   DEG.C           ( -62.0 ,  62.0 )
│ EA2445         ME2 24 VDC POWER FAILURE   XA  CLOSED                 (        ,  OPEN )
│ EA2455         ME2 BROKEN WIRE ALARM      XA  CLOCED                 (        ,  OPEN )
│ LAH2312        ME2 GO INJECTION PIPE LEAKAGE XA CLOSED               (        ,  OPEN )
│ LAL2212        ME2 LO LEVEL               XA  CLOSED                 (        ,  OPEN )
│ ME2 AVER.TMP   AVERAGE TEMP ME2 CYL. 1 - 9    219.9  DEG.C           (        ,  400.0 )
│ ME2 CL.D.F.    ME 2 FAIL TO AUTO DISENGAGE CLUT H  NORMAL            (        ,  ALARM )
│ ME2 CL.E.F     ME 2 FAIL TO AUTO ENGAGE CLUTCH    NORMAL            (        ,  ALARM )
│ ME2 START F.   ME 2 AUTO START FAIL              NORMAL            (        ,  ALARM )
│ ME2 STOP F.    ME 2 AUTO STOP FAIL               NORMAL            (        ,  ALARM )
│ PDAH2211       ME2 LO FILTER DIFF. PRESSURE  XA  CLOSED             (        ,  OPEN )
│ PDAH2311       ME2 GO FILTER DIFF. PRESSURE  XA  CLOSED             (        ,  OPEN )
│ PI2402         ME2 CHARGE AIR PRESSURE    PI    3.0  BAR            (        ,        )
│ PIAL2101       ME2 HT WATER PRESSURE      PIAL  3.6  BAR            ( 1.3   ,        )
│ PIAL2105       ME2 LT WATER PRESSURE      PIAL  3.7  BAR            ( 1.5   ,        )
│ PIAL2301       ME2 GO PRESSURE            PIAL  9.0  BAR            ( 2.0   ,        )
│ PIAL2405       ME2 STARTING AIR PRESSURE  PIAL 12.0  BAR            ( 8.0   ,        )
│ PIAL2406       ME2 CONTROL AIR PRESSURE   XA  CLOSED                (        ,  OPEN )
│
│                         DEV.1 CYL. 2 DEVIATION TEMP. ME1 CYL. 2        HIGH
│                         DEV.1 CYL. 3 DEVIATION TEMP. ME1 CYL. 3        HIGH
│                         DEV.1 CYL. 6 DEVIATION TEMP. ME1 CYL. 6        LOW
│                         DEV.1 CYL. 9 DEVIATION TEMP. ME1 CYL. 9        HIGH
└─
```

图 3-10　DC C20 ROS 分组显示窗口

报警限修改在内的参数调整以及对系统所进行的其他所有操作均以事件记录的形式进行保存。

3. 打印设备

ROS 可以配置打印设备进行必要的打印输出。通过设置打印设备可以按定时或者即时召唤的方式打印各种记录。记录内容包括报警或者事件的名称以及报警或事件发生的具体时间等。对于报警信息，还包括报警消失的时间。

第二节　K-Chief 500 型监测与报警系统

K-Chief 500 系统是 DC C20 系统的升级产品，其结构组成和系统功能与 DC C20 系统基本相同，只是在操作面板和屏幕操作界面上作了改进。本节首先介绍 K-Chief 500 系统的结构组成，然后给出一个 K-Chief 500 系统的实例。

一、K-Chief 500 监测与报警系统的结构组成

K-Chief 500 主要由操作站（Operator Station，OS）、便携式操作站（Midi Operator Station，MOS）、集控室操作面板（Control Room Panel，CRP）、值班呼叫系统（Watch Calling System，WCS）和分布式处理单元（Distributed Processing Units，DPU）等组成。

1. 操作站（OS）

K-Chief 500 系统的操作站（OS）在 DC C20 系统的 ROS 基础上进行了改进，主要体现在操作面板和操作界面方面。

（1）操作面板

K-Chief 500 系统的操作面板比 DC C20 系统在设计上更为简洁，省去了分组报警功能、值班功能和 mimic 图形等大量的功能按钮，而是把这些操作功能设计成显示窗口的菜单键。在硬件上只保留了报警控制按钮、操作权控制按钮、数字/字母小键盘和轨迹球等基本部件。操作面板的结构如图 3-11 所示，图中标明了各个按键的名称和功能。

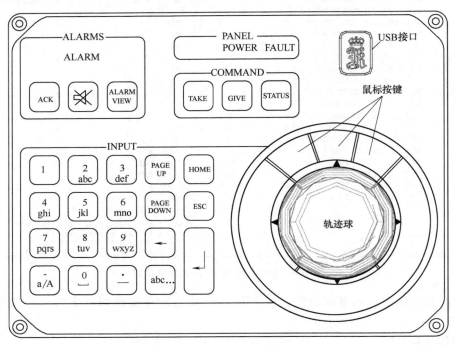

图 3-11　K-Chief 500 操作面板结构

（2）操作界面

K-Chief 500 采用 Windows XP 作为操作系统，系统开机后将自动进入浏览器（Navigator）的主界面。浏览器主要由各种软件按钮组成，图 3-12 所示为浏览器的一个典型样例。针对不同的船舶，可以设置不同的按钮数量和定义不同的按钮功能。

浏览器分为两个操作区域，左侧区域为报警浏览器，右侧区域为图形显示浏览器。在报警浏览器中，可对报警进行分组操作和显示。图中当前分组内容分别为"主机自动停车（ME AUTO SHD）""主机自动降速（ME AUTO SLD）""主机气动操纵系统（ME MANEUV. SYS）""主机日用系统（ME SERVICE SYS）""主机燃油系统（ME FO SYS）""主机滑油系统（ME LO SYS）""主机冷却水系统（ME COOL. SYS）""主机排气和空气系统（ME EXH&AIR SYS）""轴系和调距桨（GEAR SHAFT CPP）""1 号发电机组（NO. 1 GEN.）""2 号发电机组（NO. 2GEN.）""3 号发电机组（NO. 3 GEN.）""应急发电机组（EMERG. GEN.）""组合锅炉（COMBIN. BOILER）""燃油锅炉（OIL FIR. BOILER）""污水柜和液舱（BILGE & TANK）""应急电源装置（ELEC. PWR PLANT）"以及"舵机系统

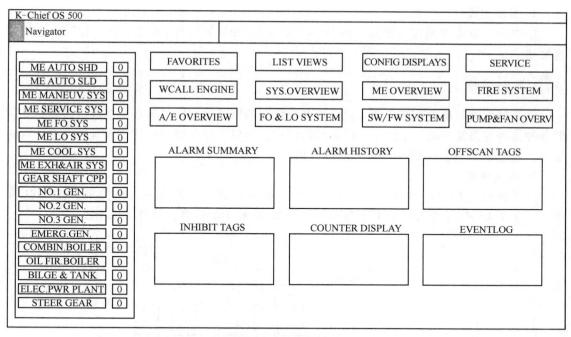

图 3-12 K-Chief 500 主界面浏览器的一个典型样例

（STEER GEAR）"，按钮右侧的数字显示各个分组的报警总数（当前的报警数均为 0）。单击每个分组按钮即可显示相应分组的参数和报警状态，例如单击"ME AUTO SHD"将显示与主机自动停车有关的各个参数名称、参数值、报警设定值和当前报警状态等信息。

图中右侧上方小按钮为主按钮组，下方大按钮为二级按钮组。在主按钮组中，单击"收藏夹（FAVORITES）"可进行值班轮机员的个性显示及其管理，单击"列表查看（LIST VIEWS）"可以列表的形式查看监测参数，单击"显示配置（CONFIG DISPLAYS）"可对各种显示进行自定义配置，进入"服务（SERVICE）"菜单可显示系统信息、说明书查阅、背景亮度调节和报警测试等，进入"值班（WCALL ENGINE）"菜单可操作对值班呼叫系统，进入"系统总览（SYS. OVERVIEW）"可查看整个系统的网络布局及网络工作状态（若采用了 AC C20 主机遥控系统，则在这里还将显示 AC C20 的网络结构，并可对主机遥控系统的参数进行设置），"主机总览（ME OVERVIEW）""火警系统（FIRE SYSTEM）""发电机总览（A/E OVERVIEW）""燃滑油系统（FO & LO SYSTEM）""海淡水系统（SW/FW SYSTEM）"和"泵与风机总览（PUMP&FAN OVERV）"等则以 Mimic 图的形式显示相应系统的工作状态。

二级按钮组的内容与当前激活的主按钮相对应，若二级按钮指向的目标为列表或 Mimic 图，则该二级按钮将以所指向的列表或 Mimic 图的缩略图形式显示。图 3-12 中当前激活的主按钮为"LIST VIEWS"，其对应的二级按钮包括"报警汇总（ALARM SUMMARY）""报警历史（ALARM HISTORY）""离线测量点标签（OFFSCAN TAGS）""报警抑制标签（IN-HIBIT TAGS）""计时/计数显示（COUNTER DISPLAY）"和"事件记录（EVENTLOG）"等。单击任意一个二级按钮都将进入相应的显示界面，例如，单击"ALARM SUMMARY"将显示当前报警的汇总列表。

2. 其他组成

K-Chief 500 的其他组成部件，如 MOS、WCS 和 DPU 等均与 DC C20 完全相同，这里不再赘述。

二、系统实例

网络型监测与报警系统的模块化设计和总线型的网络结构使之容易配置成从简单到复杂的各种监测与报警系统，适用于不同类型的船舶。为便于对系统的硬件连接有一个更深入的认识，这里给出一个 K-Chief 500 系统的实例。

1. 网络连接

一个典型的 K-Chief 500 系统的网络结构如图 3-13 所示，它由两台集控室 OS（OS1 和 OS2）、7 个 DPU、1 个 MOS、1 个 WBU、5 个 WCU 和 1 个报警记录打印机组成。

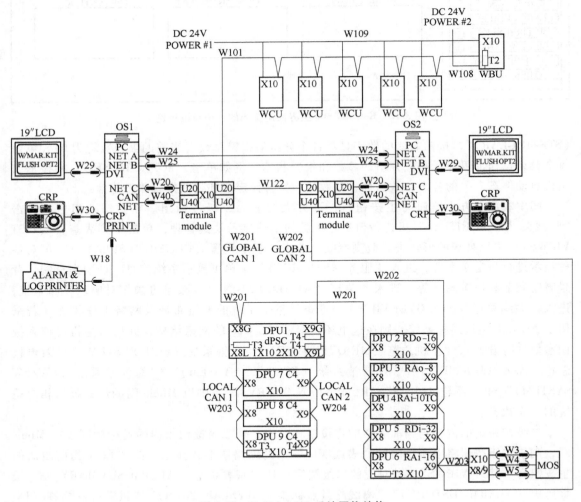

图 3-13　K-Chief 500 系统网络结构

OS1 和 OS2 的主机为两台专用计算机，19 英寸 LCD 通过电缆 W29 连接计算机的 DVI 接口，集控室操作面板（CRP）通过电缆 W30 与计算机的一个 USB 接口相连，报警记录打印机连接 OS1 计算机的打印机接口。

　　两台 OS 主机均设有 NET A、NET B、NET C 和 CAN NET 共 4 个网络接口，其中 NET A 和 NET B 分别通过交叉 LAN 网线 W24 和 W25 对连〔若需要 3 台以上的 OS，则需要通过集线器（HUB）连接，并采用直通 LAN 网线〕；NET C 和 CAN NET 分别通过直通 LAN 网线 W20 和 W40 接至 "Terminal module" 模块的 RJ45 插口 U20 和 U40，经 ETHERNET/CAN 转换后连接两组 CAN 总线接线端子 U20 和 U40，其局部连接关系如图 3-14 所示。

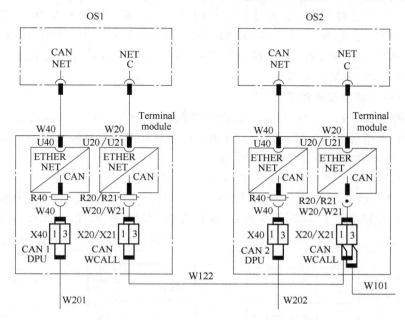

图 3-14　ETHERNET/CAN 转换局部接线图

　　来自两台 OS 的 CAN 端子 U20 通过双绞线电缆 W122 并联对接，并通过双绞线电缆 W101 连接 WBU 和 WCU，为值班呼叫系统提供 CAN 通信；OS1 的 CAN 端子 U40 经双绞线电缆 W201 连接 GLOBAL CAN 1 网络的各个 DPU 模块，OS2 的 CAN 端子 U40 经双绞线电缆 W202 连接 GLOBAL CAN 2 网络的各个 DPU 模块，形成两套互为冗余的 CAN 总线。

　　DC C20 和 K-Chief 500 的 DPU 都至少有两个 CAN 接口（即 CAN 1 和 CAN 2），如图 3-15 所示。每个接口设置 4 个接线端子，CAN 1 的端子名称为 X8，编号为 X81～X84，X81 和 X83 连接网络中相邻的上一个模块，X82 和 X84 连接相邻的下一个模块，若模块为网络中的最后一个模块，则必须在 X82 和 X84 之间接入一个 120Ω 的终端电阻；CAN 2 的端子名称为 X9，编号为 X91～X94，用法与 CAN 1 类同。CAN 1 和 CAN2 与 DPU 的连接参见图 3-13，应特别注意 CAN 1 和 CAN 2 是相向布线的，这种布线方法可以确保网络中任意一个节点出现故障时均能使 CAN 覆盖所有 DPU。

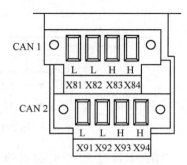

图 3-15　DPU 的 CAN 接口

　　本系统中还配置了一个电站管理系统（PMS）。由于 PMS 是一个相对独立的子系统，因此采用 dPSC 对 GLOBAL CAN 进行了扩展，得到两套 LOCAL CAN（即 LOCAL CAN 1 和 LO-

CAL CAN 2）。dPSC 具有 4 个 CAN 接口（即 CAN1～CAN4），CAN 1 和 CAN 2 分别对应接线端子 X8G 和 X9G，连接 GLOBAL CAN；CAN 3 和 CAN 4 分别对应接线端子 X8L 和 X9L，连接 LOCAL CAN。LOCAL CAN 挂接了 3 个混合 DPU 模块 C4，分别对 3 台发电机组进行控制和管理。

便携式操作站（MOS）在理论上可连接至任意一个 CAN 总线节点，但必须注意的是 MOS 不能同时与两套 CAN 连接，要么连接 X8，要么连接 X9。

在网络型监测与报警系统中，即使对于不同的项目，其电缆编号及 DPU 端子名称和编号都是统一的。例如，电缆 W201、W202 和 W101 总是分别对应 GLOBAL CAN 1、GLOBAL CAN 2 和值班呼叫 CAN 总线；DPU 的 X1、X8、X9 和 X10 总是分别对应输入输出接口、CAN 1、CAN 2 和 DC 24V 电源端子。

2. DPU 与输入输出设备的连接

根据模块种类的不同，DPU 与输入输出设备的连接也各不相同。但从总体来看，开关量的输入输出和模拟量的输入输出占绝大多数。这里仅以开关量和模拟量的输入输出模块为例说明 DPU 与外部输入输出设备的连接方法。

（1）RDi-32 和 RDo-16 与外部设备的连接

RDi-32 和 RDo-16 分别是 DC C20 和 K-Chief 500 系统中典型的开关量输入和输出模块，图 3-16a 和图 3-16b 分别给出了 RDi-32 与输入开关的连接和 RDo-16 的开关量输出的接线方法。

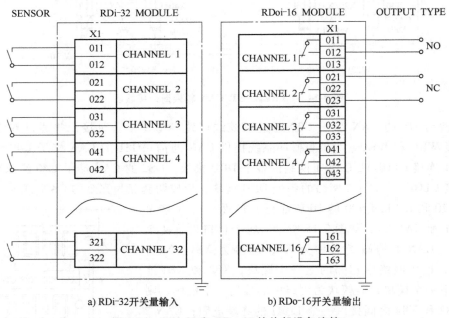

图 3-16　RDi-32 和 RDo-16 的外部设备连接

RDi-32 共有 32 个开关量输入通道，每个通道对应两个接线端子。端子编号为 3 位数，个位为端子号，十位和百位为通道号，如 011 和 012 为第 1 通道的 1 号和 2 号端子。这种端子编号规律适用于其他所有 DPU 模块。

RDo-16 共有 16 个开关量输出通道，均为继电器触点输出，可对外部设备进行开关控制或输出脉冲信号。每个通道对应 3 个接线端，其中端子 1 和端子 2 之间为常开（Normally

Open，NO）触点，端子 1 和端子 3 之间为常闭（Normally Closed，NC）触点。具体使用常开触点还是常闭触点应根据实际应用情况确定。

（2）RAi-16 与传感器的连接

RAi-16 是典型的模拟量输入模块，共有 16 个模拟量输入通道和 1 个计数器输入通道。图 3-17 仅给出了 RAi-16 模拟量输入通道与外部传感器连接方法。1 个模拟量输入通道包括 4 个接线端子，端子 1 可为外部传感器或变送器提供工作电源，端子 2 和端子 3 用作测量输入，端子 4 为信号地。通过在 ROS 上对不同的通道进行软件设置，每个通道都适用于输入各种类型的模拟量，但对于不同的输入信号类型，其连接方法不同。在图 3-17 中，通道 1 和通道 2 所示分别为采用内部电源和外部电源的 ±20mA 电流输入，通道 3 和通道 4 所示分别为采用内部电源和外部电源的 ±1mA 电流输入，通道 5 和通道 6 所示分别为采用内部电源和外部电源的 ±10V 或 ±1V 电压输入，通道 7 为热电阻输入，通道 8 为电位器输入，通道 9 为带断线检测功能的开关量输入，通道 10 为 4~20mA 电流输入，通道 16 为干触点开关量输入。其中，通道 9 和通道 16 输入的虽然是开关量，但其开关状态是通过检测在开关的不同状态下所输入的模拟量大小来判断的。应当指出的是，图 3-17 的接线方法只是一个示例，各个通道接入的信号类型可根据实际需要确定。另外，模拟量信号容易受到电磁环境的干扰，因此信号电缆必须采用屏蔽电缆，并确保电缆屏蔽层与机壳的可靠连接。

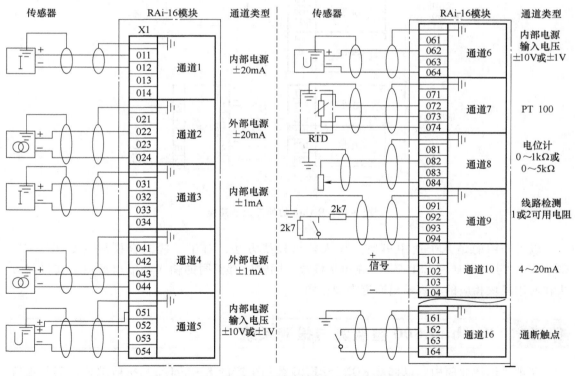

图 3-17　RAi-16 模拟量输入通道与外部传感器的连接

（3）RAo-8 与外部设备的连接

RAo-8 模块专门用在需要模拟量输出的场合，其输出类型包括 DC 0~10V 或 DC 2~10V

的电压信号和 0～20mA 或 4～20mA 的电流信号。RAo-8 共有 8 个模拟量输出通道，1 个通道包括 3 个接线端子，其中端子 1 输出电压信号，端子 2 输出电流信号，端子 3 为信号地。图 3-18 中的通道 3 和通道 5 所示分别为电流输出和电压输出直接驱动外部设备的例子，通道 1 所示为经过电压隔离器的电压输出，通道 7 和通道 8 为经过隔离器的电流输出。

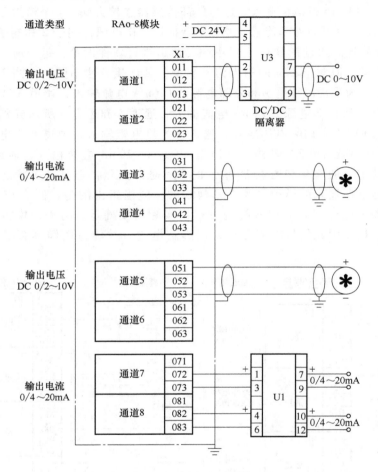

图 3-18　RAo-8 的外部设备连接

以上介绍的是几个通用模块的输入输出接线方法，对于一些混合模块（如 RIO-C1、C2、C3、C4，DGU 和 ESU 等），在单个模块上同时设有不同的输入和输出通道，其接线方法和通用模块相应的输入输出通道类型相同。

第三节　K-Chief 600 型监测与报警系统

在现代远洋商船中，以挪威 KONGSBERG 公司生产的 K-Chief 系列机舱综合监测与报警系统占据的市场份额最大，K-Chief 系列均是在早期产品 Data Chief C20（DC C20）系统上发展形成的。在新造的远洋商船中，采用 K-Chief 600 系统最多，它是一个典型的基于计算机的全分布式网络型综合监测与报警系统。

一、 K-Chief 600 型监测与报警系统的结构组成

K-Chief 600 系统依然采用双冗余 CAN 总线和双冗余以太网（Ethernet）相结合的网络结构形式，K-Chief 600 型机舱监测与报警系统结构原理如图 3-19 所示，系统中的主要设备包括：

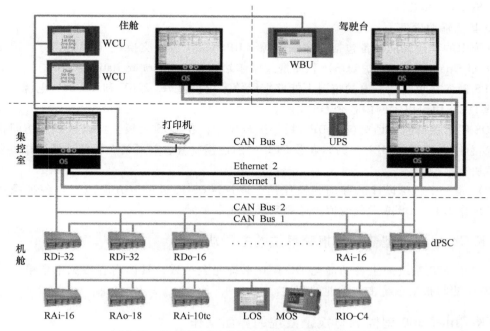

图 3-19 K-Chief 600 监测与报警系统的结构原理图

1. 分布式处理单元（DPU）

DPU（Distributed Processing Unit）是采用模块化设计，具有通信功能的智能化远程 I/O 单元，如图 3-19 中所示的 RDi-32、RDo-16、RAi-16、RAo-8、RAi-10tc 和 RIO-C4 等（需要说明的是这些 DPU 模块最新的型号是在原先基础上加上 xe，比如 RDi-32xe、RDo-16xe 等，但本质上没有区别，具体内容参见本章第一节关于 DPU 的阐述，这里不再赘述）。它们分布在机舱各处，一方面作为传感器和执行器的 I/O 接口，直接与传感器和执行器相连；另一方面通过 CAN 总线与上层网络相连，从而实现上层网络对机舱设备的监测和控制。连接 DPU 和上层网络的两套 CAN 总线分别标识为 CAN Bus1 和 CAN Bus2。这两套 CAN 总线总是互为热备份，当主用网络出现故障时，备用网络自动切入工作，充分保证系统工作的可靠性。

2. 操作站（OS）

OS（Operator Station）由 PC、控制面板 CRP（或普通 PC 键盘）、鼠标、显示屏和打印机组成，PC 采用 Windows 操作系统。OS 通常设置在集控室、驾驶室和甲板舱室，通常集控室配置 2 台，驾驶室和轮机长房间各 1 台，其他舱室是否配置可根据需要而定。其中，集控室的 2 台是必备的，其他场所为可选安装。各 OS 均配置双网卡，形成双冗余的以太网络，在图 3-1 中分别标识为 Ethernet 1 和 Ethernet 2。

3. 值班呼叫系统（WCS）

按照无人机舱的基本设计原则，K-Chief 600 系统在驾驶台和轮机员舱室及公共场所设有延伸报警装置。驾驶台的延伸报警装置英文缩写为 WBU（Watch Bridge Unit），而舱室及公共场所的延伸报警装置英文缩写则为 WCU（Watch Cabin Unit）。WBU 和 WCU 通过 CAN 总线（在图 3-1 中标识为 CAN Bus 3）与 OS 进行通信连接，形成值班呼叫系统（Watch Calling System，WCS）。

4. 其他辅助设备

系统中的其他辅助设备包括不间断电源（UPS）、局域网交换机（SWITCH）、现场操作站（Local Operator Station，LOS）和便携式操作站（Midi Operator Station，MOS）。

UPS 确保在短时间失电的情况下能够继续给系统提供 AC 220V 和 DC 24V 电源。

SWITCH 用于以太网内各个 OS 联网。

LOS 用于在机舱现场对各个 DPU 模块进行操作，在 LOS 面板上可以选择和访问挂在同一 CAN 总线上的任意 DPU，例如查看 DPU 中的过程变量、对所辖设备的现场操作、参数调整和模块自检操作等。

MOS 是一个特殊设计的移动式操作站，通过 MOS 面板可以方便地实现各种操作站功能，可用作 LOS、OS 或驾驶台值班监测系统的显示单元。

二、K-Chief 600 型监测与报警系统的主要功能

K-Chief 600 系统的主要功能与 DC C20 系统完全一致，具体内容参见本章第一节关于 DC C20 监测与报警系统主要功能的阐述。

三、K-Chief 600 型监测与报警系统的界面操作

操作站（OS）是 K-Chief 600 系统的重要组成部分，一个 OS 由主计算机（MCU）、显示器（VDU）、打印机、控制面板（CRP）或普通的 PC 键盘和鼠标组成。在系统的监测、报警和控制过程中完成以下任务：

1）和 CAN 中的数据采集或控制设备（即 DPU）进行双向数据通信，从 DPU 收集数据或向 DPU 传送指令、数据和程序。

2）对报警信息进行监控和报警信息的确认。

3）向驾驶台和轮机员舱室提供延伸报警信息。

4）在 CAN 和以太局域网之间起网关的作用。

K-Chief 600 系统的大部分操作都和 OS 有关，下面仅从 OS 的角度来介绍界面操作。

1. 控制面板（CRP）

CRP 是 K-Chief 600 系统的主要输入设备，主要由报警指示和控制区、面板状态指示和操作控制区与输入区组成，如图 3-20 所示。此外，在 CRP 的右上角还设有一个键盘接口，以便需要时连接 PC 标准键盘。

（1）报警指示和控制区

报警指示和控制区位于 CRP 的左上部，如图 3-20 所示，它由 1 个报警指示灯和 3 个报警控制按钮组成。报警指示灯用于指示整个监测与报警系统的报警状态，当系统出现报警时，报警指示灯（ALARM）以红色点亮并闪烁，按下确认按钮（ACK）后，报警指示灯变

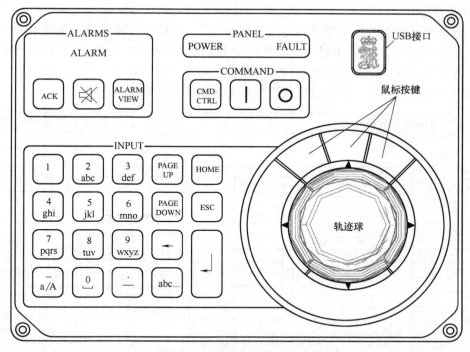

图 3-20　K-Chief 600 操作面板

为平光，报警消失后指示灯熄灭。3 个报警控制按钮分别为报警确认（ACK）、消音（🔕）和报警汇总查看（ALARM VIEW）。确认按钮用于对新出现的报警信息进行确认和平光，包括报警指示和显示界面中报警信息的确认；消声按钮用于消除机舱报警灯柱的报警声响；报警汇总查看按钮用于打开 OS 中当前存在的报警汇总软件界面，以便查看系统存在的报警情况。

（2）面板状态指示和操作控制区

面板状态指示和操作控制区位于 CRP 的右上角，如图 3-20 所示，它由两个面板状态指示灯和 3 个操作权限控制按钮组成。两个面板状态指示灯分别为电源指示灯（POWER）和故障指示灯（FAULT）。当面板接入电源正常时，电源指示灯以绿色指示；当面板与计算机通信异常或计算机处于关闭状态时，故障指示灯以红色指示。3 个操作控制按钮分别为控制权限按钮（CMD CTRL）、激活按钮（Ｉ）和失效按钮（〇）。当按下控制权限按钮后，在计算机显示屏上会弹出控制权限对话框，显示当前控制权限的用户及相关权限信息，可进行权限切换。激活按钮用于在计算机显示屏中软件选定对象的激活操作，如打开阀门等。失效按钮正好与激活按钮相反，用于对选中对象的失效操作，如关闭阀门等。

（3）输入区

输入区位于 CRP 的下半部分，如图 3-20 所示，它由数字/字母小键盘、功能快捷键和轨迹球及按键组成。数字/字母小键盘包括数字和字母，主要用于系统参数输入或修改等；功能键包括翻页键（PAGE UP 和 PAGE DOWN）、主页键（HOME）、退出键（ESC）、清除键及回车键等；轨迹球和按键相配合完成光标移动、光标定位和相应的操作功能。

2. 显示界面

显示界面是计算机监控系统重要的信息输出手段，K-Chief 600 的软件系统在 OS 上提供了丰富的显示界面，与 CRP 相配合可以实现各种复杂的人机交互功能。OS 中的软件界面大都通过主界面进行相关操作，在此仅对主界面进行详细介绍。图 3-21 所示为 K-Chief 600 软件的主界面，它由上边栏、分组报警侧边栏和主显示区三部分组成。

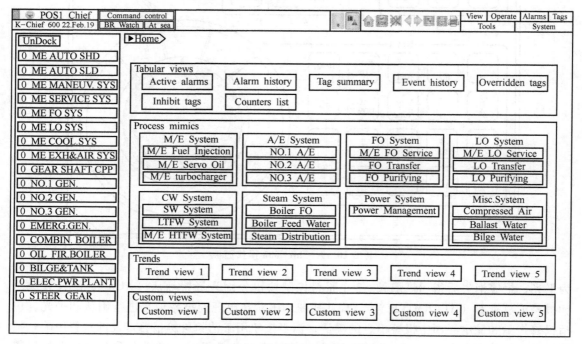

图 3-21　K-Chief 600 软件主界面

（1）上边栏

上边栏主要由以下 5 部分组成：

1）系统状态和日期：用于显示操作站（OS）的状态和当期日期及时间。

2）命令控制和值班召唤：用于调出系统控制对话框、值班召唤控制对话框及控制模式。

3）报警指示区：用于指示最新的 2 条未确认的报警信息，包括报警状态、报警时间、报警名称等，超过 2 条的报警信息通过单击右侧带箭头按钮查看。

4）快捷工具栏：用于快速功能操作，包括返回主页面按钮、确认按钮、消音按钮、前进和后退按钮、四分屏切换按钮和报警打印设置按钮。

5）菜单栏：以传统的菜单形式进行相关操作。

（2）分组报警侧边栏

分组报警侧边栏主要用于对机舱所有的监测与报警点进行分组报警显示，显示的内容包括报警数量和报警分组名称。也可通过单击 UnDock 按钮隐藏报警名称，只显示报警数量，再通过单击 Dock 按钮返回到全部显示。图 3-21 中当前分组内容分别为"主机自动停车（ME AUTO SHD）""主机自动降速（ME AUTO SLD）""主机气动操纵系统（ME MANEUV. SYS）""主机日用系统（ME SERVICE SYS）""主机燃油系统（ME FO SYS）"

"主机滑油系统（ME LO SYS）""主机冷却水系统（ME COOL. SYS）""主机排气和空气系统（ME EXH&AIR SYS）""轴系和调距桨（GEAR SHAFT CPP）""1 号发电机组（NO. 1 GEN. ）""2 号发电机组（NO. 2GEN. ）""3 号发电机组（NO. 3 GEN. ）""应急发电机组（EMERG. GEN. ）""组合锅炉（COMBIN. BOILER）""燃油锅炉（OIL FIR. BOILER）""污水柜和液舱（BILGE & TANK）""应急电源装置（ELEC. PWR PLANT）"以及"舵机系统（STEER GEAR）"，按钮右侧的数字显示各个分组的报警总数（当前的报警数均为 0）。单击每个分组按钮即可显示相应分组的参数和报警状态，例如，单击"ME AUTO SHD"将显示与主机自动停车有关的各个参数名称、参数值、报警设定值和当前报警状态等信息。

当某一报警分组出现新的报警时，对应的报警分组按钮红色闪烁，通过单击该按钮，可以快速弹出该报警分组中的详细报警信息。然后进行报警确认等操作，可以单击每条报警信息前的闪烁按钮进行逐条确认；也可以单击"Acknowledge all alarms in group"按钮对本组报警进行全部确认，当该报警分组中的所有报警全部都确认后，报警分组按钮不再闪烁；还可以单击"Show all tags in group"按钮跳转到本组所有监测点列表，以便查看该报警分组中所有监测点的状态。

（3）主显示区

主显示区包括 4 个部分：列表视图（Tabular views）、过程（Process mimics）、趋势图（Trends）和自定义视图（Custom views）。

1）列表视图：列表视图中的每个二级按钮指向的目标界面都是以列表的形式呈现的。主要包括当前报警汇总（Active alarms）、报警历史（Alarm history）、全部监测点汇总（Tag summary）、事件记录（Event history）、离线监测点（Overridden tags）、报警抑制监测点（Inhibit tags）及计数列表（Counters list）。单击任意一个二级按钮，都将进入相应的显示界面。

2）过程 Mimic：过程 Mimic 主要用于显示整个系统中配置的 Mimic 二级按钮，图 3-21 中共配置了 8 组 Mimic 区，分别为主机系统、辅机系统、燃油系统、滑油系统、冷却水系统、电站管理系统、锅炉与蒸汽系统以及其他系统，每组包括若干个二级按钮。单击相应的按钮进入对应的 Mimic 系统图。

3）趋势图：趋势图中可以根据需要配置多组曲线显示界面，单击任意一个二级按钮，都将进入相应的显示界面。在趋势图界面中可以通过单击监测点管理（Tag manager）对趋势图监测点进行添加和删除管理，每组最多能配置 8 条曲线。

4）自定义视图：自定义视图中可以根据需要配置多组显示界面，单击任意一个二级按钮，都将进入相应的显示界面。在每一个自定义视图中可以对监测点的多样显示进行配置，包括虚拟仪表显示、柱状图显示和普通文本显示，每个监测点的显示方式都可以通过单击转换（Convert）进行切换，还可以通过添加监测点（Add tags）按钮弹出相应的监测点选择框进行新的监测点添加，通过删除监测点（Remove tags）删除不再需要显示的监测点。

3. 打印设备

OS 可以配置打印设备进行必要的打印输出。通过设置，打印设备可以按定时或者即时召唤的方式打印各种记录。记录内容包括报警或者事件的名称以及报警或事件发生的具体时间等。对于报警信息，还包括报警消失的时间。

第四节　网络型监测与报警系统的维护管理

一、分布式微机监控系统的管理

网络型监测与报警系统是一个集监测、报警和控制功能于一体的分布式全微机系统，不论是进行日常的操作还是进行管理维护，都需要有一定的计算机基础知识和操作经验，而且还要熟悉被控对象的控制原理。

分布式微机监控系统几乎都具有相似的系统结构，即使一台高性能的微机作为上位机，进行集中管理，为提高可靠性，有的系统设有两台。而以其他分布式处理单元或多台微机进行现场参数检测以及作为控制报警与显示信号的延伸管理。对于这样的系统，由于微处理器的应用，一般均具备完善的自检功能，可以对系统核心部件的工作状况进行及时检测，一旦出现异常就会发出故障报警或指示，而大部分外围部件如各种输入、输出接口板，A/D、D/A 转换器等均实现了模块化，因而给使用和维护带来极大的方便。

如果保养维护工作做得很周到，故障出现的概率就要小很多。实践证明，尽管如此故障还是可能会出现。对于分布式微机监控系统来说，根据实践经验，在平时管理工作中还应该注意以下问题。

1. 对于后备电池的情况

有些微机集中监控系统中，设有后备电池，以便在发生失电情况，在一定时间内可以对内存中的内容起到保护作用。这些内容可涉及系统程序、日期时间和参数设定值等。系统工作若干年后必须及时更换电池，否则一旦发生断电故障，那么内存中数据丢失的严重情况将不可避免。在更换电池时，应注意的事项如下：

1）参照有关说明书，对设有后备电池的使用寿命、更换周期都应做出统计和记录，定期进行查阅。

2）更换电池之前，应对系统的所有参数设定值进行一次检查，并留出备份。

3）更换电池应尽量在不断电的情况下进行，以避免 RAM 中数据丢失。

4）更换电池以后，还必须对有关参数设定值逐一进行核对。

2. 关于通信电缆的连接情况

分布式微机监控系统通信网络的设计形式通常有：

1）有的采用总线型结构。

2）有的采用环形结构。

3）有的采用星形结构。

4）还有不少采用混合式结构。

但是不论系统结构采用哪一种结构，轮机管理人员必须对其网络连线给予特别注意。一旦通信电路发生故障，例如某处接线发生松动，将影响整个系统不能正常运行，严重时甚至会使系统瘫痪。

这里以总线型结构为例，先来看一下网络连线是如何安排的。在总线型结构中，网络两端都设有终端电阻（终端反射器），如连接用的网线采用不同型号，那么这个终端电阻的大小应该是不一样的。如采用双绞线，一般取成 100Ω。如果选用同轴电缆，则需取成 75Ω、

93Ω 等几种。在工作过程中，只要有一个电阻损坏或连接不好，就会使整个系统无法正常工作。因此，有必要定期对其进行查看，避免松脱现象的发生。

3. 关于"软脱离"

在系统通信故障的情况下，有些微机监控系统中的各个微机，允许从网络上实现"软脱离"，以独立进行工作。在这种情况下，会有部分功能受到影响或不能实现，但是可以避免整个系统瘫痪。实现"软脱离"也需要进行一定的操作，具体步骤应严格按照说明书的要求进行。

4. 关于存储器

大多数微机监控系统都没有 ROM 或 EPROM、EEPROM 以及 RAM 等形式的存储器，一般来说，ROM 或 EPROM 中存放的是系统软件，EEPROM 中存放的是用户数据，系统利用 RAM 临时存放其赖以正常工作的软件和数据。因此，当系统出现与各类存储器有关的故障时应区别对待。如果 RAM 有故障，则只需按其型号购买适用的备件即可，而如 ROM 或 EPROM、EEPROM 故障，则不能随意替换，且需注意软件版本的正确。

检修时，要严防带电进行印制电路板（PCB）的插拔操作。

5. 印制电路板的更换须知

1）系统设备中有很多印制电路板，比较多见的有接口板、变换板等。各种接口板一般都有各自的地址。在更换同类型印制电路板时，应严格遵照说明书中的具体规定和说明进行操作，例如应检查印制电路板的跨接线是否一一对应，印制电路板上的各个编码开关的设定是否正确。

有一些印制电路板尽管型号、备件号一样，但是由于用在系统的不同环节，印制电路板上的跨接线接法可能完全不同，不同的跨接线实现该板不同的输入、输出功能。因此，一定要引起充分的注意。

2）在更换印制电路板之前，应切断电源，更换印制电路板的操作结束后，才能重新接通电源。

3）在更换备件时，应注意不能用手直接接触插板上的芯片，尤其是芯片的引脚，以防芯片损坏。

二、ROS 的管理维护

1. 熟悉系统

ROS 的软件系统具有内建的在线测试和程序自诊断功能，只要与 ROS 相连的内部或外部设备出现故障，多数情况都可以在屏幕上显示出故障代码。因此，必须充分熟悉说明书，以便在需要时能够快速地查阅故障代码所对应的故障原因及其排除方法。

2. 定期进行系统测试

说明书建议每周进行一次系统测试，以确定系统本身是否工作正常。对于 DC C20 系统，测试方法如下：

1）按下 OCP 上的"报警测试（Alarm Test）"按钮，"系统故障（System Failure）"指示灯闪光，蜂鸣器响。

2）按下"报警确认（Alarm Acknowledgment）"按钮，"系统故障（System Failure）"指示灯变为平光，蜂鸣器停响。

3）再次按下"报警测试（Alarm Test）"按钮，"系统故障（System Failure）"指示灯熄灭。

对于 K-Chief 系列系统，则可在系统的主界面（Navigator）上进行。方法是单击"SERVICE"主按钮，在随后出现的二级按钮组中单击"TEST"二级按钮。

如果测试不成功，则应参照设备说明书所述步骤进行故障诊断。

3. ROS 的系统设置

ROS 运行的是 Windows NT 或 Windows XP 操作系统，为使系统能够正常工作，应进行各种系统设置，特别是网络设置和 CAN 节点设置。这需要比较专门的知识，但系统调试好之后，如果没有进行设备的更换和维修，除非系统崩溃，一般不需要进行特别的操作。因此，为防患于未然，必须对 ROS 软件进行必要的备份。

4. ROS 的停机操作

例如对系统进行电气维护时，有必要对 ROS 进行停机。为避免系统故障，说明书中规定了严格的停机操作步骤，因此停机操作必须严格按照规定的程序进行。

三、DPU 的管理维护

所有 DPU 模块均采用统一的金属外壳密闭式封装，在内部电路上采用智能化设计，因此不存在任何用户可维修的部件，也无需进行任何的跳线设置。

当 DPU 模块出现异常时，在 ROS 屏幕上将出现模块"通信错误（Communication error）"报警，根据报警显示信息可确定相应模块所在的物理位置。所有 DPU 模块均设有 5 个状态指示灯，根据指示灯的不同状态组合可以分别采取模块断电重启或从 ROS 对模块进行重新加载等措施，若故障依然存在，则应考虑更换模块。更换 DPU 模块时应考虑问题如下：

1）更换模块应按说明书规定的步骤进行，更换完毕应对新模块进行初始化设置。

2）由于某种原因导致两个 DPU 的节点 ID 发生冲突时，将会使系统出现严重问题。此时，应首先把其中一个从 CAN 总线断开，对另一个 CAN 总线进行断电复位，并在 ROS 上利用 RioLoad 工具软件对节点 ID 进行更正。

3）若诊断结果显示只是 DPU 模块中个别通道出现故障，则考虑启用同一模块的空闲通道，而不必更换整个模块。如果同一模块内的空闲通道不足，还可以考虑采用其他模块的空闲通道。但无论哪种情况，都需要对所涉及的模块进行重新设置。

第五节 网络型监测与报警系统的故障诊断及处理

一、故障诊断的基本概念

所谓系统的故障诊断，概括地说是指及时发现和排除故障，其中包括判断故障所在部位以及对有关环节实施修复的全过程。这个故障诊断的全过程通常分为 3 个部分，即鉴别故障现象、确定故障所在部位、正确隔离和排除故障。

1. 鉴别故障现象

以集中监测系统为例，在出现故障报警信号以后，首先应判断有没有误报警或不报警的情况，以免误判，多走弯路。在机舱发生报警或参数出现异常情况时，轮机主管人员对该设备工况应立即进行检查，应确定"是否真的出了问题"，以求判别是真的有故障还是误报警，其中包括判定参数的检测结果是否有假。例如，"曲轴箱油雾浓度"这一故障发出报警信号，应对该编号的检测结果进行故障鉴别，因为采样管路上的问题、测量管的污染问题、接点开关的错误动作等都会造成误报警。只有在故障被确认以后，才应进一步查找和排除故障。

以上实例说明：正确进行故障鉴别，是与轮机主管人员对设备是否熟悉密切相关的。又例如，在集中监测系统的控制箱内，设有比较多的印制电路板，在控制箱内、外还设有一些指示灯。这些指示灯在不同的工况下，它们的显示状态会有相应的变化。管理人员平时应该注意和记录这些变化。一旦系统出现故障，就可以根据指示灯显示状态的变化，对故障进行初步判别，缩小故障查找的范围。

2. 确定故障所在部位

在故障得到确认以后，故障出在什么部位就成为问题的核心，其中，很重要的一点是要带着问题来观察设备报警的一些表象。例如，故障现象出现时的特点是什么，这种故障是间隙的、还是持续的，设备的其他功能是否受到影响等。

显然，要确定某一故障的部位，同样要求对系统各功能环节有充分的了解，应对故障部位进行有针对性的检测，把所获得的检测结果集中起来，通过逻辑分析方法，依照"从大到小，从粗到细"的思路进行摸排，就可以大体确定故障的所在位置，有可能发生在一个或两个环节上。有的设备还可以借助于模拟测试装置、故障显示灯来做好故障查找工作。

实践证明，监测系统故障有80%以上发生在检测元件、传感器及变送单元部位，即使是以微机为核心的监测系统，其故障也大多出现在它的外设部分，即相关的检测元件、传感器等。这就要求我们认真做好系统外部设备的维修保养工作，做好全部测试点的保养、检测工作，这是一项非做不可而且必须做好的基础工作。

3. 隔离和排除故障

对已经被确定的故障部位应充分加以审定，找出其具体的、确定的原因。有的故障可以用船上的现有条件加以排除，有的故障在船上无法解决，需要获得岸上的支持，但是轮机主管人员必须设法采取隔离措施，以免进一步影响系统其他部位的正常工作。例如某船报警系统出现"系统故障报警"，经查找分析，判断是系统的一个部件——电源模块中的电压监测回路有问题，其他功能均正常。而系统中还有其他部件的电压监测信号与它串在一起，为避免系统其他部件电压监测受到影响，一方面应立即向公司申请备件或安排修理；另一方面可将该故障回路从整个"系统故障监测"回路中隔离出来，使其他监测子回路恢复正常工作。

不论以微机为核心的监测系统是哪一种类型，其可靠性与准确度都不是尽善尽美的，都会存在某些不足，在运行过程中难免出现各种各样的故障。轮机管理人员应及时处理这些意外情况，缩小故障的影响，尽快排除故障，才能保证系统正常工作。这就要求管理人员应熟练掌握设备的特点和弱点，经常对有关技术资料进行消化、分析，从而找出其具有规律性的东西，有针对性地做好预防性的定期检测、调整和保养等工作，不断地总结和积累经验。

二、 故障诊断的有效手段

在对微机监测系统进行故障诊断时，一般采取两个步骤。第一步是分析故障、确定故障所处部位，然后用"被确认可用的"备件进行替换，使系统恢复正常。这里所说的"被确认可用的"备件是指不仅部件的型号要一样，而且其中可调参数的工况也必须与运行中的部件保持一致。如果没有可用的备件，则应暂时将故障部件从系统中隔离出来，使它不至于影响其他部件的工作。第二步是在条件许可的情况下，可以进一步确定故障部件中具体的故障部位。一般来说只要能准确地确定故障部位，那么排除故障应不是很困难的。

有关查找故障部件的两种基本方法如下：

1. 拔插法

拔插法最适合于诊断系统死机及无任何显示等各类故障。

出现这类故障时，可利用拔插法将故障尽可能地缩小到最小范围内。例如可以拔掉打印机电缆，即可排除因打印机引起的故障。拔掉打印卡、串行通信卡、内存扩存卡等，再逐一查看故障是否有变化，以求排除由这些部件引起的故障。对于微机系统来讲，只剩下主机和电源，它仍然能够进行自检。如果自检功能没有问题，说明故障位于拔掉的部件中；否则可怀疑的部件只剩下主机板和电源了。

当然，设备出现故障的时候，并不是随心所欲的插插拔拔，然后再找原因。而是应该根据故障现象进行认真的分析和推断，确定必须拔插的对象，然后进行拔插操作。

2. 交换法

交换是用相同的插件、部件有目的地进行交换，交换是部件级的，也可以是芯片级的。也就是说两块完全相同的印制电路板或设备可以互相交换，两块完全相同的可拔插的芯片也可以互换。通过替换的办法逐一观察故障现象的变化。显然，如果故障消失，则说明换下来的部件是有问题的。故障未消失，说明可能在其他部位存在有待查的故障。

但是交换法是以船上有两块完全一样的印制电路板或芯片为前提的，包括芯片上的量程设定、短路设置等内容也应该是一样的。操作时应特别注意，避免因操作不当而损坏好的部件或芯片。特别对于陈旧的设备，采用交换法时应考虑到有可能存在一定的风险。

综合应用上述两种方法，一般可以确认故障部件。要注意部件之间都是相互关联的，切忌孤立地看问题。例如，测量板上 5V 电源没有，怀疑是电源问题，拔下电源插头，5V 电源还是没有。对于这样的情况，如果不知道有的稳压电源如开关稳压电源，它具有"在无负载时无输出"这一特点，那就一定误认为电源坏了。因此，故障部件应该在对各部件功能进行分析的前提下做尽可能多的排列组合，才能比较有把握地确定故障所在。对更换的部件应进一步做出诊断，排除故障。

第四章
火灾自动报警系统

Chapter 4

众所周知，早期发现的火灾很容易扑灭，火灾造成的损失也很小。特别是在茫茫大海中航行的船舶，如果一旦火灾蔓延，由于孤立无援，其后果将不堪设想。但是，在船员熟睡的夜晚，在无人值班的机舱以及无人守望的货舱，或船员离开后燃起的火灾，怎样才能及时发现呢？于是，人们开始研制火灾报警装置，并很快地投入使用。随着科学技术的发展，单一的火灾报警器逐渐被既能发现火灾并报警，又能联动灭火、排烟，还能联动防火分隔等智能化程度越来越高的火灾自动报警系统所取代。

火灾初起阶段的征兆，一般是产生烟雾、不正常的温升和火光。因此为了及早地发现火灾，防微杜渐，可以通过各种传感器（自动探测器）将烟、热或光信号变换为电信号，传给报警控制单元进行信号处理，发出报警及其他控制信号。在滚装船、消防船以及液化气体船等特殊船舶中，往往在某些舱室内装设可燃气体探测器，用来监测可燃气体的浓度，以防止可能引起的燃烧和爆炸。

第一节　火灾探测方法及探测器

一、火灾探测方法

火灾探测是以物质燃烧过程中产生的各种火灾现象为依据，普通可燃物质燃烧的表现形式是：首先产生燃烧气体和烟雾，在氧气供应充足的条件下才能达到完全燃烧，产生火焰并发出一些可见光与不可见光，同时释放大量的热，使得环境温度升高。普通可燃物质由初起阴燃阶段开始，到火焰燃烧、火势渐大，最终酿成火灾的起火过程，如图 4-1 所示，其特点如下：

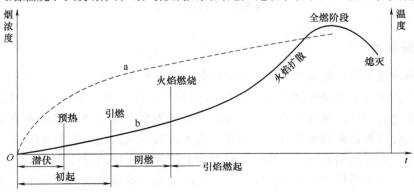

图 4-1　普通可燃物质起火燃烧过程

1. 初起和阴燃阶段占时较长

普通可燃物在火灾初起和阴燃阶段尽管产生了烟雾可燃气体混合物，并且大量的烟雾可燃气体混合物可能已经充满某一空间，但是环境温度不高，火势尚未达到蔓延发展的程度。如果在此阶段能将重要的火灾信息（烟雾浓度）有效地探测出来，就可以将火灾损失控制在最低限度。

2. 火焰燃烧阶段火势蔓延迅速

普通可燃物经过足够的火灾初起和阴燃阶段后，足够的蓄积热量会使环境温度升高，并在物质的着火点温升加速，发展成火焰燃烧，形成火焰扩散，火势开始蔓延，环境温度不断升高，燃烧不断扩大，形成火灾。普通可燃物在此阶段产生的烟雾相对减少，但火灾发展所产生的足够热量会引起环境温度的较大变化，如果能将火灾引起的明显的温度变化这一火灾特征参数有效地探测出来，则能较及时地控制火灾。

3. 物质全燃阶段产生强烈的火焰辐射

处于全燃阶段的普通可燃物质燃烧时会产生各种波长的光，使火焰热辐射含有大量的红外线和紫外线。因此，对火灾形成的红外和紫外光辐射进行有效的探测也是实现火灾探测的基本方法之一。但是，对于有较长阴燃阶段的普通可燃物火灾而言，由于普通可燃物在燃烧过程产生大量烟雾，降低了光的可见度，因此会影响火焰光探测的效果；油品、液化烃等物质起火，由于起火速度快并且迅速达到全燃阶段，形成很少有烟雾遮蔽的明火火灾，因此火焰光探测及时有效。

因此，火灾探测是以物质燃烧过程中的特点为依据监测火源，以实现早期发现火灾。分析普通可燃物的火灾特点，以物质燃烧过程中发生的能量转换和物质转换为基础，可形成不同的火灾探测方法，如图 4-2 所示。

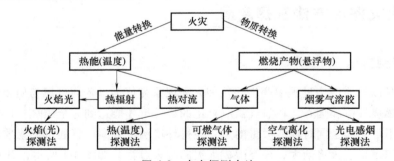

图 4-2　火灾探测方法

二、火灾探测器

火灾探测器是火灾自动报警系统的组成部分，它至少有一个能够连续监测，或以一定频率周期监测与火灾有关的物理和（或）化学现象的传感器，并且至少能够向控制和指示设备提供一个适合的信号，由探测器或控制和指示设备判断是否报火警或操作自动消防设备。简而言之，火灾探测器是能够及时探测和传输与火灾有关的物理和化学现象的探测装置。

一般来讲，火灾探测器由火灾参数传感器或测量元件、探测信号处理单元和火灾判断电路组成。火灾信号必须借助物理或化学作用，由火灾参数传感器或测量元件转换成某种测量值，经过测量信号处理电路产生用于火灾判断的数据处理结果量，最后由判断电路产生开关量报警信号。直接产生模拟量信号的火灾探测器输出的测量信号经过信号处理电路进行数据处理后，产生模拟量信号并传输给火灾报警控制器，最终由火灾报警控制器实现火警判断功能。

根据各类物质燃烧时的火灾信息探测要求和上述不同的火灾探测方法，可以构成各种类型的火灾探测器，主要有感烟式、感温式、感光式（火焰探测式）和可燃气体等四大类型，如图4-3所示，船舶采用的探测器均为点型探测器（陆用感温探测器有采用线型的）。由于船舶上感烟式、感温式火灾探测器使用较多，故分别介绍如下：

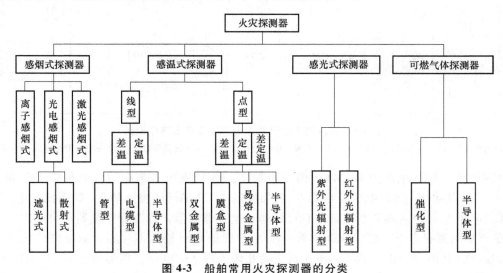

图4-3　船舶常用火灾探测器的分类

1. 感烟式火灾探测器

感烟式火灾探测器是在目前船舶中应用较普及。据有关机构统计，感烟式火灾探测器可以探测70%以上的火灾。目前，常用的感烟式火灾探测器是离子式和光电式。

（1）离子感烟式火灾探测器

离子感烟式火灾探测器采用空气电离化探测火灾。根据其内部电离室的结构形式，又可分为双源离子感烟式和单源离子感烟式。

1）双源离子感烟式火灾探测器：图4-4所示为双源离子感烟式探测器的工作原理图。在实际设计中，开式结构且烟雾容易进入的检测用电离室与闭式结构且烟雾难以进入的补偿用电离室采取反向串联连接，两个电离室内各放有一块放射性镅241片，不断放射出 α 粒子，使电离室内空气部分电离。检测电离室一般工作在其特性的灵敏区，补偿电离室工作在其特性的饱和区。

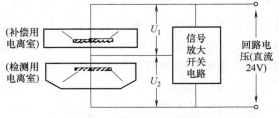

图4-4　双源离子感烟式火灾探测器的工作原理图

当有烟雾进入火灾探测器时，由于烟雾粒子对带电离子的吸附作用，使检测用电离室内特性曲线发生变化，从而形成电压差 ΔU，其大小反映了烟雾粒子浓度的大小。经电路对电压差 ΔU 的处理，可以得到火灾时产生的烟浓度的大小，用于确认火灾发生和报警。

采用双源反串联式结构的离子感烟火灾探测器可以减少环境温度、湿度、气压等条件变化引起的对离子电流的影响，提高火灾探测器的环境适应能力和工作稳定性。图 4-5 是一个典型的双源离子感烟式探测器的实际电路原理图。

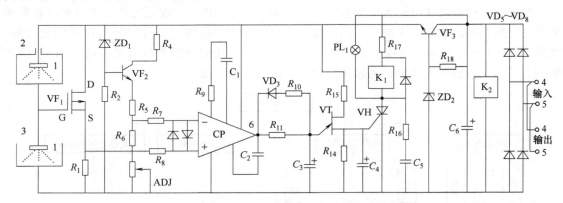

图 4-5 双源离子感烟式探测器的实际电路原理图

1—放射线源 2—内部（补偿用）电离室 3—外部（检测用）电离室 4—火警警报触点 5—故障警报触点 6—输出端

图 4-5 中，输入电源为 DC24V，两个电离室的连接点电压与场效应晶体管 VF_1 的栅极（G）相接，其源极（S）电压经电阻 R_8 接集成运放 CP 的同相输入端 3，标准比较电压与集成运放 CP 的反相输入端 2 相接，并且可以通过电位器调节，以改变探测器的灵敏度。

在正常监测状态下，场效应晶体管 VF_1 由于栅极电压较低不导通，源极电位接近于 0，使集成运放 CP 的同相输入端 3 的电压低于反相输入端 2 的电压，则集成运放 CP 的输出端 6 的电压仅为 1V 左右，电容 C_3 被充电，但是该电压达不到单结晶体管 VT 的峰点电压（6V），单结晶体管无法导通，晶闸管 VH 无触发脉冲，使继电器 K_1 不动作。此时继电器 K_2 有电动作，使常开触点 K_2 闭合，如图 4-6 所示。

在有火警状态时，检测电离室内有烟雾颗粒进入，颗粒被吸附后使检测电离室内等效阻抗增大，离子电流减小，而内电离室阻抗仍保持不变，场效应晶体管 VF_1 的栅极电压升高使之导通，于是 VF_1

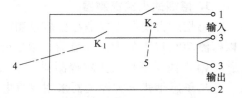

图 4-6 继电器触点接线图

的源极电位升高。当烟雾达到预先的设定值时，使集成运放 CP 的同相输入端 3 的电压高于反相输入端 2 的电压，则集成运放 CP 的输出端 6 的电压变为 12V，电容 C_3 继续经 R_{11} 充电，经 20s 左右的延时时间（可调节），如果检测电离室的烟雾浓度继续保持或增加，则充电电压达到单结晶体管 VT 的峰点电压（6V），单结晶体管导通，输出触发脉冲使晶闸管 VH 导通，从而使继电器 K_1 通电动作，使探测器上的指示红灯亮；同时使其常开触点 K_1 闭合，该闭合触点信号送入火警控制器后给出声光报警信号。

2）单源离子感烟式火灾探测器：单源离子感烟式火灾探测器的电路原理图如图 4-7 所示，其检测电离室和补偿电离室由电极极板 P_1、P_2 和 P_m 构成，共用一个镅 241 α 放射源。在火灾探测时，探测器的烟雾检测电离室（外室）和补偿电离室（内室）都工作在其特性曲线的灵敏区，利用 P_m 极电位的变化量大小反映进入的烟雾浓度变化，实现火灾探测和报警。

单源离子感烟式火灾探测器的烟雾检测电离室和补偿电离室在结构上基本都是敞开的，两者受环境条件缓慢变化的影响相同，因而提高了对使用环境中微小颗粒缓慢变化的适应能力。特别在潮湿地区要求的抗潮能力方面，单源离子感烟式火灾探测器的自适应性能比双源离子感烟式火灾探测器要好得多，但

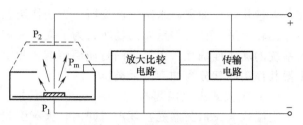

图 4-7　单源离子感烟式火灾探测器电路原理图

目前双源离子感烟式火灾探测器也可以通过电路参数调整以及与火灾报警控制器软件配合来提高抗潮能力。

（2）光电感烟式火灾探测器

光电感烟式火灾探测器利用火灾产生的烟雾改变光敏元件受光的强弱而发出警报信号。根据烟雾粒子对光的吸收和散射作用，光电感烟式火灾探测器可分为遮光式和散射光式两种类型。

1）遮光式光电感烟火灾探测器：如图 4-8a 所示，进入光电检测暗室内的烟雾粒子对光源发出的光产生吸收和散射作用，使通过光路上的光通量减少，从而在受光元件上产生的光电流降低。光电流相对于初始标定值的变化量大小，反映了烟雾的浓度大小，据此可通过电子线路对火灾信息进行放大比较或火灾参数运算，最后通过传输电路产生相应的火灾信号。

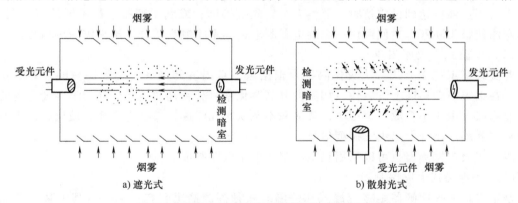

a) 遮光式　　　　　　　　　　　　b) 散射光式

图 4-8　光电感烟式火灾探测器工作原理示意图

2）散射光式光电感烟火灾探测器：如图 4-8b 所示，进入遮光暗室的烟雾粒子对发光元件（光源）发出的一定波长的光产生散射作用（按照光散射定律，烟粒子需轻度着色，且当其粒径大于光的波长时将产生散射作用），使处于一定夹角位置的受光元件（光敏元件）的阻抗发生变化，产生光电流。此光电流的大小与散射光强弱有关，并且由烟粒子的浓度和粒径大小及着色与否来决定。根据受光元件的光电流大小（无烟雾粒子时光电流大小约为暗电流），即当烟粒子浓度达到一定值时，散射光的能量就足以产生一定大小的光电流，可以激励遮光暗室外部的信号处理电路发出火灾信号。显然，遮光暗室外部的信号处理电路采用的结构和数据处理方式不同，可以构成不同类型的火灾探测器。

2. 感温式火灾探测器

在火灾初起阶段，使用热敏元件来探测火灾的发生是一种有效的手段，特别是那些经常

存在大量粉尘、油雾、水蒸气的场所，无法使用感烟式火灾探测器，只有用感温式火灾探测器才比较合适。在某些重要的场所，为了提高火灾监控系统的功能和可靠性，或保证自动灭火系统的动作准确性，也要求同时使用感烟式和感温式火灾探测器。感温式火灾探测器可以根据其作用原理分为如下三大类。

（1）定温式火灾探测器

定温式火灾探测器是在规定时间内，火灾引起的温度上升超过某个定值时启动报警。它结构简单，可靠性高，误动作少，动作温度一般分为 60℃、70℃ 及 90℃ 三种。由于冬季或夏季环境温度变化，对探火的反应时间有一定影响。这类探测器灵敏度较差，一般适用于厨房、锅炉间、烘衣间等。目前，常用的定温式火灾探测器有双金属、易熔合金和热敏电阻几种型式，如图 4-9a、图 4-9b 所示。

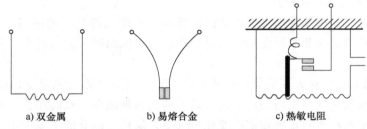

a) 双金属　　　　　　　b) 易熔合金　　　　　　c) 热敏电阻

图 4-9　定温式火灾探测器原理图

当监测点温度达到设定值时，低熔点金属丝被熔断；或利用膨胀系数不同的双金属片，受热弯曲使触头断开。它们可使一个继电器断电，其常闭触头闭合发出火灾探测信号。

（2）差温式火灾探测器

差温式（或称温升式）火灾探测器是根据监测点温度升高变化率来探测的。如图 4-9c 所示。在火灾前期温度上升较快，如温度升高变化率每分钟超过 5.5℃ 时，使得气室内的气体快速膨胀，由于小孔放气量很小，气体来不及从小孔泄放，其压力升高，波纹膜片下弯使动触头与静触点闭合发出火灾探测信号。

温升式火灾探测器也可以采用热敏电阻及电子电路制成。

（3）差定温式火灾探测器

差定温式火灾探测器是将定温式和差温式两种探测器组合在一起。若其中某一功能失效，则另一种功能仍然起作用，因此大大提高了火灾监测的可靠性，在实际船舶中应用较多。差定温式火灾探测器一般多是膜盒式或热敏半导体电阻式等典型结构的组合式火灾探测器。差定温火灾探测器按其工作原理，还可分为机械式和电子式两种。

1）机械式差定温火灾探测器：如图 4-10 所示是机械式差定温火灾探测器的结构示意图。它的差温探测部分与膜盒型差温火灾探测器基本相同；而定温探测部分则与易熔金属型火灾探测器相似，其工作原理是弹簧片的一端用低熔点合金焊接在外罩内

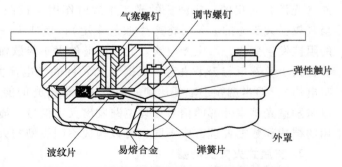

气塞螺钉　　调节螺钉

弹性触片

波纹片　　易熔合金　　弹簧片　　外罩

图 4-10　机械式差定温火灾探测器结构示意图

壁，当环境温度达到标定温度值时，低熔点合金熔化，弹簧片弹回，压迫固定在波纹片上的弹性触片，使之与调节螺钉接触而接通电源，发出电信号（火灾信号）。

2）电子式差定温火灾探测器：电子式差定温火灾探测器在当前火灾监控系统中用得较普遍。它的定温探测和差温探测两部分都是由半导体电子电路来实现的。图 4-11 所示是电子式差定温火警探测器的电路原理图。它共采用三只热敏电阻 R_1、R_2 和 R_5，其特性均随着温度升高而阻值下降。其中差温探测部分的 R_1 和 R_2 阻值相同，特性相似，在探头中布置在不同的位置上；R_2 布置在铜外壳上，对外界温度变化较为敏感；R_1 布置在一个特制的金属罩内，对环境温度的变化不敏感。当环境温度缓慢变化时，R_1 和 R_2 的阻值相近，VT_1 维持在截止状态。当发生火灾时，温度急剧上升，R_2 因直接受热，阻值迅速下降；而 R_1 则反应较慢，阻值下降较小，从而导致 A 点电位降低；当电位降低到一定程度时，VT_1、VT_3 导通，向报警装置输出火警信号。

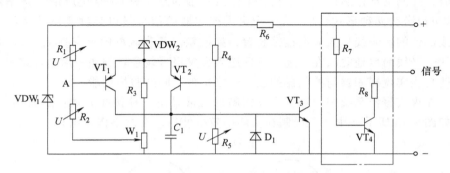

图 4-11　电子式差定温火灾探测器电路原理图

定温探测部分由 VT_2 和 R_5 组成。当温度升高至标定值时（如 70℃ 或 90℃），R_5 的阻值降低至动作值，使 VT_2 导通，随即 VT_3 也导通，向报警装置发出火警信号。

3. 手动报警按钮

手动报警按钮与火灾探测器的功能基本相同。探测器是自动报警，而手动报警按钮是人工手动报警，两者输送的报警电信号都传输给报警指示设备，发出火灾报警信号。

手动报警按钮安装于经常有人出入的通道、走廊、控制站、公共舱室等场所。当巡逻员或附近人员发现火警，可取下小锤或用其他物体击碎玻璃，该手动报警按钮即自动向报警指示设备发出报警信号，同时按钮上确认灯发亮，表示信号已送出。一般来讲手动报警按钮只需击碎玻璃即自动动作。也有的在击碎玻璃后需按下按钮。手动报警按钮的外形及内部线路如图 4-12 所示。《SOLAS 公约》规定每一通道口应安装一只手动报警按钮。每层甲板的走廊内，手动报警按钮安装地点应便于操作，并使走廊任何部位与手动报警按钮的距离不大于 20m。具体安装时应尽可能与应急照明灯靠近，距离甲板的高度约为 1.4m。

4. 火灾探测器的接线形式

在实际系统中，火灾探测器和控制器的接线方式一般均采用并联。也就是说，若干个火灾探测器的信号线按一定关系并联在一起，然后以一个部位或区域的信号送入火灾报警装置（或控制器），即若干个火灾探测器连接起来后仅构成一个探测回路，并配合各个火灾探测器的地址编码实现保护区域内多个探测部位火灾信息的监测与传送。在每一个探测回路一般均有一个终端电阻（或齐纳二极管）。在正常监测状态提供一个监测电流（一般为微安级），

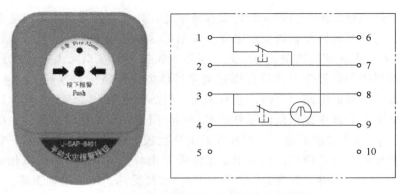

图 4-12　手动报警按钮的外形及内部线路

火警方式时，探测器动作后产生一个报警电流（一般为毫安级）。这里所谓"按一定关系并联"，大体可以分为两种形式：1）若干个火灾探测器的信号线以某种逻辑关系组合，作为一个地址或部位的信号线送入火灾报警装置，如机舱内某一区域的火灾探测。2）若干个火灾探测器的信号线简单地并联在一起，然后送入火灾报警装置。例如采用地址编码火灾探测器，通过两总线实现探测器与控制器的通信，以实现不同的监控功能。

　　目前，在火灾报警系统中，对于火灾探测器通常采用三种接线方式：二线制、三线制、四线制，如图 4-13 所示（由于三线制在实船中较少使用，在此不作介绍）。

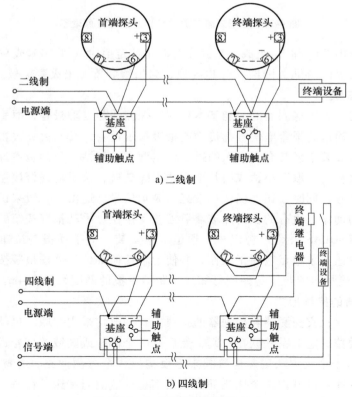

图 4-13　火灾探测器的连接方式

　　图 4-13a 是二线制接线方式，此电路电源线与信号线重合，各个火灾探测器如果状态正常，则通电后其内部接线柱 6、7 闭合，使电源得以送入下一个火灾探测器，在终端探头有一终端设备（一般为电阻或齐纳二极管），使得系统在正常监测状态时有一监测电流（微安级），一旦火警发生，相应探测器动作，使电源两端电阻急剧下降，产生一较大的动作电流（毫安级），由系统内部处理后给出声光报警；如果某一回路中一个探头故障，则其内部接线柱 6、7 不能闭合，使电源端开路，由系统处理后显示该回路开路或探头故障。图 4-13b 是四线制接线方式，其工作原理与二线制接线方式类似，此种电路中电源线与信号线相互分开。无论采用何种方式，均要求可以实现检测探测器脱落、探测器故障失效、线路开路故障、终端电阻脱落或故障失效、火灾报警等功能。

第二节　火灾自动报警系统的组成及工作原理

　　火灾自动报警系统一般设置在工业与民用建筑内部和其他对生命和财产造成危害的火灾危险场所，与自动灭火系统、防烟排烟系统以及防火分隔设施等其他消防设施一起构成完整的消防系统。

一、火灾自动报警系统的组成

　　火灾自动报警系统由火灾探测报警系统、消防联动控制系统、可燃气体探测报警系统及电气火灾监控系统组成。

1. 火灾探测报警系统

　　火灾探测报警系统由火灾报警控制器、触发器件和火灾警报装置等组成，它能及时、准确地探测被保护对象的初期火灾，并发出报警响应，从而使设置场所内的人员有足够的时间在火灾尚未发展蔓延到危害生命安全的程度时疏散至安全地带，是保障人员生命安全的最基本的消防系统。

　　（1）触发器件

　　在火灾自动报警系统中，自动或手动产生火灾报警信号的器件称为触发器件，主要包括火灾探测器和手动火灾报警按钮。火灾探测器是能对火灾参数（如烟、温度、火焰辐射、气体浓度等）响应，并自动产生火灾报警信号的器件。手动火灾报警按钮是以手动方式产生火灾报警信号，启动火灾自动报警系统的器件。

　　（2）火灾报警装置

　　在火灾自动报警系统中，用于接收、显示和传递火灾报警信号，并能发出控制信号和具有其他辅助功能的控制指示设备称为火灾报警装置。火灾报警控制器是其中最基本的一种，担负着为火灾探测器提供稳定的工作电源，监测探测器及系统自身的工作状态，接收、转换、处理火灾探测器输出的报警信号，进行声光报警，指示报警的具体部位及时间，同时执行相应辅助控制等诸多任务。

　　（3）火灾警报装置

　　在火灾自动报警系统中，用于发出区别于环境声、光的火灾警报信号的装置称为火灾警报装置。它以声、光和音响等方式向报警区域发出火灾警报信号，以警示人们迅速采取安全疏散和灭火救援措施。

（4）电源

火灾自动报警系统属于消防用电设备，其主电源应当采用消防电源（应急电源），备用电源可采用蓄电池。系统电源除为火灾报警控制器供电外，还为与系统相关的消防控制设备等供电。

2. 消防联动控制系统

消防联动控制系统由消防联动控制器、消防控制室图形显示装置、消防电气控制装置、消防电动装置、消防联动模块、消防应急广播等设备和组件构成。在发生火灾时，消防联动控制器按预设的控制逻辑向消防水泵、报警阀、防火门、防火阀和通风等消防设施准确发出联动控制信号，实现对火灾警报、消防应急广播、应急照明及疏散指示系统、自动灭火系统、防火分隔系统的联动控制，接收并显示上述系统设备的动作反馈信号，实现对消防设施的状态监测功能。

（1）消防联动控制器

消防联动控制器是消防联动控制系统的核心组件。它通过接收火灾报警控制器发出的火灾报警信息，按预设逻辑对自动消防系统（设施）进行联动控制。消防联动控制器可直接发出控制信号，通过驱动装置控制现场的受控设备；对于控制逻辑复杂且在消防联动控制器上不便实现直接控制的情况，可通过消防电气控制装置（如气体灭火控制器）间接控制受控设备，同时接收自动消防系统（设施）动作的反馈信号。

（2）消防控制室图形显示装置

消防控制室图形显示装置用于接收并显示保护区域内的火灾探测报警及联动控制系统、消火栓系统、自动灭火系统、防烟排烟系统、电梯、消防电源、消防应急照明及疏散指示系统、消防通信等各类消防系统及系统中的各类消防设备（设施）运行的动态信息和消防管理信息，同时还具有信息传输和记录功能。

（3）消防电气控制装置

消防电气控制装置的功能是控制各类消防电气设备，它一般通过手动或自动的工作方式来控制消防水泵、防烟排烟风机、电动防火门窗等各类电动消防设施的控制装置，并将相应设备的工作状态反馈给消防联动控制器进行显示。

（4）消防电动装置

消防电动装置的功能是实现电动消防设施的电气驱动或释放，它包括电动防火门窗、电动防火阀、电动防烟阀、电动排烟阀、气体驱动器等电动消防设施的电气驱动或释放装置。

（5）消防联动模块

消防联动模块是用于消防联动控制器和其所连接的受控设备或部件之间信号传输的设备，包括输入模块、输出模块和输入输出模块。输入模块的功能是接收受控设备或部件的信号反馈并将信号输入到消防联动控制器中进行显示，输出模块的功能是接收消防联动控制器的输出信号并发送至受控设备或部件，输入输出模块则同时具备输入模块和输出模块的功能。

（6）消防应急广播设备

消防应急广播设备由控制和指示装置、声频功率放大器、传声器、扬声器、广播分配装置、电源装置等部分组成，是在火灾或意外事故发生时通过控制功率放大器和扬声器进行应急广播的设备。它的主要功能是向现场人员通报火灾，指挥并引导现场人员疏散。

二、火灾自动报警系统的工作原理

在火灾自动报警系统中，火灾报警控制器和消防联动控制器是核心组件，是系统中火灾报警与报警的监控管理枢纽和人机交互平台。

1. 火灾探测报警系统

火灾探测报警系统的工作原理如图 4-14 所示。当火灾发生时，安装在保护区域现场的火灾探测器将火灾产生的烟雾、热量和光辐射等火灾特征参数转变为电信号，经数据处理后，将火灾特征参数信息传输到火灾报警控制器，或直接由火灾探测器做出火灾报警判断，将报警信息传输到火灾报警控制器。火灾报警控制器在接收到探测器的火灾特征参数信息或报警信息后，经报警确认判断，显示报警探测器的部位，记录探测器火灾报警的时间。处于火灾现场的人员，在发现火灾后可立即触动安装在现场的手动火灾报警按钮，手动火灾报警按钮变将报警信息传输到火灾报警控制器，火

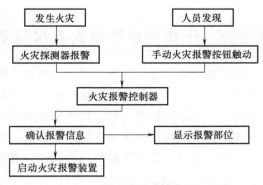

图 4-14　火灾探测报警系统的工作原理

灾报警控制器在接收到手动火灾报警按钮的报警信息后，经报警确认判断，显示动作的手动报警按钮的部位，记录手动火灾报警按钮报警的时间。火灾报警控制器在确认火灾探测器和手动火灾报警按钮的报警信息后，驱动安装在被保护区域现场的火灾报警装置，发出火灾警报，向处于被保护区域的人员警示火灾的发生。

2. 消防联动控制系统

消防联动控制系统的工作原理如图 4-15 所示。火灾发生时，火灾探测器和手动火灾报

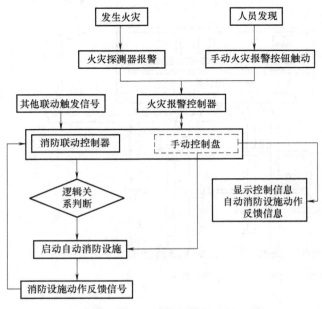

图 4-15　消防联动控制系统的工作原理

警按钮的报警信号等联动触发信号传输到消防联动控制器，消防联动控制器按照预设的逻辑关系对接收到的触发信号进行识别判断，在满足逻辑关系条件时，消防联动控制器按照预设的控制时序启动相应的自动消防系统（设施），实现预设的消防功能；消防控制室的消防管理人员也可以通过操作消防联动控制器的手动控制盘直接启动相应的消防系统（设施），从而实现相应消防系统（设施）预设的消防功能。消防联动控制系统接收并显示消防系统（设施）动作的反馈信息。

第三节　干货舱自动探火及报警系统

船舶货舱也与居住舱室一样，很早就应用了自动探火及报警系统。货舱自动探火及报警系统形式较少，因为装货后的航行途中，货舱一般是无人到达的，货舱已构成了一个独立的密闭舱室，从这个特点出发，货舱比较多的采用了抽烟式自动探火及报警系统。当然货舱自动探火及报警系统也有采用感温探测器的，因为感温型探测器对于货舱或居住舱室几乎没有区别，所以这里主要介绍抽烟式自动探火及报警系统。

一、系统的基本组成

抽烟式自动探火及报警系统如图 4-16 所示。系统主要有以下几部分组成：

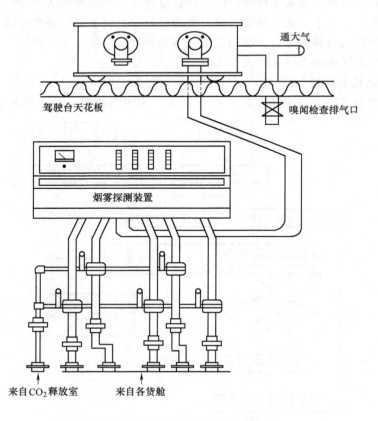

图 4-16　抽烟式自动探火及报警系统

1. 抽风机及抽风管道

用以将各货舱火灾时所产生的烟气抽至放置在驾驶台的烟探测器。

货舱采用二氧化碳、卤化物灭火系统时，一般就将二氧化碳/卤化物系统的灭火管路作为抽风管道。若货舱采用水、泡沫等其他灭火系统时，则抽风管道需另行装设。抽风机应有两套，以便每套交替使用或备用一套。

2. 烟探测器

从抽风管道中抽吸的烟气被烟探测器感受，从而发出火灾警报。

3. 火灾的显示和警报设备

将烟探测器接收的火灾警报进行声、光显示，发出火灾警报。

4. 火灾舱位显示装置

一般采用两种，一种是在烟探测器内各舱烟道内置有旋转色标，正常工作时，该色标高速旋转，它也可用来判断各舱烟道是否堵塞。另一种是采用伺服电动机，正常时逐个显示取样舱位，火警时停在报警舱位。

二、工作原理

货舱抽烟式自动探火及报警系统中的烟探测器的感烟元件一般都采用光电管组成。安置在烟探测器内的光电管，当烟颗粒进入时，光碰击颗粒，光被扩散并反射于光敏栅上，导致光敏电路做出反应。其工作原理如图 4-17 所示。由图中可知货舱抽烟式自动探火及报警系统中的烟探测器的工作原理与用于船员舱室的烟探测器的工作原理是基本相似的。

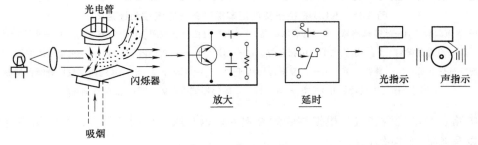

图 4-17　烟探测器原理

货舱抽烟式自动探火及报警系统，在国内外的现代船舶中应用是极为广泛的。该系统经常在装货完毕并盖舱后投入运转，短航程时，系统在航行中不关闭；长航程时，系统往往是间断工作的，即装货完毕并盖舱后投入运转，一至数天后停止，然后可在需要时再运转。对于有的货种如矿砂、谷物等，该系统可一直停止使用。这样间断工作的目的是为减少光电管的工作时间，延长系统的使用寿命。在使用过程中应注意及时清洁透镜、光电元件表面，以避免影响使用效果。

三、KIDDE 型干货舱烟雾探测系统

图 4-18 是 KIDDE 型干货舱烟雾探测系统电气控制线路图。该系统控制柜共分为四层，第一层主要有舱位选通电机、舱位指示器、各种操作开关、指示灯、火警继电器、电源变压器等；第二层是观察窗，内有照明灯，安装有检测各舱是否堵塞的小旋转风叶；第三层安装

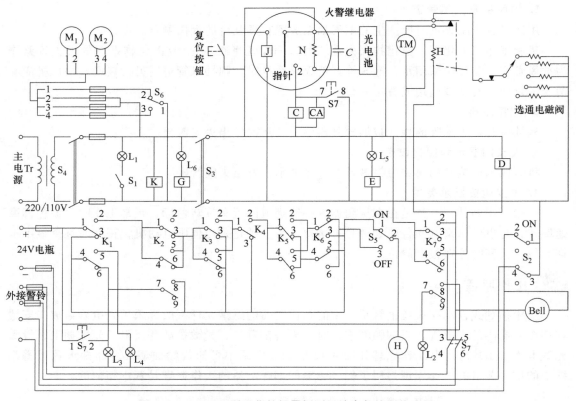

图 4-18 KIDDE 型干货舱烟雾探测系统电气控制线路图

Bell—火警警铃 H—故障蜂鸣器 C—电解电容器 J—火警复位电磁线圈 L₁—观察窗灯 L₂—火警指示灯

L₃—电源故障灯 L₄—系统内部故障指示灯 L₅—光源 L₆—控制柜内下部灯 N—火警电磁线圈

S₁—观察窗灯开关 S₂—警铃开关 S₃—声音报警切断开关 S₄—电源开关 S₅—系统内部故障蜂鸣器切断开关

S₆—排气风机转换开关 S₇—灯、警铃、蜂鸣器试验开关 TM—舱位选通电机

有控制电路、光电检测装置、模拟试验烟雾吹入口以及风压检测开关等；第四层装有各选通电磁阀以及各舱气体吸入管。

在系统起动前，必须先将开关 S₁、S₃、S₄ 闭合，排气风机转换开关 S₆ 选中任一风机，火警警铃开关 S₂ 置于"ON"位置（1-2、3-4 闭合），系统内部故障蜂鸣器切断开关 S₅ 置于"ON"位置（1-2 闭合），否则系统通电后会出现故障警报。在系统使用过程中，要定期清洁光电测量单元。由于系统具有较强的自检功能，一旦发生故障报警，管理人员只需根据线路原理查找相应故障点排查即可。现将系统自检功能分析如下：

主电源失电时，继电器 K₁ 失电，使其触点 1-3、4-6 闭合，使电源故障指示灯 L₃ 亮，故障蜂鸣器 H 发出声音信号。

下列故障出现时，使系统内部故障指示灯 L₄ 亮，系统内部故障蜂鸣器 H 发出声音信号：控制柜下部灯熄灭时，继电器 K₃ 失电复位，使自身触点 1-3、4-6 闭合；风压未建立或压力开关故障，K₄ 的 1-3 触点闭合；光电单元的光源故障，使继电器 K₅ 失电复位，其自身触点 1-3、4-6 闭合；当外部警铃断路或故障时，继电器 K₆ 失电，使自身触点 1-3、4-6 闭合。

系统工作过程如下：正常监测状态时，由于无烟雾通过光电单元，光电池输出电压很小；当货舱火警发生时，有烟雾通过光电单元，由于烟雾颗粒的折射作用，使光电池输出电压增大，此电压使 N 线圈磁路产生足够大的电磁吸力，吸动指针使触点 1、2 闭合，使继电器 K_7 与 K_2 获电动作。继电器 K_7 动作后，其触点 1-2 闭合，一方面使警铃 Bell 动作，另一方面使电磁线圈 H 有电动作，其触点使舱位选择电机 TM 失电，舱位选通指示停在火警发生的货舱；其触点 4-5 闭合使外部警铃接通；其触点 7-8 闭合使火警指示灯 L_2 亮。继电器 K_2 是火警辅助继电器，火警发生时断开故障报警信号电路，保证火警的优先级。火警消除后，按复位按钮使线圈 J 有电，产生电磁吸力使火警继电器的指针复位。

第四节　可燃气体探测报警系统

可燃气体探测报警系统是火灾自动报警系统的独立子系统，属于火灾预警系统。该系统适用于使用、生产或聚集可燃气体或可燃液体蒸汽的场所。在泄漏或聚集可燃气体浓度达到爆炸下限前发出报警信号，提醒专业人员排除火灾、爆炸隐患，实现火灾的早期预防，避免火灾、爆炸事故的发生。

一、可燃气体探测报警系统的组成

可燃气体探测报警系统的组成示意如图 4-19 所示。可燃气体探测报警系统由可燃气体报警控制器、可燃气体探测器和声光警报器组成，能够在保护区域内泄漏可燃气体的浓度低于爆炸下限的条件下提前报警，从而预防由于可燃气体泄漏引发的火灾和爆炸事故的发生。

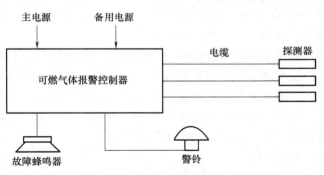

可燃气体报警控制器是用于为所连接的可燃气体探测器供电，接收来自可燃气体探测器的报警信号，发出声、光报警信号和控制信号，

图 4-19　可燃气体探测报警系统的组成示意图

指示报警部位，记录并保存报警信息的装置。可燃气体探测器能对泄漏的可燃气体响应，自动产生报警信号并向可燃气体报警控制器传输报警信号机泄漏可燃气体浓度信息的器件。

可燃气体探测报警系统根据所用技术的不同而有不同的结构形式，如图 4-20 所示为系统结构图，应用的是总线技术，系统由监控中心、通用控制器及现场探测器组成，网络拓扑结构为总线方式。监控中心与控制器之间的信息交互通过 CAN 总线进行，控制器与探测器之间通过 RS-485 通信线进行数字量传输通信。

1. 监控中心

监控中心采用带 CAN 卡的 PC 工况主机，以实现对整个系统的监测管理和控制。具有系统初始参数（如系统回路数、每个回路所带点数的配置、波特率、输出控制等）设置，人机界面（监测状态设置、探测点巡检、数据的显示、报警、远程控制等），系统通信，数据库管理等功能模块。另外，如果用户需要，还可以在主机上配置以太网卡，形成局域网络

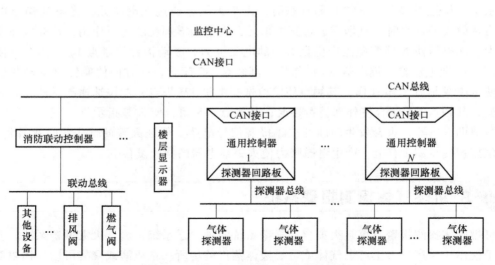

图 4-20　可燃气体探测报警系统结构图

或者形成广域网络，实现可燃气体监测报警系统与其他管理子系统的网络通信和监控。

2. 控制器

区域控制器选择通用型报警控制器，它一方面不断与探测器进行通信，采集探测器的信号，并对这些信息进行计算处理、统计评估。再根据预设的有关规则，把这些不同程度的信息转化为适当的报警动作指标。另一方面通过 CAN 总线与监控中心以及不同区域控制器、联动控制器之间互联，交换信息。

基于 CAN 总线的优点，当监控中心与某个区域控制器之间的通信发生故障时，其他子站不受影响，仍可完成相应区域的探测、显示及报警功能。

区域控制器通过回路控制板连接探测器回路，每个区域控制器可以连接多个回路控制板，每个回路控制板可以连接多个回路，每个回路可以配置多个探测器。所以，该系统应用规模可以随意扩展，满足大容量需求。

3. 探测器

可燃气体探测器分区布置于每一个监控点，监控该点的可燃气体浓度变化。它是整个系统的关键，直接决定探测的准确性。为了保证数据处理的质量，提高抗干扰能力，传感器输出信号首先在探测器内部进行滤波、非线性补偿、故障诊断等处理，然后再传输到区域控制器。探测器总线采用四线制结构（两根电源线、两根信号线），与控制器之间的通信采用RS-485 总线协议。

探测器的硬件整体结构如图 4-21 所示，主要由电源模块、模拟量采集、微处理器、声光报警、输出控制接口、浓度显示、数据存储、编码模块、总线接口模块等构成，其核心元件是气体传感器。

采集的模拟量信号包括：气体传感器采集的可燃气体浓度信息、温度和湿度传感器分别检测的环境温度和湿度、故障诊断电路输出的故障信息。模拟信号经滤波放大后送入单片机A/D 口进行转换，转换后的数据在单片机内部处理后，给出相应的动作信息，单片机以定时方式采集浓度信号、温度信号、湿度信号，通过中断方式采集故障信号。显示单元在监测状态下可以实时动态地显示泄漏可燃气体的浓度。

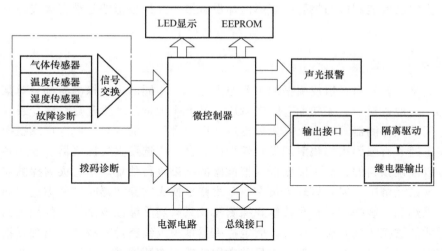

图 4-21　探测器的硬件整体结构图

探测器的报警值可以根据用户要求进行设置，可燃气体浓度一旦超过报警设定值，报警单元发出声光报警信号，确认报警属实后输出联动控制信号。探测器的初始状态、传感器的参数、每天的故障信息、报警信息保存在 EEPROM 中。探测器通过 RS-485 总线接口接入可燃气体探测报警系统，通过编码模块设置探测器在系统中的地址。

二、可燃气体探测报警系统的工作原理

可燃气体探测报警系统的工作原理如图 4-22 所示。当发生可燃气体泄漏时，安装在保护区域现场的可燃气体探测器将泄漏可燃气体的浓度参数转变为电信号，经数据处理后，将可燃气体浓度参数信息传输到可燃气体报警控制器；或直接由可燃气体探测器做出泄漏可燃气体浓度超限报警判断，将报警信息传输到可燃气体报警控制器。可燃报警控制器在接收到探测器的可燃气体浓度信息，记录探测器报警的时间，同时驱动安装在保护区域现场的声光警报装置，

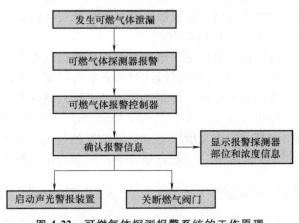

图 4-22　可燃气体探测报警系统的工作原理

发出声光警报，警示人员采取相应的处置措施，必要时可以控制并关断燃气阀门，防止燃气进一步泄漏。

第五节　火灾探测器的故障分析

在火灾自动监控系统的实际运行过程中，控制器（中央处理单元）本身很少出现故障，出现故障最多的是火灾探测器以及外围接线。火灾探测器故障主要有漏报或误报两种情况：

漏报指的是火灾已发展到应当报警的规模但却没有报警，误报指的是没有火灾却发出了报警信号。

一、漏报分析

探测器类型选择不当是造成漏报的主要原因之一。不同的火灾探测器都只对某些火灾信号比较敏感。一般说对于火灾初期有阴燃阶段、易产生大量烟和少量热、很少或没有火焰的场合，应选用感烟探测器；对于火灾发展迅速并产生大量热的场合，应选用感温探测器；对于火灾发展迅速、有强烈火焰辐射但发烟较少的场合，应选用火焰探测器。船舶各部位的火灾特点是难以准确预料的，但可以根据模拟试验的结果进行估计。不过火灾探测器的选型在船舶制造时就已经解决，船舶管理人员在实际维修更换火灾探测器时应考虑这一问题。

感温、感烟和气敏探测器都是接触式探测器，只有当足够浓或足够热的烟气到达探测器所在位置时才能被探测到并做出反应。假定探测器本身及线路没有故障，出现漏报往往是探测器没有探测到足够多的烟气。例如，目前常用的感烟探测器基本适用于船舶各部位，其顶棚的高度一般不超过10m。于是当其地面附近起火时，火灾烟气可在几秒钟升到顶棚，并迅速形成烟气层，探测器能够起到及时发现火灾的作用。如果船舶的内部空间（如机舱顶层）较大、较高，烟气到达顶棚的时间必将延长，而且由于卷吸空气的稀释，烟气的浓度会有所降低，等达到探测器的报警浓度时，火灾已经发展到相当大的规模，早期灭火的时机往往已被错过。但有时过于靠近天花板也不合适。例如在夏季，环境温度较高时，可造成室内顶棚下的空气温度较高，导致燃烧刚产生的烟气无法到达顶棚，这通常称为烟气的热降。若探测器离顶棚过近就会漏报警。为避免热降，感烟探测器应与顶棚保持一段距离。又如当室内有通风换气装置时，形成的强制空气流动可以使烟气偏斜，以致到不了探测器位置。所有这些都应具体情况分别对待。

造成探测器误报有结构方面的原因，也有使用方面的原因。前一方面主要与探测器的灵敏度有关，探测器的灵敏度过低会造成报警延迟，但灵敏度太高了又容易发生误报，应当选择合适的报警范围。现在通用的探测器大都将灵敏度设为若干级，如定温探测器的一级灵敏度的动作温度为62℃，二级灵敏度的动作温度为70℃，三级灵敏度的动作温度为78℃；感烟探测器的一级灵敏度表示单位长度的烟气减光率达到10%报警，二级灵敏度表示该减光率达到20%报警，三级灵敏度表示该减光率达到30%报警等。

二、误报分析

根据实际使用统计，由于使用不当引起火灾误报的主要原因如下：

1. 吸烟

这是大量事实所证明的，尤其是当房间顶棚较低（如机舱集控室和船员舱室等）而探测器的灵敏度较高时更容易发生。有时一个人吸烟就可干扰探测器的工作，三个人同时吸烟足以使探测器发出报警。由于吸烟过程多为阴燃，生成的烟颗粒较大，故更容易使光电型探测器误报。

2. 电气焊

在使用电气焊作业时产生的大量烟雾，很容易使火灾探测器发出火警信号。在机舱工作间以及修船厂修船时应特别引起船舶管理人员的注意。

3. 灰尘

灰尘对探测器的影响与烟颗粒相同，在安装探测器的房间内应当尽量减少空气中的灰尘，如果灰尘与油污混杂起来，还容易积聚在探测器的发射或接收元件上，产生长期不良影响。这一情况在船舶中较少出现。

4. 水蒸气

当室内的湿度较大时，水蒸气可进入探测器内，干扰探测器的工作。若水蒸气凝结在有关元件上，也会影响光线的发出和接收。造成室内水分过多的主要原因有两种，一是室内存在水源或汽源，如厨房、洗衣间、房间漏水等；二是季节影响，如夏季，尤其是梅雨时节，容易出现室内湿度很大的情况。现在所用的大多数探测器适用于相对湿度低于85%的环境。

5. 小昆虫和蜘蛛网

为了让烟气进入探测器内腔，通常设置一些进烟孔，并在孔口加上丝网，其主要目的是阻挡昆虫进入。但孔口过小又会影响烟气进入。出于综合考虑，目前常用的丝网孔径为1.25mm。它可挡住大昆虫，但小昆虫和小蜘蛛难免进入。

6. 炊事

做饭时会产生大量的烟气。尤其是炒、蒸、熏时产生的烟气量更大。这种烟中往往掺杂着油蒸汽，对探测器的有害影响很严重。

7. 缺乏清洁

这一因素对探测器的影响是逐渐积累的。探测器的使用时间长了，其内部总会积聚污染物，因此必须定期清洁。然而船舶管理人员并未重视这一问题，火灾探测器往往几年不保养，这就难免经常会发生误报。

另外，在火灾探测器维护和保养中，应注意以下几点：

1）将探测器安装在天花板的底座上后报警控制器显示该区域报警，通常为底座上的两条接线反接了（无极性要求的探测器除外），应用万用表检查极性后重新接线。

2）当火灾报警器显示某区域报警，但该区域并无火情。则可能是探测器本身的故障，如场效应管输入阻抗降低；镅-241片剂量较低，晶闸管击穿等，应更换该探测器。

3）定期进行熏烟检查，若对烟雾无反应，始终不报警，可能是场效应管损坏，也可能是晶闸管或稳压二极管损坏。熏烟检查可用塑料管吹入香烟烟雾，用专用试验器检查更好。

第五章
曲柄箱油雾浓度监测报警系统

曲柄箱油雾浓度监测报警器功能是保证柴油机的安全运行。滑油在高温时会产生油气，这些油气在曲柄箱中与 70℃ 左右的冷空气混合形成油雾，当油雾浓度超过正常标准时，可能会引起曲柄箱的爆炸事故。柴油机装有曲柄箱油雾浓度监测报警器后，一旦油雾浓度超过正常标准时，便及时发出声光报警，同时使主机自动降速或停车，确保柴油机的运行安全。

船上所采用的油雾浓度监测报警器种类繁多，早期有 Graviner Mark4 型油雾浓度探测器，其特点是以机械运动部件及分立元件为主，设备本身体积比较大，容易出现故障。随后设计了以单片机为核心的 Graviner Mark5 型油雾浓度探测器，该探测器体积减小，取消了许多机械旋转部件，大大提高了监测报警器工作的可靠性，同时它采样准确、执行速度快，并有较强的自检功能。Graviner Mark6 型油雾浓度探测器是随着网络技术的发展及传感器技术的不断进步而发展起来的，它采用 CAN 总线把传感器及控制单元连接起来，从而可以使系统中的检测点数目增加，一台油雾浓度探测器可以监测多台柴油机。

第一节　Mark5 型油雾浓度监测报警系统

一、Mark5 型油雾浓度监测报警器概述

1. Mark5 型油雾浓度监测报警器简介

Mark5 型油雾浓度监测报警器应用广泛。它对曲柄箱油雾浓度进行检测、监测、显示、报警及对主机进行安全保护。该监测报警器工作可靠，采样准确，执行速度快，且具有较强的自检功能。它主要由采样电磁阀、油雾浓度测量单元、显示报警单元及控制电路等部分组成。这些单元均装在一个控制箱中，该控制面板如图 5-1 所示。

在控制箱的下部有 10 个采集曲柄箱油雾气样的采样管口，一个清洗空气（压力为

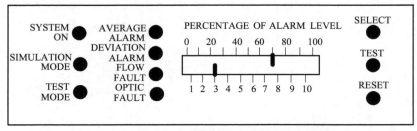

图 5-1　Mark5 型油雾浓度监测报警器控制箱面板图

0.1MPa）管接口，还有两根 3m 长的电缆，一根用于接电源，另一根用于监测报警器的输出。

在控制箱的显示板上，有 3 个状态指示灯，分别为 SYSTEM ON（系统运行指示灯）、SIMULATION MODE（模拟运行指示灯）和 TEST MODE（测试指示灯）。有 4 个报警和故障状态指示灯，即 AVERAGE ALARM（平均浓度报警指示灯）、DEVIATION ALARM（偏差浓度报警指示灯），FLOW FAULT（采样故障指示灯）和 OPTIC FAULT（光学系统故障指示灯）。此外，还有 3 个操作按钮，即 SELECT（选择采样显示点按钮），在正常运行时，若按下此按钮，则系统只检测现行采样点，并显示其油雾浓度；TEST（测试按钮），对系统进行测试时应按下此按钮；RESET（复位按钮），该按钮用于系统复位。当监视报警器某些预选参数需要重新调整时，参数调整后应按下此按钮，以确认所调整的参数并重新启动系统，使系统恢复到正常运行状态。在面板上还有一个液晶显示器，用来显示采样点编号及采样点的油雾浓度与报警设定浓度的百分比。显示值达百分之百时，说明采样点的油雾浓度达到了报警设定值。

2. Mark5 型油雾浓度监测报警器的工作过程

Mark5 型油雾浓度监测报警器工作时，由气样采集与测量单元测取气样浓度值，并送入单片机，由单片机对气样浓度值进行存储、计算和比较，并输出控制信号、报警和显示信号。

图 5-2 所示为 Mark5 型油雾浓度监测报警器的气样采集与测量原理图。该监测报警器共有 11 个二位三通电磁阀，其中有 10 个电磁阀分别采集各曲柄箱的气样，该系统最多可检测 10 个缸的气样，实际用几个视柴油机的缸数而定。另有一个清洗空气电磁阀，用压缩空气通过该电磁阀清洗测量系统。系统在正常运行期间，单片机依次使各采样点电磁阀通电，电磁阀左位通，相应曲柄箱油雾气样经电磁阀左位，在抽风机作用下流经测量室，而其他点的采样电磁阀断电右位通，曲柄箱气样在抽风机作用下，经旁通管路排出而不经测量室。

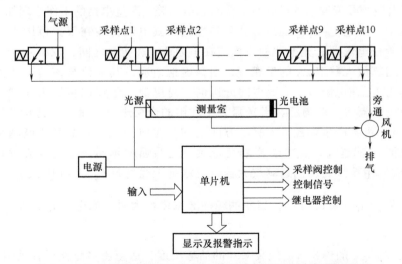

图 5-2　Mark 5 型油雾浓度监测报警器的气样采集及测量原理图

测量部分是由测量室、光源和光电池组成的。光源通电后发射一束光强度不变的平行光并照射在光电池上。流经测量室的待测气样油雾浓度变化，其透光程度也发生变化，即照射在光电池上的光强度也发生变化，光电池输出的电流大小与接收到的光强成一定的函数关系。该电流信号经 I/U 转换成电压信号，并经变增益放大器后送至 A/D 转换器转换成数字量送入单片机。该数字量代表油雾浓度，单片机循环读入各缸曲柄箱气样油雾浓度，并计算出平均油雾浓度以及各缸的偏差浓度（各缸油雾浓度与平均油雾浓度的差值）。每读入一个采样点数据，均刷新平均油雾浓度和采样点对应缸的偏差浓度，并与报警设定值比较，如果平均浓度值达到平均浓度报警值或者偏差浓度达到偏差浓度报警值，都将在液晶显示器上显示 100% 并发出声光报警，同时向主机安全保护系统送去一个故障降速或故障停车信号。

在正常运行期间，单片机定时将清洗空气电磁阀通电一次，电磁阀通电后左位通，气源经该阀左位进入测量室。该压缩空气一方面对光源、光电池及测量室进行清洗，防止光电池和光源被油雾污染而影响测量精度；另一方面，压缩空气对测量室、光源和光电池起冷却作用，以提高它们的使用寿命，同时也能防止光电池因温度升高而产生特性漂移。除此之外，测量单元应检测一次空气的油雾浓度，该值此时应该为零，如果不为零，则应比较一下与原零点偏差值有多大，若偏差不大，则以新测到的零点为相对零点并取代原零点。若偏差较大，系统则认为光源或光电池污染严重，清洗无效，OPTICAL FAULT 灯亮，发出报警并终止采样。

二、Mark5 型油雾浓度监测报警器的电路原理

以单片机为核心组成的 Mark5 型曲柄箱油雾浓度监测报警器的电路可分为测量电路、采样控制电路、报警和显示电路、系统测试电路等。该系统采用 110V 或 220V 交流电源，经内部变压、整流和稳压后得到 5V 电源 U_e，作为各集成电路的电源。

1. 测量电路

测量电路的主要作用是，通过测量单元把各缸曲柄箱气样的油雾浓度值检测出来，并转换成相应的数字量送入单片机。同时，该电路还可对平均浓度报警值和偏差浓度报警值进行设定，提供采样电磁阀及清洗空气电磁阀工作状态信息等。测量电路的工作原理如图 5-3 所示。

测量电路中，光电池 VD_{16} 是油雾浓度传感器，其电流特性在很大范围内与光照强度成线性关系，可看作电流源。光电池的正极接在电阻 R_{28} 和 R_{26} 之间，取得一个分压值，而光电池负极接在运算放大器 $IC_{6/3}$ 的反相端，根据虚地效应，其电位与该运算放大器的同相端基本一致，即为 U_e 在电阻 R_{41} 上取得的分压值。光电池处于反向偏置工作状态，偏置程度在出厂前已由电位器 R_{26} 来调定。当光源 LP_1 发出的光束透过测量室中待检测气样照射在光电池 VD_{16} 上时，将会产生如图 5-3 所示方向上的光生电流 i_0，且油雾浓度越小，光照强度越强，光生电流 i_0 就越大，反之油雾浓度越大，光照强度越弱，光生电流就越小。运算放大器 $IC_{6/3}$ 接成反相输入的比例运算放大器，忽略抗干扰电容 C_{16}，则 $IC_{6/3}$ 的输出电压 $u_{20} = \dfrac{R_{41}}{R_{40}+R_{41}} \cdot U_e + R_{42} \cdot i_0$，由此可见，当曲柄箱油雾浓度增大时，光电流 i_0 减小，u_{20} 的电压值要减小。

运算放大器 $IC_{6/3}$ 的输出 u_{20} 代表采样的油雾浓度，送至由多路模拟开关 IC_9、电阻网络 $R_{33} \sim R_{39}$ 及 $IC_{6/2}$ 所组成的数字控制型变增益放大电路，该电路对 u_{20} 进行线性化处理并进一步放大达到 A/D 转换器 IC_7 所要求的输入信号范围。其增益随油雾浓度的改变而改变。如浓度增大时 u_{20} 降低，当 u_{20} 降低到某一值时，在单片机控制下，该电路能自动提高增益，

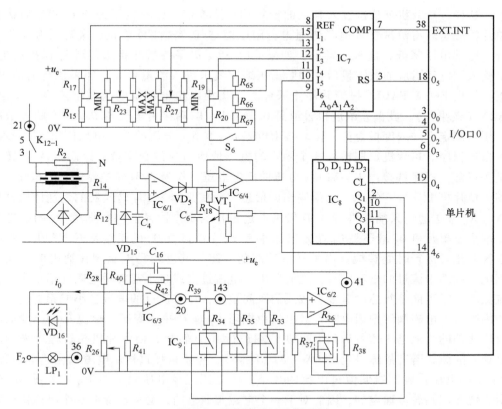

图 5-3　测量电路工作原理图

当气样油雾浓度接近报警值时，其增益最大。这样在油雾浓度较高时能提高对油雾浓度的分辨率及测量精度。变增益是由 IC_9 中 4 个模拟开关的断开和闭合来实现的，这 4 个开关状态由 IC_8 的 $Q_1 \sim Q_4$ 控制，控制信号为 "1" 时闭合，控制信号为 "0" 时断开。若这 4 个开关全部断开，即 $Q_1 \sim Q_4$ 为 0000，则 $IC_{6/3}$ 的输出 u_{20} 直接接在 $IC_{6/2}$ 的同相端，其反馈电阻也最大，变增益放大器的增益最大，这相当于油雾浓度接近报警值的情况。若 4 个开关全部闭合，即 $Q_1 \sim Q_4$ 为 1111，这时 u_{20} 要经 R_{39} 与 R_{33}、R_{34}、R_{35} 并联接地的等效电阻分压后才能接到 $IC_{6/2}$ 的同相端，其反馈电阻是 R_{36} 和 R_{38} 并联。这样变增益放大器的增益最小。它接近油雾浓度为零的情况。如果需要变增益，单片机从 I/O 口 0 输出 $0_0 \sim 0_3$ 至锁存器 IC_8 的 $D_0 \sim D_3$ 端，同时单片机由 0_4 端送出一个脉冲信号，把 $D_0 \sim D_3$ 端的数据锁存在 IC_8 中并直接由 $Q_1 \sim Q_4$ 端输出，使相应的模拟开关断开或闭合，从而得到一个相应的增益。$Q_4 Q_3 Q_2 Q_1$ 有 16 种组合，因此可实现 16 种不同的增益。

变增益放大器 $IC_{6/2}$ 的输出 u_{41} 代表采样点油雾浓度值，它接到 A/D 转换器 IC_7 的一个输入端 I_6。IC_7 有 8 个模拟量输入端，有一个串行输出端 COMP。单片机由 I/O 口 0 的 $0_2 \sim 0_0$ 位输出地址码 $A_2 \sim A_0$ 来选中 8 个输入端当中的 1 个。IC_7 对被选中的输入端的模拟量进行 A/D 转换。系统在正常运行期间，单片机依次使各采样点电磁阀通电，这样每个缸曲柄箱气样就会轮流经过测量室，u_{41} 就会依次反映各缸曲柄箱气样的油雾浓度值，并送到 IC_7 的 I_6 端，同时单片机由 0_5 端输出一个起动脉冲到 IC_7 的 RS 端，开始对该模拟量电压信号进行 A/D 转换，单片机从 IC_7 的串行口 COMP 接收转换好的数字量，并存入到 RAM 的相应单元中。这样，单片机就依次读入各缸曲柄箱油雾浓度值。I_4 端接压力开关 SW_6 的状态信息。单片机应定时将清洗空气电磁阀通电，用压缩空气清洗测量单元。这时压力开关 SW_6 应闭合，I_4 端电压降低，这是正常的。如果此时 SW_6 仍保持断开状态，则 I_4 保持高电平，单片机输入该电压对应的数字量后，判断出压缩空气未进入测量单元，即未执行清洗程序，单片机会发出 FLOW FAULT 报警并停止采样。I_1 接由电位器调定的偏差浓度报警设定值，调到 MIN（最小位），其偏差浓度报警值是 0.5mg/L。I_2 端接由电位器 R_{27} 调定的灵敏度选择位，用以调定平均浓度报警值。I_3 端接由电阻 R_{20} 和 R_{19} 分压的标准电压值用于对 A/D 转换器的自检程序。单片机定期输入这个固定的电压值所对应的数字量，以确定 A/D 转换器工作是否正常。REF 端接由 R_{15} 和 R_{17} 分压的固定电压，作为 A/D 转换器的参考电压。

图中单片机 I/O 口 0 的 $0_2 \sim 0_0$ 端输出的信息，到底是作为 IC_7 转换器的地址译码器的地址码 $A_2 \sim A_0$ 来选通输入端并进行 A/D 转换，还是作为 IC_8 锁存器的数据端 $D_3 \sim D_0$ 进行变增益，取决于单片机 0_5 端还是 0_4 端输出脉冲信号，因此 $0_2 \sim 0_0$ 的用途是不会发生混淆的。

系统在正常运行时能够检查出采样电磁阀的故障。其过程是电磁阀在通电时，如果正常，则电磁线圈中流过的电流应有一定的范围，电流过大或过小都表明电磁阀不正常。流过的电流太大，很可能是阀芯没有吸上或线圈匝间短路，如果流过的电流过小或无电流，很可能是线圈断线。电磁阀线圈通电时，其电流由电阻 R_2 检测并经变压、整流及稳压变成与线圈电流成比例的直流电压信号送到 IC_7 的 I_5 端进行 A/D 转换，由单片机执行程序来判断电磁阀是否有故障，若有故障将发 FLOW FAULT 报警，停止采样过程。电磁阀在通电过程中，电容 C_6 上的电压代表了线圈流过电流的大小，该电压值经电压跟随器 $IC_{6/4}$ 送到 IC_7 的 I_5 端。由于电磁阀是轮流通电的，因此对下一个电磁阀通电前，必须清除前一个电磁阀的采样所保持的电压值（C_6 上的电压）。这时，单片机从 4_6 端输出高电平信号，晶体管 VT_1 导通，为 C_6 提供了快速放电回路。而在采样过程中，4_6 端为低电平信号，晶体管 VT_1 截止，采样电路处于采样及保持阶段。

Mark5 型油雾浓度监测报警器在正常运行期间，继电器 K_{12} 通电，触点 K_{12-1} 闭合，为电磁阀线圈提供电源通路。

2. 采样电磁阀控制电路

采样电磁阀控制电路的作用是，其输出使 10 个采样电磁阀依次通电动作，使每个缸曲柄箱气样经测量室，以便对其油雾浓度进行测量，同时应定时将清洗空气电磁阀通电，以便清洗测量单元。采样电磁阀控制电路工作原理图如图 5-4 所示。

图中 SOL1 AIR 是清洗空气电磁阀，SOL2 CH1 ~ SOL11 CH10 是 10 个采样电磁阀。$K_1 \sim K_{11}$ 是中间继电器，由单片机控制其通断电。通电的继电器常开触点闭合，其相应的电磁阀通电动作，如单片机 I/O 口 1 的 1_7 端输出低电平时，经反相驱动器 $IC_{10/8}$ 输出高电平，继电器 K_1 通电，清洗电磁阀 SOL1 AIR 通电，对测量单元进行清洗，当 I_7 端输出高电平时，清洗电磁阀断电，停止对测量室的清洗。

IC_2 是译码驱动器，单片机由 I/O 口 4 的 $4_3 \sim 4_0$ 端输出的 4 位二进制数送至 IC_2 的 DC-BA 端，经译码后分别由 IC_2 的 0~9 端输出高电平或低电平，如当 DCBA = 0000 时，只有输出端 0 为低电平，其他输出端均为高电平。这样只有 RL_2 继电器通电，其常开触点闭合，电磁阀 SOL2 CH1 通电动作，对 1 号缸曲柄箱气样的油雾浓度进行测量。同理，当 DCBA = 0011 时，只有输出端 3 为低电平，对 4 号缸曲柄箱气样的油雾浓度进行测量。其余情况类推。

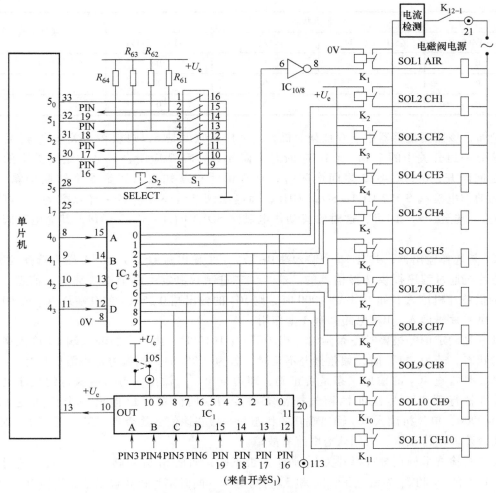

图 5-4　采样电磁阀控制电路工作原理图（实际电路图）

图中开关 S_1 是采样点数选择开关，根据柴油机气缸数，采样点可在 4~10 之间选择。在 S_1 开关组中共有 8 个开关，分为两组，一组为 1、3、5、7 4 个开关状态与单片机 I/O 口 5 的 5_0~5_3 端相接；另一组 2、4、6、8 4 个开关状态接在 IC_1 的 15~12 端。在选择采样点数时，S_1 中两组开关中相对应的开关状态应该是一样的。假定开关闭合时为"1"，断开时为"0"，其开关状态与采样点数符合 8421 码，见表 5-1。

表 5-1　S_1 状态与采样点数关系表

S_1 触点状态				采样点数
(7-10)/(8-9)	(5-12)/(6-11)	(3-14)/(4-13)	(1-16)/(2-15)	
1	0	1	0	10
1	0	0	1	9
1	0	0	0	8
0	1	1	1	7

（续）

S_1 触点状态				采样点数
(7-10)/(8-9)	(5-12)/(6-11)	(3-14)/(4-13)	(1-16)/(2-15)	
0	1	1	0	6
0	1	0	1	5
0	1	0	0	4

例如，该监测报警器用于 6 缸柴油机，其采样点数就是 6，则须将开关 SW_1 转至 "6"位。这时一组开关中的 7-10、1-16 应断开，而 3-14、5-12 应闭合；另一组开关中的 8-9、2-15 之间断开，6-11、4-13 之间应闭合，这样单片机就知道只测量 6 个缸曲柄箱气样，即轮流动作电磁阀 SOL2 CH1 ~ SOL7 CH6，而电磁阀空着不用。若采样点数为 8，则只需将开关 S_1 转至 "8" 即可，这时轮流动作电磁阀 SOL2 CH1 ~ SOL9 CH8，其他电磁阀空着不用。

IC_1 是选择输出器，共有 16 个输入端 0~15。1 个输出端 OUT。DCBA 端为选择控制端，是由单片机通过程序提供选择信息的。这 4 位二进制数决定由哪个输入端输入信息，并经 OUT 端供单片机读入。如 DCBA = 0000 时，则 IC_2 的输出端 0 经 IC_1 的 0 端从 IC_1 的 OUT 端输出，供单片机读入。IC_1 电路共有 4 个作用：

其一是确定偏差报警时是否延时。当 DCBA = 1010 时，由 IC_1 的输入端 10 输入两种可选择的状态，若为 "1" 时，偏差报警不延时，若为 "0" 时，则偏差报警需要延时。

其二是检查 IC_2 的输出状态是否正确，即检查 IC_2 的输出状态与所执行的程序是否一致。如在执行测量 1 号缸曲柄箱气样油雾浓度时，同时单片机输出一个信息使 IC_1 的 DCBA = 0000，单片机读入 IC_2 输出端 0 的状态、并检查该信号是否是 "0"，是 "0" 则认为电路无故障。动作正常，否则认为电路有故障。

其三是检查采样点数选择开关 S_1 动作是否正确，如把 S_1 开关转至 "6" 位，这时单片机 I/O 口 5 的 5_2 和 5_1 为低电平，5_3 和 5_0 为高电平，同时单片机要输出信息送至 IC_1 的 DC-BA 端，使 DCBA = 1100 ~ 1111，分别读入 IC_1 输入端 12~15 的状态，并与 5_3 ~ 5_0 端的状态相比较，若发现这两组开关的状态不完全一致，说明开关 S_1 动作不正确，发出报警并需要重新设定。

其四是油雾浓度过高需要主机降速运行或故障停车时，应检测单片机是否把这个信号准确地送出了。如果这个信号已经送出，测量点 113 是 "1" 信号，如果没有发故障降速或停车信号，测量点 113 是 "0" 信号。当油雾浓度过高输出主机降速或停车信号的同时，再输出一个数字量使 IC_1 的 DCBA = 1011，读入 IC_1 输入端 11 的状态，如果该状态为 "0"，说明故障降速或停车信号未送出，可能电路有故障。

3. 报警和显示电路

报警和显示电路的工作原理如图 5-5 所示。图中 IC_{10} 是反相驱动器，单片机 I/O 口 1 的 1_0 ~ 1_3 输出端经反相驱动器 IC_{10} 分别接控制箱面板上的 4 个报警灯 VD_{11} ~ VD_{14}。如光学系统有故障，单片机的 1_0 端输出 "0" 信号，经 IC_{10} 反相为 "1"，发光二极管 VD_{14} 亮，即 OPTICAL FAULT 灯亮。单片机 1_6 端的输出信号经反相驱动器 IC_{10} 接主报警继电器 K_{14}。该继电器正常时通电，报警时断电。当曲柄箱油雾浓度过高时，单片机的 1_5 端输出低电平信号，经 IC_{10} 反相输出高电平，一方面使继电器 K_{13} 通电，使主机降速或停车；另一方面这一高电平信号反馈到测量点 113，经图 5-3 中的 IC_7 读入单片机，从而检查单片机是否已将故障降速或停车信号准确送出。

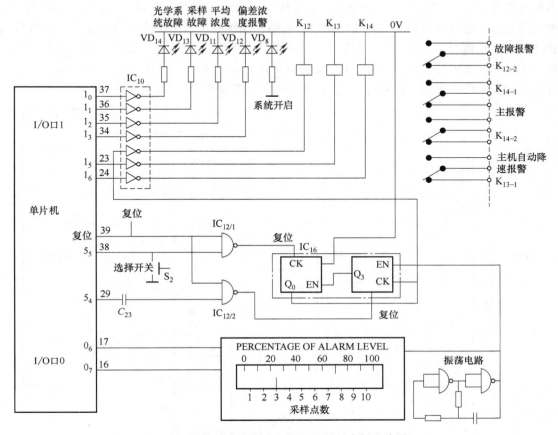

图 5-5　报警和显示电路工作原理图（实际电路图）

单片机 I/O 口 0 的 0_6 和 0_7 端输出曲柄箱油雾浓度值和采样点序号送至显示单元。振荡电路是一个多谐振荡器，为显示电路提供振荡源。显示器分上、下两层，上层显示油雾浓度达到报警值的百分数，下层显示采样点序号，图示的现行位置表示正在检测 3 号缸曲柄箱油雾浓度，其浓度值为报警值的 70%。应说明的是，若多谐振荡器有故障如停振，则显示单元无法显示油雾浓度值。因此该系统专门设计了一个检测电路以确定多谐振荡器是否正常。通常按复位按钮 RESET 后 IC_{16} 的 Q_0 端输出"0"信号，经 IC_{10} 反相后使继电器 K_{12} 通电。在系统运行期间，若多谐振荡器停振，则 Q_0 输出"1"，继电器 K_{12} 将断电，其触点 K_{12-2} 动作触发报警，其触点 K_{12-1} 断开，切除电磁阀电源，停止采样。

4. 系统测试电路

系统测试电路的工作原理如图 5-6 所示。该电路的下半部分是用来检测抽风机工作是否正常的。IC_5 是光电耦合元件，抽风机的旋转轴处于光电耦合件之间，因其转轴的特殊形状，当风机旋转时使得发光二极管与接收管之间被周期性遮挡。当接收管能够受到发光管照射时处于导通状态。D_3 和 D_4 之间相当于短路，即 D_3 为低电平。当接收管受到遮挡时，接收不到发光管照射处于截止状态，D_3 和 D_4 之间相当于开路，即 D_3 为高电平。因此，抽风机在运行时，D_3 的电平就会高低变化，其变化频率与抽风机转速一致。该高低电平变化信号，通过电容 C_{18} 耦合经二极管 VD_6 向电容 C_7 充电，D_3 为高电平时，C_7 是充电过程。D_3 为低电平时，C_7 经 R_{50} 放电。充电快，放电慢。风机转速越高，电容 C_7 上的电压越高。该电压信号送至电压比较器 $IC_{11/3}$ 的反相端，而同相端接稳压器 IC_3 输出的标准信号，当风机转速高到一定值时，$IC_{11/3}$ 输出低电平，单片机的 1_4 端读入该低电平信号，认为风机工作正常。若风机转速低于某个转速时，$IC_{11/3}$ 将翻转输出高电平，单片机读入该信号后，认为风机转速过低不能进行正常采样，会发出 FLOW FAULT 报警。

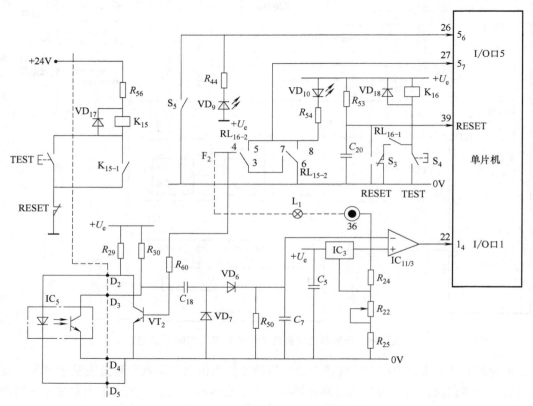

图 5-6 系统测试电路工作原理图

系统测试的目的是检查该监测报警器的各种功能，如报警指示灯、声光报警器等工作是否正常。要对系统测试必须按测试（TEST）按钮，本系统可进行遥控测试，即按虚线框左边的 TEST 按钮，也可以在机旁按控制箱面板上的 TEST（S_4）按钮进行测试。如果是在机旁对系统进行测试，按下按钮 S_4 后，继电器 K_{16} 通电，其常开触点 K_{16-1} 闭合自保，触点 K_{16-2} 由 3-4 断开合于 3-5，这样测试模式（TEST MODE）灯 VD_{10} 亮，表示系统在测试中，同时，单片机 I/O 口的 5_7 端输入一个低电平，单片机接收到这个低电平信号后，知道是对系统进行测试，可发出各种报警信号，而不能发使主机进行自动降速或停车信号。K_{16-2} 触点由 3-4 闭合转为断开后，测量点 36 的电源经光源 L_1 对地 F_2 的通路被切断，光源灯熄灭，光电池接收不到光照射，单片机 I/O 口的 1_0、1_2 和 1_3 端（见图 5-5）分别输出低电平信号，使报警指示灯 OPTICAL FAULT、AVERAGE ALARM、DEVIATION ALARM

亮。同时 5_4 输出低电平，1_6 输出高电平，使故障报警继电器 K_{12} 和主报警继电器 K_{14} 断电发出声光报警。而 1_5 端仍保持高电平信号，不会对主机发故障降速或停车信号。由于触点 K_{16-2}（3-4）断开，晶体管 VT_2 基极对地 F_2（接测量点 36）断开，使 VT_2 导通，D_2、D_5 端短接，光电耦合器 IC_5 中的发光管不再发光，接收管始终截止。D_3 和 D_4 两端处于开路状态，D_3 保持高电平不再是交变信号。由于电容 C_{18} 的隔直作用，电容 C_7 不再进行反复的充、放电，电容 C_7 电压接近 0V。电压比较器 $IC_{11/3}$ 输出高电平，单片机 1_1 端（见图 5-5）输出低电平信号，报警灯 FLOW FAULT 亮。在测试过程中产生上述动作（报警指示灯亮，发声光报警），说明该监测报警器功能正常，如果不是这样，要按说明书给出的步骤检查故障。

测试结束后，要使系统恢复正常的运行状态，必须按复位按钮（RESET）S_3。这样，一方面使单片机片脚 39（RESET）端输入一个负脉冲，撤销报警状态使单片机复位；另一方面继电器 K_{16} 断电，触点 K_{16-1} 断开，撤销 K_{16} 继电器的自保状态，同时触点 K_{16-2} 恢复 3-4 闭合状态，单片机 5_7 端输入高电平信号，撤销测试程序，转为执行系统的正常运行程序，F_2 点接地使光源灯接通电源发出光束，抽风机电路恢复正常工作状态。如果要遥控测试时，只需按下虚线框左边的 TEST 按钮，继电器 K_{15} 通电，触点 K_{15-1} 闭合自保，触点 K_{15-2} 由 6-7 断开合于 6-8，其测试功能与前面所述完全相同。但复位略有不同，按虚线框左边的 RESET（复位）按钮后，只能使继电器 K_{15} 断电而不能直接使单片机复位，必须再按控制箱面板上的复位按钮 S_3 才能使单片机复位。

在该测试报警器的测量室中，有一块滑板，当滑板被抬起时，将遮挡一部分光源，用于模拟一个已知的油雾浓度。当滑板被抬起时，微动开关 S_5 闭合，模拟方式（SIMULATION MODE）灯 VD_9 亮，同时单片机 5_6 端输入低电平信号，单片机将执行模拟程序，首先让所有采样电磁阀断电，清洗空气电磁阀通电，让清洗空气进入测量室对测量室进行一次清洗。然后，测量一次空气的油雾浓度。此时由于光源被遮挡一部分，显示器上的读数应在 35% ~ 60% 之间，模拟过程结束。若结果并非如此，说明系统有故障，应根据说明书给出的步骤查找故障。要恢复正常运行状态时，只需将滑板落下，然后按一下控制箱面板上的复位按钮即可。

5. 报警设定值的调整

该测试报警器对曲柄箱油雾浓度有两种报警形式，即平均浓度报警（AVERAGE AIARM）和偏差浓度报警（DEVIATION ALARM）。当各采样点的平均浓度超过设定值时发出平均浓度报警；当某个采样点的浓度高于平均浓度值且超过设定偏差时发出偏差浓度报警，显示器的下层显示报警点。

平均浓度报警设定值的可调范围是 0.3 ~ 1.3mg/L。其调整过程如图 5-7 所示。平均浓度报警设定值是

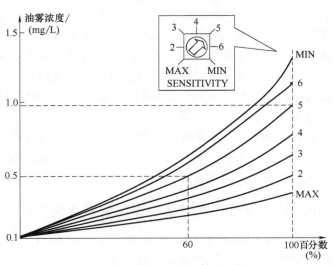

图 5-7　平均浓度报警设定值的调整过程

通过灵敏度电位器（SENSITIVITY）（图 5-3 中的 R_{27}）来调整的。该电位器共有 7 个选择位置，若选择 "5" 挡位，则平均浓度超过 0.98mg/L 时，将发平均浓度报警。但在发报警信号之前，系统首先用清洗空气清洗一遍测量单元，以确定该平均浓度值不是因光源或光电池污染所引起的。发平均浓度报警信号时，停止采样过程。显示器上层显示油雾浓度值为 100%，AVERAGE ALARM 灯亮，主报警继电器通电，发出声光报警，故障降速或故障停车继电器通电，发出故障降速或停车指令。如果没有平均浓度报警，显示器将逐个显示采样点及采样点油雾浓度达到报警值的百分数。假定 SENSITIVITY 设定在 "5" 挡位，若某采样点油雾浓度的显示值为 60%，说明其油雾浓度为 0.45mg/L。

偏差报警值是通过电位器 DEVIATION（图 5-3 中的 R_{23}）来调整的，其可调范围是 $0.05 \sim 0.5$mg/L。如果偏差报警设定值选 0.05mg/L 时，则某采样点油雾浓度在平均浓度的基础上加 0.05mg/L 以上就会发偏差浓度报警。

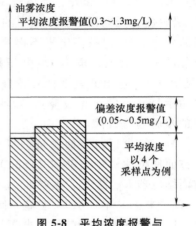

图 5-8　平均浓度报警与
偏差浓度报警的关系

平均浓度报警与偏差浓度报警的关系示意图如图 5-8 所示。同样，在发送偏差浓度报警前，要用清洗空气清洗一次测量单元，以确定不是光源和光电池污染所引起的。发送偏差浓度报警时，停止采样，DEVIATION ALARM 灯亮，主报警继电器通电，发出声光报警，并发出主机故障降速或故障停车指令。

第二节　Mark6 型油雾浓度监测报警系统

故障初期的轴承表面可产生高于 200℃ 的高温，导致快速产生高温油气，高温油气遇到曲柄箱内相对低温的空气会凝结成细雾，细雾直径的典型值为 $0.5 \sim 5\mu m$。当密度达到 $30 \sim 50$mg/L（取决于油的品种）时就有爆炸的危险。采用光学测量技术，油雾浓度可以测量小到 0.05mg/L 的浓度。油雾浓度探测技术已经用于监测曲柄箱的工作状态，系统从曲柄箱各部位通过管路将油雾样品抽取出送到传感器进行光学密度分析，这项技术行之有效并随着技术的发展取得了很大的改进。Mark6 型油雾浓度探测器最主要的改进设计是取消了采样管路，每个检测点用一个传感器进行检测，并通过通信总线连接起来，大大降低了扫描时间，提高了检测速度。Mark6 型油雾浓度监测报警系统保留了 Graviner 建立的差动测量系统，使系统有高灵敏度，最大限度地降低了误报警的发生。该系统仍然使用光学传感测量方法，但用散射光测量取代了透明度的测量，从而实现传感器的小型化，通过标准的接口安装固定在机器上，各个采样点独立且不用采样管路，传感器内部多光源的设计使得当一个光源损坏时传感器仍能正常使用。模块化设计使得在很短的时间内就能完成故障探头的更换。

一、Mark6 型油雾浓度监测报警系统的组成

Graviner Mark6 OMD 系统可以安装多达 64 个分布于八台柴油机上的探头。在没有报警的正常情况下全系统扫描时间为 1.2s。

传感器电缆直接连接并安装于柴油机上的接线盒，然后通过两根电缆（通信电缆和电

源线）分别连接到位于集控室的控制单元及显示单元或其他合适的地方。该系统采用数字传输技术，这意味着显示及控制部分可以安装在位于集控室的控制单元内，在有报警发生时没有必要到现场进行操作。系统由三部分组成：传感器（探头）、接线盒及控制单元如图5-9所示。

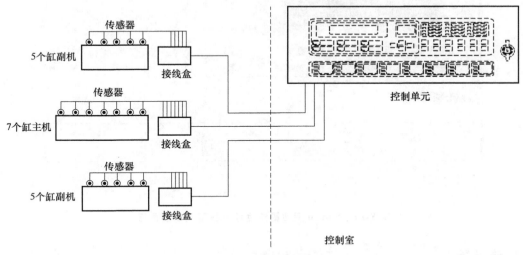

图5-9　系统结构框图

每个传感器连续不断地监测它所连接的曲柄箱内部的油雾浓度，此外传感器本身要进行自检。控制单元将按顺序扫描传感器内以数字量形式存储的各种信息，包括传感器的地址码。控制单元根据这些信息分别处理每台机器，计算油雾浓度平均值及相对于平均报警值的偏差值，再与预设的平均报警值及偏差报警值进行比较。

二、人机界面

控制单元配有LCD显示器显示每台机器的平均油雾浓度，在报警状态下根据需要自动显示报警点的油雾浓度值及相应的机器的油雾浓度平均值。

Mark6的人机界面（主控制器）安装在集控室中，如图5-10所示。当发生高油雾浓度报警时，面板上只显示发出报警的缸号，并没有浓度数值，如果需要查看报警的具体数值，应选择"SYSTEM STATUS/DETECTOR/DETECTOR STATUS"，里面有一个"PEAK LEVEL"指的是探头检测到的峰值，一般就是报警值。需要注意的是，该数值是从上一次峰值清零到目前检测到的最高值，如果本次报警值小于曾经发生过的峰值，那么将被掩盖。因此，如果要关注报警的具体数值，则需要经常使用"ENGINEER"身份选择"CONFIGURE SYSTEM/CLR PEAK AND AVG"将之前的峰值清零。

油雾浓度探测报警系统可以通过软件设置使之适应二冲程机或四冲程机或其组合，软件菜单提供各种功能的实现方法，它有三个操作级，分别为用户、工程师及服务商。

用户级别的操作只能实现查询功能，不能进行报警设定及系统设定。工程师级别的操作受密码保护，输入密码后可以完成很多设置，但不可以对事件及历史记录进行更改及复位。服务商级别的操作受密码保护，但不同于工程师级别的菜单，允许进行所有操作，这种操作必须有厂家的授权或代理授权。

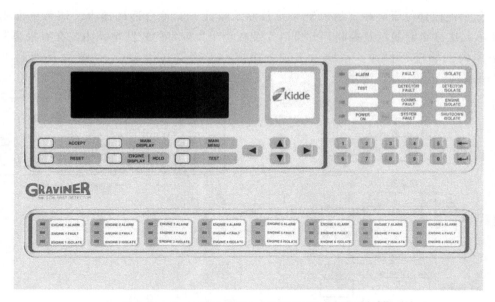

图 5-10　Mark6 型油雾浓度监测报警控制器面板

三、传感器

Mark6 型油雾浓度传感器外形如图 5-11 所示，传感器采用光散射探测原理，灵敏度极高，可以分辨 0.05mg/L 油雾浓度，检测精度比传统型提高了一个数量级。传感器的外形是一个圆柱体，在底部有一个风扇，风扇的上面是检测室，在检测室内壁上装有 8 盏等距安排的 LED 近红外光源，与感应管垂直布置。光线穿过采用气体，被气体中的油雾颗粒反射，形成光散射效应，在光源给定的情况下，散射光强度和油雾浓度成正比。它的进、排风管安装在同一根采样管中，进风管内安装有螺旋气道，在相同长度的采样管中，螺旋气道使得采样气体可以通过更长的距离，有利于油、水汽的凝结和滴落。因此，Mark6 型系统的采样管长度很短且可以直接水平安装。探头的风扇是排风扇，它将检测室中的气体排向曲轴箱，形成检测室真空，采样气体利用检测室的负压"吸入"检测室进行检测，这样的气流较为温和，避免了吸入较大油滴，同时也有利于油雾颗粒在检测室中的悬浮。

为了安全，所有的系统控制及报警显示与输出都在控制单元内实现，每个传感器上装有三个指示灯：绿色灯指示电源状态，红色灯指示报警状态，淡黄色指示灯指示故障状态，探头上还设置地址码的开关。

任何一个传感器的工作都是独立的，一个传感器出现故障或者保养并不影响其他传感器的工作，一个传感器或者一个柴油机油雾浓度检测系统都可以被隔离，从而便于维修保养，并不影响其他部分的正常工作，探头之间及控制单元之间采用 CAN 总线连接完成彼此之间的信息交互。

四、系统接线图

Mark6 型油雾浓度探测系统接线如图 5-12 所示，图中安装有 14 个传感器，每个传感器有 5 根线，图中符号说明如下：

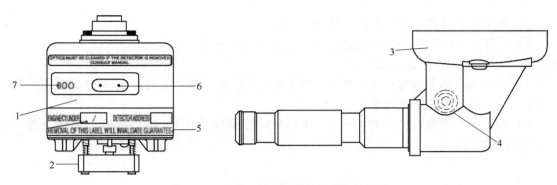

图 5-11　Mark6 型油雾浓度传感器外形图

1—探头组件　2—风机　3—底座　4—接口　5—保修标签　6—地址开关　7—指示灯

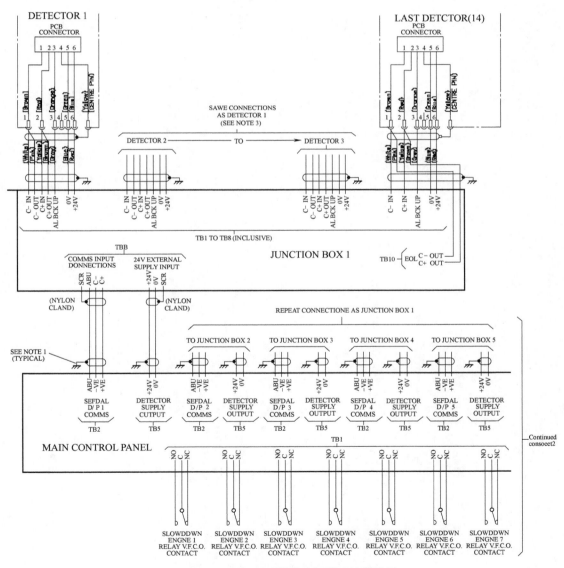

图 5-12　Mark6 型油雾浓度探测系统接线图

1）每个传感器都有两电源线，0V 和+24V。

2）C+和 C−为两根 CAN 总线通信线，连接所有传感器。

3）AL BCK UP 为故障信号线。

4）所有的传感器通过接线盒再与控制单元连接，传感器之间通过 CAN 总线连在一起。

5）每台机器配一个接线盒。

6）控制单元中每台机器对应一个继电器故障停车信号，NC 为常闭触点，NO 为常开触点，C 为公共触点。

下篇　船舶主机遥控系统

第六章

主机遥控系统基础知识

第一节　主机遥控系统基本概念

　　目前，大型船舶的推进装置主要有柴油机推进和电力推进两类。采用柴油机推进时，直接驱动螺旋桨的柴油机称为主柴油机。主柴油机一般可以在机旁、集控室和驾驶台三个操作部位进行操作和控制。当离开机旁，在集控室或驾驶台操作时，无法通过机旁操纵机构直接操纵主机，这就需要在操纵部位与主机之间设置一套能够对其进行远距离操纵的控制系统，称为主机遥控系统。随着柴油机制造技术的发展，船上已经开始采用无凸轮轴的电控柴油主机（也称为智能柴油主机），其控制系统与常规的凸轮轴式柴油机有较大区别。本节主要针对传统的凸轮轴式柴油机介绍主机遥控系统的基本概念，电控主机的控制系统参见其他章节。

　　对于大型低速柴油主机，主机遥控可分为自动遥控和手动遥控两种方式。在驾驶台操作时通常采用自动遥控方式，此时，遥控系统能根据驾驶员发出的车令信号按照主机要求的操作步骤和要求自动地进行启动、停车、换向和加减速控制，直至主机运行状态达到车令要求为止。而在集中控制室操作时，考虑到操纵主机的是轮机员，通常采用手动遥控方式。此时，轮机员根据驾驶台车令，按照操作步骤和要求通过集控台上的操纵手柄对主机进行手动操作。有些遥控系统也可以提供集控室自动遥控功能，但为了降低造船成本，一般不予选装。

　　通过主机遥控系统，应能对主机进行启动、停车、换向等逻辑控制和对主机的转速进行闭环控制，同时还应能对主机的转速和负荷进行必要的限制，并具有必要的安全保护功能。主机遥控系统不仅能改善轮机人员的工作条件，改善船舶的操纵性能，而且还能提高船舶航行的安全性，以及主机工作的可靠性和经济性，是轮机自动化的重要组成部分，也是现代化船舶实现无人机舱必不可少的条件之一。

一、主机遥控系统的组成

　　主机遥控系统的组成主要包括遥控操纵台、车钟系统、逻辑控制单元、转速与负荷控制单元、包括遥控执行机构在内的主机气动操纵系统以及安全保护装置六大部分组成，其系统结构如图6-1所示。

1. 遥控操纵台

遥控操纵台设置在驾驶室和集控室内，分别与驾驶室盘台和集控室盘台形成一个整体。

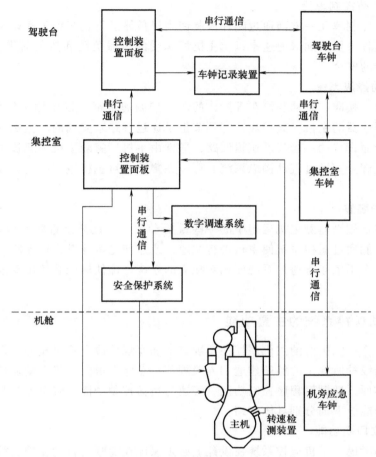

图 6-1　主机遥控系统的组成

驾驶室操纵台主要安装有车令手柄、辅助车钟、车令记装置、指示灯和控制面板以及显示仪表等；集控室操纵台主要包括车钟回令兼换向手柄、主机启动与调速手柄、操作部位切换装置、指示灯、控制面板以及显示仪表等。此外，在主机机旁还设有应急操纵台，包括应急车钟和机旁应急操纵装置。

2. 车钟系统

车钟系统是实现驾驶台与集控室、驾驶台与机旁之间进行车令传送与应答的重要设备，由驾驶台车钟、集控室车钟和机旁应急车钟组成。车钟系统一般有两种工作模式：一种是操控模式，另一种是传令模式。操控模式对应于在驾驶台遥控主机的情况，此时驾驶台车钟直接通过逻辑控制单元和转速控制单元对主机进行自动遥控。传令模式对应于在集控室或机旁操作的情况，此时驾驶台车令通过首先传递到集控室或机旁，轮机员进行车令应答（回复）后，再对主机进行相应的操作。

3. 逻辑控制单元

逻辑控制单元是自动遥控系统的核心，它根据遥控操纵台给出的指令、转速的大小和方向、凸轮轴位置以及主机的其他状态信息，完成对主机的启动、换向、制动、停油等逻辑控制功能。

4. 转速与负荷控制单元

转速与负荷控制单元一方面通过闭环控制使主机最终运行在车令手柄设定的转速，另一方面在加减速过程中要对加减速速率以及主机所承受的机械负荷和热负荷进行必要的限制，以确保主机运转的安全。

5. 主机气动操纵系统

主机的启动、换向、制动和停车等操作的逻辑控制通常都是以压缩空气作为动力源的，对于采用液压调速器的主机，其转速给定环节也是通过气路来实现的。主机气动操纵系统是为实现上述功能而设置的一套气动逻辑回路，通常由主机厂家随主机一起提供，是主机遥控系统的重要组成部分。通过气动操纵系统，可以在集控室对主机进行手动遥控和在机旁进行应急操作。

6. 安全保护装置

安全保护装置用来监测主机运行中的一些重要参数。一旦某个重要参数发生严重越限，安全保护装置应能通过遥控系统使主机进行减速，或迫使主机停车，以保障主机的安全。安全保护装置是一个不依赖于遥控系统而相对独立的系统，即使遥控系统出现故障，也应能正常工作。

二、主机自动遥控系统的主要功能

尽管不同生产厂家生产的主机遥控在实现方案和实现手段上不尽相同，但各厂家都必须共同遵守相关船级社所规定的船舶建造和入级规范。总体上讲，主机自动遥控系统的主要功能应包括四个方面，即逻辑程序控制功能、转速与负荷控制功能、安全保护与应急操作功能以及模拟试验功能。下面分别具体介绍。

1. 操作部位切换功能

出于安全的考虑，主机遥控系统在设计上必须保证在驾驶台自动遥控失效时能切换到集控室进行操纵，而集控室失效时能切换到机旁进行应急操纵。因此，遥控系统必须在机旁和集控室提供操作部位切换装置。机旁一般设有"机旁（Local）"和"遥控（Remote）"转换开关，而在集控台上则设有"集控室（ECR）"和"驾驶台（BR）"转换开关。只有在机旁转换开关转至"遥控（Remote）"位置时才能在集控室或者驾驶台操作，是在集控室还是驾驶台操作由集控室转换开关进行选择。在三个操作部位中，机旁的操作优先权最高，自动化程度最低；集控室的操作优先权和自动化程度均其次；驾驶台的操作优先权最低，但自动化程度最高。在进行操作部位切换时，在高优先级的操作部位可以无条件地获得操作权，反之则不然。

2. 逻辑程序控制功能

（1）换向逻辑控制

当有动车车令即车钟手柄从停车位置移至正车或倒车位置的某一位置，遥控系统首先进行换向逻辑判别，即判断车令位置与实际凸轮轴的位置是否一致。当车令位置与实际凸轮轴位置不符时，便自动控制主机换向，将主机的凸轮轴换到车令所要求的位置上。换向完成后，遥控系统转入启动逻辑控制（如车令位置与实际凸轮轴位置相符，则省去上述换向过程，直接进入启动逻辑控制）。如在规定的时间内，主机凸轮轴未能换到车令所要求的位置，遥控系统将发出换向失败报警信号，同时禁止启动主机。

（2）启动逻辑控制

换向逻辑控制完成后，遥控系统紧接着进入启动逻辑判断，也就是对启动条件进行鉴别。

当满足启动主机所需的各项条件时，控制空气分配器投入工作，打开主启动阀，启动空气将进入主机进行启动，在主机转速达到发火切换转速时，自动完成油气转换（对油气并进的主机可提前供油），停止启动。这时若启动成功，自动转入主机加速程序。

（3）重复启动程序控制

若主机在启动过程中发生点火失败，遥控系统将自动进行第二次启动。若第二次启动又发生点火失败，则自动进行第三次启动。无论第二或第三次中那次启动成功都将自动转入主机加速程序。当出现第三次启动失败时，遥控系统将自动停止启动，同时发出启动失败报警。当故障排除后，需把车钟手柄拉到停车位置，对三次启动失败信号复位，方可对主机进行再启动。

（4）重启动逻辑控制

在应急启动、倒车启动或有重复启动的情况下，为了提高主机启动的成功率，遥控系统将自动增大启动供油量，或者自动地提高启动空气切断转速对主机进行重启动。

（5）慢转启动逻辑程序

当主机停车时间超过规定时间（一般为 30～60min 内可调）以后，或在停车期间停过电，再启动主机时，遥控系统将自动控制主机先进入慢转启动，即让主机缓慢地转动 1～2 转，随后再转入正常启动。若慢转启动失败，将发出报警信号并且封锁正常启动。

之所以要设置慢转启动，其目的是使主机各主要摩擦面建立起润滑油膜后再转入正常启动，以减少磨损；另一方面当慢转启动失败后，可以检查出主机的故障，避免发生启动事故。

（6）主机运行中的换向与制动逻辑程序控制

当船舶全速航行遇到紧急情况时，若把车钟手柄拉到停车位置，遥控系统会发出停油动作，由于船舶的惯性很大，船舶的滑行距离很长，主机转速也会因为螺旋桨的水涡轮作用而保持相当长的时间，这对紧急避碰来说是极为不利的，为了解决这个问题，现在的主机遥控系统一般都设有主机运行中的换向与制动功能。

当主机在正车（或倒车）运行中车钟手柄突然从正车拉到倒车位置（或相反）时，遥控系统将自动执行停油—换向—制动—倒车启动—倒车加速过程。有的主机换向需要有转速限制，即转速降到一定数值才允许换向，而且换向转速分为正常换向转速和应急换向转速（应急换向转速比正常换向转速大）。制动的前提是换向完毕。制动分为能耗制动和强制制动。有的遥控系统只设置强制制动（主要用于大型低速柴油机）。有的遥控系统先进行能耗制动，然后再进行强制制动（主要用于中速柴油机）。所谓能耗制动，是在应急换向完成后，只让空气分配器工作，主启动阀关闭，这时主机是正车转向，而凸轮轴是倒车位置。因此，当某缸活塞上行（压缩冲程）时，空气分配器使此缸气缸启动阀开启，气缸内的气体经气缸启动阀到主启动阀后被截止，使主机起着压缩机作用，消耗其能量，降低其转速，实行能耗制动。能耗制动是主机转速较高且制动力矩较小时的制动方式。而强制制动是让空气分配器工作，且主启动阀开启。此时，高压启动空气在各缸的气缸启动阀前等待，当某缸活塞上行时，空气分配器控制此缸气缸启动阀开启。于是，高压启动空气进入气缸，强行阻止活塞运动，使主机转速迅速下降为零，实行强制制动，当主机转速下降为零后，则按倒车的启动逻辑控制来启动主机，使主机倒转，并按倒车加速程序将主机转速调节到车令设定转速。

3. 主机的转速与负荷控制功能

（1）转速程序控制

当对主机进行加速操纵时，应对加速过程的快慢有所限制，转速（或负荷）范围不同对加速过程的限制程度就不同，因此加速过程控制有下列两种形式：1）发送速率限制；2）程序负荷（也称负荷程序）。其中发送速率指的是主机在中速区以下的加速控制，加速速率较快。而程序负荷指的是高速区的加速控制，特别强调慢加速。因为在高负荷时加速太快，会使主机超热负荷，严重影响缸套、活塞和缸盖等燃烧室部件的寿命。因此，有了发送速率和程序负荷这种控制功能，驾驶员可按实际情况把车钟手柄扳到任一速度档，而不必考虑是否会损害主机。当车钟手柄从停车扳到正车（倒车）全速时，主机先进行启动操作，启动阶段完成以后，主机的加速过程就会按预先设定好的加速速率进行加速，当主机定速后，主机转速控制系统就会按设计好的程序负荷继续给主机加速，最后一直到车钟手柄所设定的正车海速转速。由此可见，转速给定值是变化的，而且变化规律是确定的。因此，在主机启动完成到转速稳定这段时间内，主机转速控制系统实际上是在完成一个转速程序控制过程。

实际上不仅有加速程序负荷，还有减速程序负荷，只不过减速程序负荷比加速过程快得多，往往被忽略，除遇到应急情况外，主机在从海速降速时进行一段减速程序负荷控制，对延长主机使用寿命和降低故障率都是十分重要的，因此部分主机转速控制系统还设有减速程序负荷。

（2）转速-负荷控制

主机的转速与负荷控制回路是一个综合控制回路。在正常航行工况下，控制回路主要是通过调速器对主机转速进行定值控制。控制回路的作用就是克服各种扰动，把主机转速控制在车钟手柄所设定的转速上。但是，当船舶在恶劣海况下航行时，螺旋桨可能会频繁地露出水面使转速升高，若此时仍采用转速定值控制，调速器为了维持主机运行在设定转速上，不得不频繁地大幅度调节主机供油量，这就有可能导致主机超热负荷。一旦调速器减油不及时，主机就会发生飞车而使主机超机械负荷。这时，主机转速控制系统常采用负荷控制方式或死区控制方式来保障主机的安全运行。

（3）转速限制

为了保证主机安全、可靠及有效地运行，车令设定的转速值必须符合主机自身特性的要求，因此遥控系统将对进入主机调速器的设定转速进行临界转速避让、最小转速限制、最大转速限制以及轮机长手动设定最大转速的限制。

1）临界转速自动避让：当车钟设定转速处于临界转速区时，为了保证主机不在临界转速上运转，遥控系统将自动地把设定转速限制在界转速区之外，并在设定转速经过临界转速区时，自动地控制其快速通过临界转速区，以确保主机安全运转。

2）最小转速限制：当车令设定转速值小于主机最低稳定转速时。为了防止主机不稳定运转或熄火停车，遥控系统将自动地把设定转速限制在主机最低稳定转速上。

3）最大转速限制：当车令设定转速值大于主机所允许的最大转速时，为防止主机超速，遥控系统将自动地把设定转速限制在主机所允许的最大转速范围内。由于主机倒车运行工况较正车差，故有些遥控系统还设置了数值上较正车小的最大倒车转速限制。

4）轮机长手动设定最大转速的限制：在非应急运转工况下，当车令设定转速值大于轮机长手动设定最大转速的值时，遥控系统将对其车令设定转速值进行限制，以确保主机转速不超过轮机长所设定最大允许转速。

（4）负荷限制

主机转速控制系统在对主机转速进行转速自动控制时，主机的供油量是由调速器根据偏差转速大小来控制的。调速器为了把主机的转速快速调节到设定转速，有可能使主机因供油量太大而超负荷。为此，遥控系统应对主机的供油量进行限制。负荷限制主要包括以下几个方面：

1）启动油量的设置：若要使主机顺利且平稳地启动起来，就必须在主机启动时供给适量的燃油，为了使启动油量不受车令设定转速的影响，实现定油量启动，遥控系统在主机启动期间自动阻断车令设定转速，给出一个最佳启动转速及最大允许启动油量，以确保主机安全、平稳、可靠地启动。

2）转矩的限制：为了保证主机的安全运行，延长运行使用寿命，遥控系统一般都设置转矩限制功能，原因是主机在某一转速下运行时，如供油量过大就有可能使主推进轴的扭矩超机械负荷。此时，遥控系统将自动地限制主机的供油量，即根据车令设定的转速或主机的实际转速给出一个相应的允许供油范围，从而将主机的转矩限制在安全的范围内。

3）增压空气压力限制：主机从低速开始加速时，油量会突然增加很多，而此刻增压器输出的增压空气压力较低，于是就会出现油多气少的现象，导致燃烧不充分而冒黑烟。为防止主机在加速过程中出现冒黑烟的现象，遥控系统将自动地根据增压空气压力的高低来限制主机的供油量，以保证喷入汽缸的燃油充分燃烧，同时也可以防止主机受热部件的过热现象。

4）螺旋桨特性限制：主机与螺旋桨的配合是按螺旋桨推进特性工作的，即功率与转速成三次方关系。转矩与转速成平方关系，而前述的各种限制方式都是在某一负荷范围内的直线限制特性。有的遥控系统设置了按螺旋桨的特性来限制主机的供油量，用来修正原有负荷的限制特性，使之接近螺旋桨推进特性曲线形状，以满足螺旋桨吸收功率的需要。

5）最大油量的限制：在主机供油量超出轮机长所设定最大供油量时，遥控系统将自动地将主机供油量限制在轮机长设定的最大供油量上，以实现主机的最大负荷限制。

4. 安全保护及应急操纵功能

（1）安全保护

如前所述，安全保护装置是主机遥控系统的重要组成部分，当主机重要参数越限时，它能使主机自动减速或自动停车，并发出报警信号并显示安全系统动作的原因，以保护主机的安全。有些重要参数的安全保护值有两个：一个是自动减速值，另一个是自动停车值。当出现安全保护装置动作且故障排除后，这时需要对故障复位才能进行启动和加速。

（2）应急操纵

在应急情况下，为了保证船舶安全的需要对主机进行一些特殊的操纵，主要包括以下三个方面。

1）机旁应急运行：在主机遥控系统失灵的情况下，为了保证主机继续运行，只要将主机操纵部位从驾驶台或集控室直接切换到机旁，即可实现机旁手动应急操纵。

2）应急运行：在运行中的全速换向操作一般在紧急避碰中使用，属于应急运行。它包括应急换向、应急启动及应急加速。应急换向指的是主机在应急换向转速下的换向。应急启动除了采用重启动外还将自动取消慢转启动与时间启动。应急加速主要指的是取消负荷程序进行快加速，同时还自动取消某些限制（如增压空气压力限制，转矩限制等）。船在锚地走锚后所进行的应急启动，应急加速也是一种应急运行。还有当安全保护系统动作后，使主机减速和停车，但从整个船舶的安全看，又不允许停车和减速，这时应采取"舍机保船"措施，取消自动减速和自动停车信号，迫使主机带病运转。但对一些严重的故障停车信号（如主机滑油低压和超速）一般是不能强迫运转的。有的船上只能在有自动减速信号才可采取应急运行的强迫运转方式，而对所有故障停车信号都不能采取强迫运转方式。

3）手动应急停车：当车钟手柄扳回到停车位置，由于遥控系统出现了故障，不能使主机停油，这时应按下"应急停车"按钮，通过应急停车装置使主机立即断油停车，同时发出报警。若要重新启动主机，必需对应急停车信号进行复位，才可进行启动操作。

5. 模拟试验功能

各种主机遥控系统几乎都设置了相应的模拟试验装置。它主要用于显示遥控系统的运行工况，如电磁阀的状态、主机凸轮轴的位置以及启动过程等；测试和调整遥控系统的各种参数；检查遥控系统的各种功能是否正常，若有故障，可利用模拟试验来查找和判定故障部位。

掌握正确的模拟试验方法对轮机管理人员来说是十分重要的。尽管有各种各样的模拟试验装置和多种试验方式，但其中最基本的试验方式是在主机停车时利用车钟（实际车钟或模拟车钟）和模拟转速旋钮配合操作，使遥控系统完成一系列动作。因为遥控系统对主机的实际转速和模拟转速是没有辨别能力的，把模拟转速同实际转速同等对待。正是利用这一点，使之达到检查遥控系统各种功能和判断故障的目的，按设计要求完成各种动作。在用实际车钟和模拟转速的试验中，除了主机因主启动阀关闭而不能转动以外，遥控系统的各种阀和部件都可以动作。因此，在进行模拟试验前应做好相关的准备工作。

三、主机遥控系统的类型

根据所采用的遥控设备及实现手段的不同，主机遥控系统可以分为以下几种类型：

1. 气动式主机遥控系统

气动式主机遥控系统主要由气动遥控装置和气动驱动机构组成，并配有少量的电动元件如电磁阀和测速电路等。它的主要特点是驱动功率大，工作可靠，结构简单、直观，便于掌握管理。但是存在压力传递滞后的现象，因此控制距离受到限制，而且对气源要求高，气动元部件容易出现漏气、脏堵及磨损现象。

2. 电动式主机遥控系统

电动式主机遥控系统的遥控装置与驱动机构均由电动元器件构成。它的主要特点是结构紧凑，遥控距离不受限制，控制性能好，较灵活地实现各种功能。但执行机构的驱动功率小，对管理人员的技术要求较高，电动遥控系统又可分为有触点继电器式和无触点集成电路式两种。

3. 电-气式主机遥控系统

电-气式主机遥控系统的遥控装置主要由电动元器件构成，而驱动机构则由气动元件构成。这种结构充分发挥了电动式和气动式两种遥控系统的优点，是较完善的遥控系统。

4. 电-液式主机遥控系统

电-液式主机遥控系统主要由电动遥控装置与液压执行机构组成，它具有驱动功率大，可控性好，便于远距离控制等优点，但结构复杂，需设置液压油回收系统，并且容易出现漏油，渗气的现象。

5. 微机控制的主机遥控系统

微机控制的主机遥控系统主要由 PLC 或微型计算机及其接口电路组成，只有驱动机构采用气动或电动元件。遥控系统的功能主要由软件实现，具有应用灵活，功能强大，适用性强和可靠性高的特点。

6. 现场总线型主机遥控系统

现场总线型主机遥控系统是计算机网络化技术在船舶上广泛应用的产物。在现场总线型主机遥控系统中，控制系统的各个组成部件采用分布式的计算机节点控制，各个控制节点采用现场总线互联，大大地减少了连接电缆，降低了布线成本，安装维护极为方便，同时也提高了系统的可靠性。严格意义上说，现场总线型主机遥控系统同时也属于微机控制的范畴。

第二节　主机遥控系统的主要气动元、部件

在遥控系统中，气动元、部件是常见的基本组成要素，尤其是对于气动操纵系统，则更是如此。常用的气动阀件可分为逻辑元件、时序元件和比例元件等。它们工作的气压信号是由气源提供的，气压信号一般为 0.7MPa。

一、逻辑元件

逻辑元件实际上就是开关元件。根据某些逻辑条件，其输出端或者通气源压力信号（简称输出为 1），或者输出端通大气（简称输出为 0）。逻辑元件包括二位三通阀、二位四通阀、三位四通阀、二位五通阀、双座止回阀和联动阀。

1. 二位三通阀

（1）机械动作的二位三通阀

机械动作二位三通阀的结构原理如图 6-2a 所示，图 6-2b 是其逻辑符号图，它有两个位置三个通路。该阀的用途是在受机械动作时工作接口 2 通入压缩空气（此时接口 4 为压力口）或使口 2 排气（此时接口 1 为压力口）。其工作原理是当控制端有机械动作时，通过滚轮杠杆 6 作用于顶杆 7，顶杆 7 首先与阀芯 5 接触，从而切断接口 2 和接口 1 之间的通路，然后顶杆将阀芯 5 从阀座 3 上向下顶开，使口 2 和口 4 接通，在逻辑符号图上相当于上位通。若控制端有机械动作取消，顶杆在弹簧作用下回到其初始位

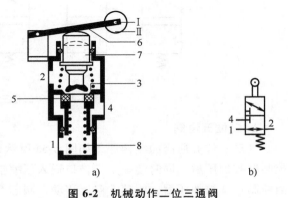

图 6-2　机械动作二位三通阀
结构原理及逻辑符号图

1、2、4—接口　3—阀座　5—阀芯　6—滚轮
杠杆　7—顶杆　8—复位弹簧

置，而复位弹簧 8 就会将阀芯重新压回至阀座 3 上，这样接口 1 和接口 2 接通，而接口 4 截止，在逻辑符号图上相当于下位通。

若将气源接到接口 1 上，该阀就为常通式二位三通阀。若将气源接到接口 4 上，该阀就为常断式二位三通阀。

（2）气动二位三通阀

气动二位三通阀的结构原理如图 6-3a 所示，图 6-3b 为其逻辑符号图。该阀的用途是当控制口 Z 有压力信号时，可使工作口 A 通入压缩空气（P_1 为压力口），或使工作口 A 排气（P_2 为压力口）。其工作原理是当控制口 Z 有控制压力信号，则活塞 1 克服弹簧 2 的弹簧力而向下运动，在顶杆 3 随之一起向下运动的过程中首先使 A 口与 P_1 口的通路截断，然后使阀芯 4 从其阀座上向下离开，从而使 P_1 口与 A 口相通，在逻辑符号图上相

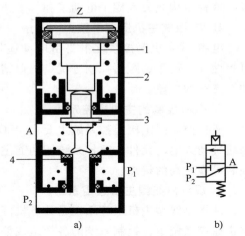

图 6-3 气动二位三通阀结构
原理及逻辑符号图

1—活塞 2—弹簧 3—顶杆 4—阀芯
A—工作口 Z—控制口 P_1、P_2—压力口

当于上位通。如果控制口排气，活塞 1、顶杆 3 和阀芯 4 均在复位弹簧作用下复位。则有接口 A 和 P_2 接通，而接口 P_1 截止，在逻辑符号图上相当于下位通。

若将气源接到接口 P_2 上，该阀就为常通式二位三通阀。若将气源接到接口 P_1 上，该阀就为常断式二位三通阀。

根据动作阀芯力的性质不同，也就是控制信号 A 的种类不同，二位三通阀可分为机械动作、手动操作、单气路控制、双气路控制和电动控制等类型，图 6-4a、图 6-4b、图 6-4c、图 6-4d、图 6-4e 分别画出图中它们的逻辑符号图。

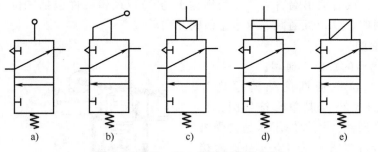

图 6-4 各种二位三通阀逻辑符号图

2. 二位五通阀

气动二位五通阀的结构原理如图 6-5a 所示，图 6-5b 是其逻辑符号图。该阀的用途是当控制口被加压后，同时使一个工作口通入压缩空气，而使另一个工作口排气。其工作原理是当控制口 2 被加压后，阀芯 5 向上移动，阀芯 5 是克服弹簧 6 的弹簧力而向上移动的，阀芯 5 下方的台肩使工作口 1 和排气口 E_1 之间的通路截断，而且使工作口 1 和压力口 4 相通，阀芯 5 上部的台肩使工作口 3 和排气口 E_2 相通。控制口 2 失压后，利用弹簧的弹簧力而使该阀复位。

二位五通阀的另一种结构及逻辑符号如图 6-6 所示。该阀的用途是使两个工作口之一与压力口相通的同时而另一工作口和排气口相通。其工作原理是若扳动手柄 1 可使顶杆 2 克服弹簧 3 的弹簧力向下运动，从而使压力口 P 与工作口 A 相通，工作口 B 与排气口 S 相通，排气口 R 截止，如果手柄回到其初始位置，则弹簧同样使顶杆回到其初始位置，这时压力口 P 与工作口 B 相通，工作口 A 与排气口 R 相通，排气口 S 截止。

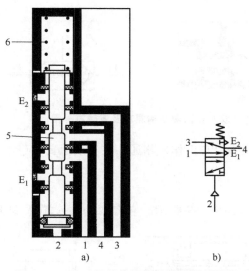

图 6-5　二位五通阀结构原理及逻辑符号图

1、3—工作口　2—控制口　4—压力口
5—阀芯　6—弹簧　E₁、E₂—排气口

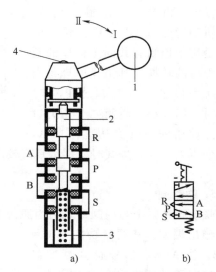

图 6-6　二位五通阀另一种结构原理及逻辑符号图

1—手柄　2—顶杆　3—弹簧　4—螺钉
A、B—工作口　R、S—排气口　P—压力口

二位五通可以被安装在任意位置上，松开螺钉 4 可根据需要调节手柄的初始位置。使用时应防止排气口被水和污物阻塞。

3. 三位四通阀

在遥控系统中，三位四通阀常作为双凸轮主机的换向阀。图 6-7a 和 6-7b 分别示出了该阀的结构原理和逻辑符号。它由阀体、左右滑阀及弹簧组成，A 口和 B 口分别为正车换向和倒车换向输出口，联锁信号接口 7，只要有联锁信号，该阀就被锁在中位通的位置，此时气源口 P 截止，A 口和 B 口均通大气，该位置是不允许进行换向操作的。联锁信号接口 7 撤销（7 口通大气）后，若 5 端通控制信号，6 端通大气，该阀右位通，B 口输出 1，A 口输出 0，

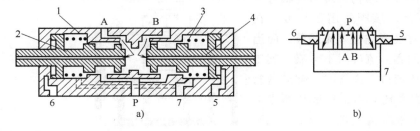

图 6-7　三位四通阀结构原理及逻辑符号图

1—阀体　2—左滑阀　3—弹簧　4—右滑阀　5、6—倒车换向控制信号接口
7—联锁信号接口

气源经 B 口进入倒车换向油缸进行倒车换向。若倒车换向控制信号接口 6 端通控制信号，倒车换向控制信号接口 5 端通大气，该阀左位通，A 口输出 1，B 口输出 0，气源经 A 口进入正车换向油缸进行正车换向。换向完成后，7 通联锁信号接口，三位五通阀立即被锁在中间位置。

4. 双座止回阀

双座止回阀是一个或门阀，俗称梭阀，其结构原理和逻辑符号如图 6-8 所示。它有两个输入端 P_1 和 P_2，一个输出端 A，其逻辑功能是 $A = P_1 \vee P_2$。该阀的用途是用于控制有共同工作口的两个压力口的转换。其工作原理是当两个压力口之一（P_1 口或 P_2 口）进气时，那么小球将第二个压力口关闭并使压缩空气到达工作口 A。

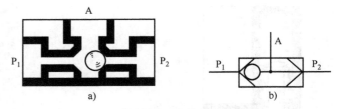

图 6-8 双座止回阀结构原理及逻辑符号图

当两个压力口同时进气时，那么具有较高压力的压力口与工作口相通。在安装上要求应水平安装。

5. 联动阀

联动阀是一个与门阀，其结构原理和逻辑符号如图 6-9 所示。它有两个输入端 A 和 B，一个输出端 C，其逻辑功能是 $C = A \wedge B$。当 A 端有信号而 B 端没有信号时，联动阀左移，左阀关闭，封住 A 端信号，C 端与 B 端相通，无信号输出；反之，B 端有信号，A 端无信号时，C 端同样无信号输出。只要 A 和 B 两端都有信号时，无论联动阀处于什么位置，C 端都有信号输出。

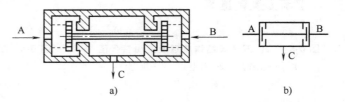

图 6-9 联动阀结构原理及逻辑符号图

二、时序元件

时序元件在气路中，一般对气压信号的变化起延时作用，它包括单向节流阀、分级延时阀及速放阀。

1. 单向节流阀

单向节流阀的结构原理与逻辑符号如图 6-10 所示。该阀的用途是可以在一个方向上对气流进行节流调节，而当气流以相反的方向流过时不节流。其工作原理是当从接口 2 进气时，碗形密封圈 3（预应力大约 0.4bar）被从阀座上打开，气流不被节流地流到接口 1。当从接口 2 排气时，碗形密封圈被关闭，并且接口 1 的排气只能通过节流口 4，节流口可以通过调节螺栓 5 来改变。向

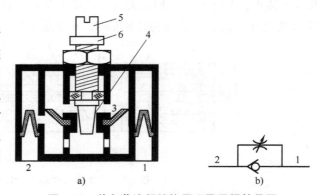

图 6-10 单向节流阀结构原理及逻辑符号图

1、2—接口 3—密封圈 4—节流阀 5—调节螺栓 6—安全环

右拧动，减少过流面积，延长排气时间，向左拧动增大流通面积，节流作用减弱。安全环 6 用于防止将节流口完全关闭。另外，还用两个孔隙为 $20\mu m$ 的过滤器来防止污物进入节流口。

节流阀可以被安装在任何位置上，但在安装时必须注意流动方向。

2. 分级延时阀

分级延时阀的结构原理及逻辑符号如图 6-11 所示。当输入口的压力信号较低时，在弹簧作用下，活塞 3 下移。阀盘 2 离开阀座，由 1 口输入的气压信号经 4 口直接达到输出口 6，不进行节流延时，当输入口 1 压力信号增大到一定值时，活塞 3 克服弹簧张力上移使阀盘 2 压在阀座上，输入的气压信号必须经 7 口，再经节流口 5 达到输出口 6，进行节流延时。转动调节螺钉 A，可改变弹簧的预紧力，即可调整开始进行节流延时的输入信号的压力值；转动调节螺钉 B，可改变节流孔的开度，即可调整延时时间。当输入的气压信号降低或撤销时，在弹簧作用下，活塞连同阀盘一起下移，输出口 6 直接与输入端相通，不进行节流延时。

3. 速放阀

速放阀的结构原理及逻辑符号如图 6-12 所示。A 端为输入端，B 端为输出端。当输入端 A 有气压信号时，橡胶膜片 2 被顶起封住通大气口 4，使输出端 B 的气压信号立即等于 A 端；当输入端 A 的气压信号撤销时，橡胶膜片 2 下落封住输入端，同时打开通大气口 4，使输出端 B 的气压信号就地泄放，而不必经输入端 A，再经较长的管路泄放，这就避免了信号泄放的延时。

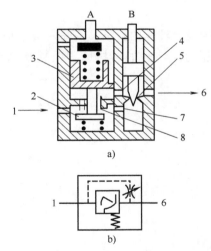

图 6-11 分级延时阀结构原理及逻辑符号图
1—输入口 2—阀盘 3—活塞 4、7—气口 5—节流口
6—输出口 8—阀座口 A、B—调节螺钉

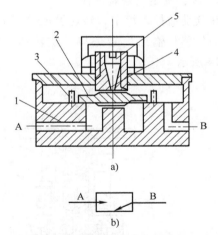

图 6-12 速放阀结构原理及逻辑符号图
1—阀体 2—橡胶膜片 3—导程销 4—气口
5—空心螺栓 A—输入端 B—输出端

三、气动比例元件

1. 减压阀

减压阀结构原理及逻辑符号如图 6-13 所示。减压阀的作用，将较高的输入压力（通常称为一次压力）降低至一个较低的输出压力（通常称为二次压力）。其工作原理是经过预压的调压弹簧 3 通过顶杆 7 使阀芯 6 打开，压缩空气从 V 口经过这个打开的阀口流向压力较低

的 Z 口，在这同时压缩空气也到达膜片 4 的下方，随着 Z 口压力的升高，会使带顶杆的膜片和阀芯一起克服调压弹簧的弹簧力向上运动，直到 Z 口压缩空气作用在膜片上的力（Z 口压力×膜片的有效面积）与通过调节螺钉 1 调节的弹簧力相平衡为止，这时阀芯与阀座 5 接触，从而使 V 口与 Z 口之间的通路截止，（截止状态，即输入与排气均被截止）。

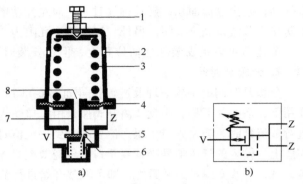

图 6-13　减压阀结构原理及逻辑符号图

1—调节螺钉　2—放气口　3—调压弹簧　4—膜片
5—阀座　6—阀芯　7—顶杆　8—气孔

如果二次压力口的压力下降到低于与调压弹簧的弹簧力相对应的值时，则膜片向下运动，并通过顶杆使阀芯 6 打开阀口，直到重新达到与调压弹簧的弹簧力相对应的压力值为止。如果二次压力的压力超过与调节弹簧的弹簧力相对应的压力值，则膜片带着顶杆脱离开阀芯 6，使 Z 口的一部分压缩空气通过气孔 8 排出，当 Z 口的压力达到了期望值时，膜片向下运动，使排气口关闭，这样重新达到该阀的截止状态。减压阀可以安装在任何位置上，但应为安装固定和该阀的操纵预留足够的空间。

2. 转速设定精密调压阀

在气动遥控系统中，转速设定精密调压阀用于车钟设定转速的发讯，其输入信号是车钟手柄的位移，输出信号是与设定转速所对应的空气压力。该阀的结构原理及输出特性如图 6-14 所示。

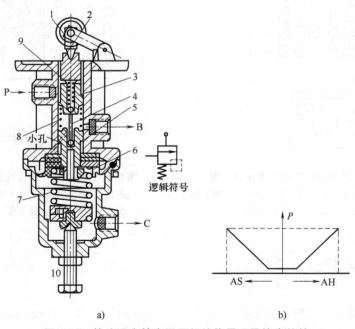

图 6-14　转速设定精密调压阀结构原理及输出特性

1—滚轮　2—顶锥　3—上滑阀　4—进排气球阀　5—下滑阀　6—膜片　7—压缩弹簧　8、9—弹簧　10—螺钉滚轮 1 与车钟手柄下面所带动的凸轮相接触。当车钟手柄向加速方向扳动时，经滚轮使顶锥 2 下移，克服弹簧张力使上滑阀 3 下移，进排气球阀 4 中的下球阀仍压在下滑阀 5 的阀座上，封闭通大气口，上球阀会离开上滑阀 3 的阀座而打开某一开度。气源 P 经上球阀通至输出端 B，使输出压力升高。该升高的压力信号一方面作为转速设定信号输出，另一方面经反馈小孔（图中虚线所示）进入膜片 6 的上部空间，压缩弹簧 7，使下滑阀连同下球阀一起下移。当下滑阀的下移量与顶锥 2 的下移量相等时，上球阀又被压在上滑阀 3 的阀座上，封闭气源 P，使输出端 B 的压力不再升高，稳定在某一数值上。在稳定输出时，上、下球阀均关闭。可见，输出压力与顶锥 2 的下移量成比例。

当车钟手柄向减速方向扳动时，在弹簧 8 的作用下，顶锥和上滑阀连同进排气球阀一起上移，使上球阀关闭，下球阀会离开阀座而打开，使输出端 B 与大气口 C 相通，输出压力降低，经反馈小孔使膜片上部空间压力降低，靠压缩弹簧 7 的张力使下滑阀上移，直到下滑阀的上移量与上滑阀的上移量相等时，下球阀又封闭通大气口，使输出压力稳定在比原来低的数值上。图 6-14b 示出了该阀的输出特性线。

因为车钟手柄下面所带动的凸轮，其正、倒车边是对称的，所以正、倒车转速设定的特性线是相同的。其输出压力的变化范围一般为 $0.05\sim0.5$ MPa，其中 0.05MPa 对应于最小设定转速值，0.5MPa 对应于最大设定转速值。最小设定转速值的调整是通过转动螺钉 10 改变弹簧 7 的预紧力来实现，即可上下平移输出特性线。若旋紧螺钉 10 使压缩弹簧 7 预紧力增大，则最小设定转速值增大，即向上平移输出特性线，反之亦然。最大设定转速值的调整是通过转动弹簧座，改变压缩弹簧 7 的有效工作圈数（即刚度）来实现，从而可改变输出特性线的斜率。若有效工作圈数减少，会使刚度增大，则最大设定转速值增大，输出特性线的斜率增大；反之亦然。

在主机遥控系统中，利用上面介绍的遥控阀件可组成启动、换向、制动、转速限制和负荷程序等各种逻辑回路及控制回路。因此，掌握这些阀件的工作原理，特别是掌握其逻辑符号图，对分析和理解一个复杂的遥控系统是很重要的。

四、主机遥控系统气源的标准及其要求

在气动主机遥控中，常用 3.0MPa 的压缩空气作为换向和启动的动力气源，用 0.7MPa 的压缩空气作为其遥控气源。0.7MPa 的遥控气源可由 3.0MPa 的空气瓶的压缩空气减压而获得，也可由单独的气源设备供给。但无论采用哪一种方式，为了保证气动主机遥控系统能正常工作，遥控气源必须是稳定而洁净的。它首先需经过净化处理，以滤去空气中的灰尘杂质，去除水分及油污，然后再经过稳压（减压）处理才可使用。鉴于遥控气源的重要性，遥控气源中的过滤器和减压阀常成双配备，并由多路选择阀来选用，如图 6-15 所示。

在图 6-15 中，两个空气瓶 1 内的 3.0MPa 压缩空气经各自的截止阀 2 和单向止回阀 3 引入过滤器 4，由过滤器 4 初步净化后送到气源选择阀 5。气源选择阀 5 的两个输出气口上接有两条具有同样过滤器 6 和减压阀 7 的气路，过滤器 6 将 3.0MPa 的压缩空气进一步净化后由减压阀 7 减至 0.7MPa，最后再经各自的单向止回阀 8 送到遥控系统中，作用遥控气源。气源装置的四种工况由气源选择阀来选定。

气源选择阀切换到Ⅳ位，由过滤器 4 来的 3.0MPa 压缩空气截止，上、下过滤减压支路均通大气（不工作），无气源输出，遥控系统不工作，因此该工况用于停泊状态。

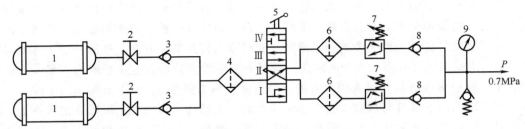

图 6-15 主机遥控系统气源装置

1—空气瓶 2—截止阀 3、8—单向止回阀 4、6—过滤器 5—多路选择阀 7—减压阀 9—压力表

气源选择阀切换到Ⅲ位，上支路通大气，下支路投入工作，输出 0.7MPa 遥控气源。

气源选择阀切换到Ⅱ位，下支路通大气，上支路投入工作，输出 0.7MPa 遥控气源。

可见，Ⅱ位和Ⅲ位都是单路工作（一路工作，另一路备用），因此适用于海上航行状态，在海上航行中若工作支路故障或需清洗滤器，可切换到备用支路。

气源选择阀处于Ⅰ位，上、下支路同时投入工作。它主要用于进出港时供气，以满足进出港时主机操纵频繁，耗气量大的要求，确保进出港时的操作安全。

第三节 车钟系统及操纵部位的转换

一、车钟系统概述

车钟系统从传统意义上讲只是用来在各操作部位之间发送和接收主机操作指令及传递操作信息的装置，一般都由驾驶台车钟、集控室车钟和机旁应急车钟组成。根据所传递指令的不同性质，车钟还可分为主车钟和副车钟两种。目前，多数船舶的驾驶台主车钟还兼有主机控制信号的发讯功能。

1. 主车钟

主车钟用于传送停车、换向和转速设定等主机操纵命令，一般设有停车（STOP）、前进微速（Ahead Dead Slow）、前进慢速（Ahead Slow）、前进半速（Ahead Half）、前进全速（Ahead Full）、海上全速（Navigation）、后退微速（Astern Dead Slow）、后退慢速（Astern Slow）、后退半速（Astern Half）、后退全速（Astern Full）和应急后退（Crash Astern）等档位。驾驶台车钟和集控室车钟一般采用手柄操作，而机旁应急车钟除了早期船舶采用手柄操作外，目前大多数船舶均采用按键座。手柄式车钟的档位定义如图 6-16 所示。

手柄式车钟一般设有两根指针，一根指示本地手柄的位置，另一根跟踪其他操作部位的手柄位置，也称为复示指针；按键式车钟则用指示灯代替指针。手柄式车钟的指针跟踪一般采用自整角机或由电路控制的伺服电动机实现。

当驾驶台发出车令后，集控室和机旁的复示指针或指示灯将跟踪驾驶台车令，轮机员应在主机的当前操作部位进行回令，即将车钟手

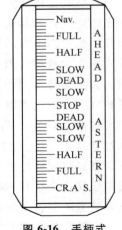

图 6-16 手柄式车钟档位

柄推到相应的位置，或按下按键式车钟相应的档位按键。回令之前，三地车钟均有声响提示，回令结束后，声响提示消失。

对于在驾驶台安装有自动遥控系统的船舶，车钟系统往往还兼有主机的控制功能，除了传送车令信息外还能向主机遥控系统发送主机的各种操作命令。目前，大型自动化船舶所使用的车钟通常都是集传令车钟与遥控手柄于一体的指针跟踪式或指示灯跟踪式车钟，车钟系统已成为主机遥控系统的重要组成部分。

主车钟向遥控系统发送主机操作命令的发讯装置通常有气动和电动两种类型。气动发讯装置采用手柄的机械动作控制二位三通阀，利用二位三通阀的气压输出实现正车、倒车和停车信号的发讯，并用手柄带动的凸轮控制精密调压阀的气压输出，由输出压力大小给出与手柄位置相对应的转速设定值，从而实现转速指令的发讯。电动发讯装置通常采用微动开关和相应的逻辑处理电路发出正车、倒车和停车信号，采用精密电位器与信号处理电路发出 $0\sim10V$ 的电压、$4\sim20mA$ 的电流或 $0\sim5k\Omega$ 的电阻等信号来实现转速设定值的发讯。

在不同的操纵部位操纵主机时，主车钟的工作模式也不同。以定距桨船舶的低速主机为例，在驾驶台操纵时，驾驶台车钟直接对主机进行遥控操作，集控室车钟和机旁应急车钟只对驾驶台车令进行复示；在集控室或机旁操纵时，驾驶台车钟只用于传令操作，轮机员回复车令后，在集控室或机旁对主机进行手动操纵。应当指出的是，集控室车钟手柄通常还兼有主机的换向控制功能，而主机的启动、停车和转速控制则由主机操纵手柄进行控制。

2. 副车钟

副车钟用于传送与主机操纵有关的其他联络信息，如备车（Stand by）、完车（Finished with engine）和海上定速（At sea）等。假设当前操纵部位为集控室，则当需要进入备车状态时，首先由驾驶台按下"备车"按钮，发出主机备车指令，车铃声响，"备车"指示灯闪光。值班轮机员在集控室按"备车"按钮予以应答，车铃声响停止，"备车"指示灯变为平光，进入备车状态。冲车和试车完毕后，可将主机的操作部位转到"驾驶台"位置。当船舶结束机动航行进入海上定速航行时，在驾驶台按"定速"按钮，车钟声响，"定速"指示灯闪光，发出海上定速航行指令。在集控室按"定速"按钮，车铃声响停止，"定速"指示灯切换为平光，进入定速航行状态，同时自动取消备车信号。当船舶停泊后不再需要操纵主机时，驾驶台按下"完车"按钮，集控室按"完车"按钮应答后，进入完车状态，"完车"指示灯平光指示。在副车钟操作过程中，备车、完车、定速这三个状态之间是互锁的。

在机旁、集控室和驾驶台上均设有应急停车按钮，当出现异常情况需要应急停车时，在任一位置按下"应急停车"按钮，都将通过主机安全保护系统可靠地切断主机的燃油供给，强迫主机停车。应急停车后，需在故障排除后，将车钟扳回到停车位置或按复位按钮进行复位后，主机才能再次启动运行。

二、主车钟发讯原理

1. 气动遥控车钟

图 6-17 所示为一种气动遥控车钟的结构原理及逻辑符号，它主要由外壳、精密调压阀和二位三通换向阀组成，具有发送转向控制信号和主机转速设定值的功能，用于控制定距桨船舶的可逆转低速柴油主机，也可用于控制通过减速齿轮箱带动定距桨的中速柴油主机。

在图 6-17 中，车钟外壳的上部由一个带刻度盘的保护罩组成，保护罩下面是调压阀和

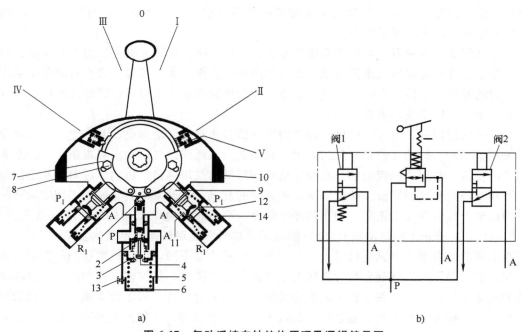

图 6-17 气动遥控车钟结构原理及逻辑符号图

1、9—顶杆 2—进气口 3—调节活塞 4—排气口 5、13—弹簧 6—弹簧座 7—对称凸轮
8—凸轮调节螺钉 10—阀座 11—阀芯 12—弹簧座锁紧螺钉 14—凸轮

二位三通阀的机械控制部分。通过一个可调的摩擦锁紧装置，操纵手柄可以锁定在任意位置，在 0 位、I 位和 III 位还分别带有定位槽。

当手柄位置移动时，手柄将带动对称凸轮 7 驱动顶杆 1。若顶杆 1 下移，则会使排气口 4 关闭，进气口 2 打开，压缩空气从 P 口流向 A 口，并在 A 口处建立起一定的压力，这个压力使得调节活塞 3 克服调节弹簧 5 的弹力而向下移动，一旦作用在调节活塞 3 上的力（气压×活塞面积）和与其相对应的弹簧 5 的弹力相平衡，则进气口和排气口将关闭。如果这个力的平衡状态通过顶杆 1 的位移变化或 A 管路的压力下降而打破，则进气口和排气口相应地打开和关闭，直到一个新的平衡状态重新建立起来为止。手柄偏离停车位置的位移越大，顶杆 1 被压下的位移越大，使得精密调压阀的输出压力（即转速设定值）与手柄位置成一一对应关系。

手柄移动时，还通过对称凸轮 14 带动两个二位三通换向阀发送转向（前进/后退）命令。当手柄处于 0 位时，阀芯在弹簧的作用下压紧阀座，压力口 P_1 截止，接口 A 与排气口 R_1 相通，输出压力为零；当手柄处在位置I～II或III～IV之间时，对称凸轮带动顶杆移动，切断 A 与 R_1 之间的通路，并使阀芯从阀座离开，从而使 P_1 和 A 接通，输出正车或倒车换向信号。一旦手柄回到 0 位，弹簧使阀芯重新回到阀座，A 口重新与 R_1 口相通，而 P_1 口截止。

2. 电动遥控车钟

电动遥控车钟种类繁多，按照不同的分类方法可分为模拟量车钟和数字量车钟，或分为有级调速车钟和无级调速车钟。

图 6-18 所示为一种电位器式无级调速转速指令发送器，其中图 6-18a 为结构原理图，图 6-18b 为输出特性曲线图。可用于定距桨船舶的换向逻辑信号、主机转速设定值和变距桨船舶的螺距设定信号等车令的发讯。

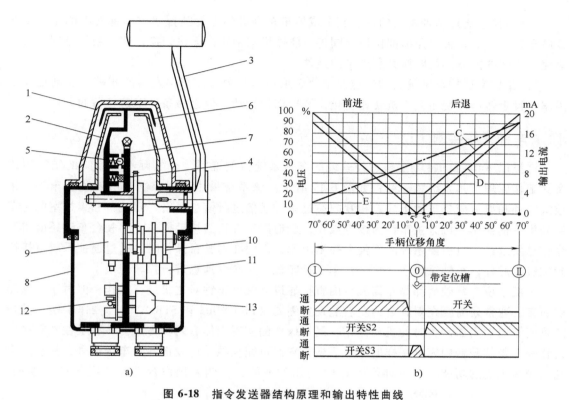

图 6-18 指令发送器结构原理和输出特性曲线

1—外壳   2—刻度盘   3—操作手柄   4—摩擦锁紧装置   5—定位槽   6—指针   7—电路板
8—金属保护罩   9—电位器   10—凸轮   11—微型开关   12—放大器电路   13—接线端子

指令发送器由透明的外壳 1 和带照明装置的刻度盘组成，操作手柄 3 在停车位置由定位槽 5 定位，并可通过摩擦锁紧装置 4 在任意位置锁紧，手柄位置由刻度盘指针 6 指示。电位器 9、微型开关 11、放大器电路 12 和接线端子 13 等电器元件安装在垂直设置的电路板 7 上。指令发送器的上部采用防水密封设计，金属保护罩 8 用于保护装入控制台后处在控制台台面以下的部分。

操作手柄 3 移动时，其角度位移将通过一个无间隙传动的齿轮机构传递到电位器 9，而这个位移角度正好与可变螺距螺旋桨的螺距或及发动机转速的给定值相对应。电位器的输出可以是 $0 \sim 5k\Omega$ 的电阻值，也可以是经放大器 12 转换后的 $4 \sim 20mA$ 信号或 $0 \sim 10V$ 的电压信号，其输出特性分别如图 6-18b 中 E、C 和 D 曲线所示。这些模拟量信号根据遥控系统的需要用作螺距设定值或主机转速设定值。另外，凸轮也和手柄一起移动，它控制微型开关 11 给出"前进""后退"和"停止"等逻辑信号，各开关的通断如图 6-18b 下部所示。

三、车钟系统组成及操纵部位的转换

在主机遥控系统中，可以在驾驶台操纵主机，也可以在集控室操纵主机，而且在遥控失灵的情况下，还可在机旁应急操纵主机。在上述三个操纵部位中，机旁操纵的优先级最高，其次是集控室，驾驶台操纵的优先级最低。为了确保安全，避免因操纵部位转换而产生扰动，在正常情况下，驾驶台和集控室之间的操纵部位转换要满足如下两个条件：

1）集控室遥控车钟发出的正、倒车或停车车令必须与驾驶台遥控车钟发出的正、倒车或停车车令一致，否则操纵部位切换阀将被联锁机构锁定而无法切换，这一条件是驾驶台和集控室之间的操纵部位转换必须满足的条件。

2）集控室遥控车钟发出的转速设定值必须与驾驶台遥控车钟发出的相等，否则切换中因车令设定转速改变而使主机转速变化，产生切换扰动，但这一条件不是必备的条件。

四、 车钟系统实例

这里以 AutoChief-4 型主机遥控系统的车钟系统为例说明一个实际车钟系统的结构组成及其工作原理，其系统总体结构如图 6-19 所示。该系统采用微机控制，由驾驶台车钟、集控室车钟和机旁应急车钟组成，相互间通过串行通信进行信息联络。驾驶台和集控室的主车钟采用手柄操作，机旁主车钟为按键操作，三地副车钟均为按键操作。驾驶台车钟还能将车令信息发送给主机遥控系统的驾驶台控制单元，以便在驾驶台操作时，通过遥控系统直接控制主机。此外，车钟系统还连接一台车令打印机，对车令信息进行打印记录。

一般来说，驾驶员都是在驾驶台内直接通过驾驶台车钟对主机进行操作，但对于大型船舶而言，通常还需要在驾驶台的左右舷设置侧翼（Port Wing 和 STB Wing）操作手柄，其目的是便于船舶离靠码头时的机动操作。侧翼操作的实现大体有两种方案：一种是在左右舷各设置一个与驾驶台内完全一样的车钟手柄，它们可完全独立地发送各种车令信号，具有完全独立操纵主机的功能；另一种像图 6-19 所示的那样，在侧翼操作台设置"操作杆"手柄。

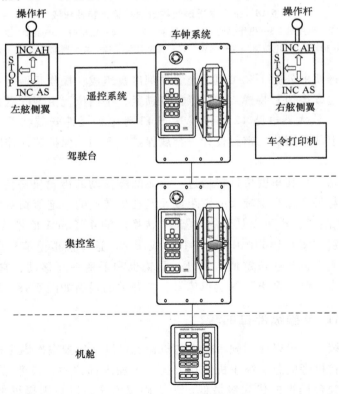

图 6-19　车钟系统结构框图

"操作杆"手柄必须通过驾驶台的车钟系统间接完成车令发送任务，它通过控制的三个微动开关的动作给出三个开关量车令信号，向前推发出"正车加速（Increase Ahead）"车令信号，向后拉发出"倒车加速（Increase Astern）"车令信号，松手回中发出维持当前转速车令信号，向左扳发出"停车（Stop）"车令信号。这三种车令信号通过伺服电动机和齿轮机构驱动驾驶台车钟手柄机构向正倒车方向转动，车钟手柄机构再带动其下设的精密转速设定电位器，实现转速调节和压动正倒车微动开关发出正倒车车令信号。而驾驶台转速设定电位器的实际转速设定信号被反馈到左、右舷车钟手柄操纵台上的转速设定复示表（Setpoint Repeater），供操作者参照操作。应指出的是左、右舷车钟手柄主要是用于靠离港时控制主机在"微速"以下的机动运行，采用"Joystick"车钟手柄是可以有效地满足此种用车操纵要求的。

左、右舷车钟手柄与驾驶台主车钟之间的控制逻辑如图 6-20 所示，受车钟手柄控制的三个微动开关 AH、STOP、AST 发出相应开关量信号到 K_1 板，经 K_1 板处理后送 K_2 板，K_2 板根据车钟手柄车令信号与驾驶台车钟转速设定电位器的实际设定信号进行运算处理，再通过 K_3 板输出驱动信号，控制伺服电动机和离合器，使转速设定电位器发出转速设定信号到遥控系统驾驶台控制单元微处理器板的 CH.17 通道（RPM Command A-IN），然后，一方面经 CH.4 通道（Handle Position A-Out）将转速电位器信号反馈到 K_2 板，另一方面通过串行将转速设定信号输出到遥控系统集控室单元，作为主机转速设定值。

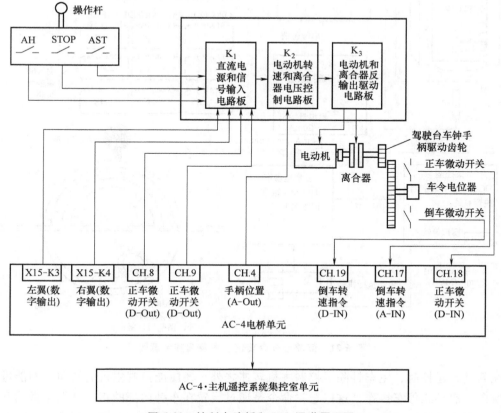

图 6-20   控制电路板和 I/O 通道原理图

驾驶台车令转速信号的具体转换、传送过程如图 6-21 所示。从图中可以看出，转速车令发讯器是一个 5.0kΩ 的电位器（最大倒车值为 0.5kΩ、停车值为 2.5kΩ、最大正车值为 4.5kΩ），也就是车钟手柄的每一个位置都将对应一个准确的电阻值，这个电阻值信号将驾驶台控制单元的微处理器转换为 400～3900 范围的与主机转速设定值相对应的数字信号，然后通过串行通信接口送到集控室控制单元，集控室控制单元对转速设定值进行转速限制等处理后，通过数/模转换器转换为 4～20mA 之间的电流值，送到集控室 DGS8800e 数字调速器系统，数字调速器系统输出 −10V～10V 信号到数字伺服放大器，控制执行电机调节给油量，从而实现了在驾驶台对主机转速的控制。

在需要进行车钟转速车令零点和量程整定时，先将驾驶台转速设定电位器设定螺钉拧松，然后按照图 6-21 标明的操作步骤进行调试（必要时可参照说明书）。

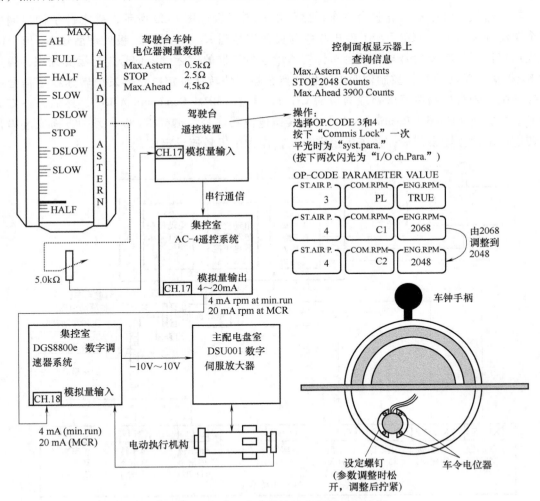

图 6-21 驾驶台车令转速信号及调整示意图

在驾驶台遥控时，主车钟除了控制主机转速之外，还应能控制主机的转向，即能进行主机的换向、启动或停车操作，这些逻辑命令是通过设置在车钟内部的正车和倒车微动开关来实现的。车令手柄除了带动车令电位器，还带动正车微动开关和倒车微动开关。这两个开关量信号经驾驶台控制单元和串行通信接口送到集控室控制单元，由集控室控制单元对主机进行相应的逻辑控制。例如，在驾驶台操作状态下，当手柄处在停车位置时，正车微动开关和倒车微动开关均断开，集控室控制单元将这一输入状态转换成主机停车命令，并通过输出接口电路实现主机停车。

当把主机的操作部位"驾控—集控"转换装置转到集控室遥控操作后，这时驾驶台主车钟的遥控功能将被取消，但仍然保留有传令车钟的功能。在集控室操作状态下，驾驶台车钟的发讯信号经车钟报警控制箱发送到集控室车钟和机旁车钟，集控室车钟和机旁车钟档位指示灯自动跟踪到驾驶台车钟手柄位置。集控室车钟发讯信号经车钟报警控制箱发送到驾驶台车钟，驾驶台车钟的档位指示灯自动跟踪到集控室车钟手柄位置。并在车钟手柄位置与跟踪指示灯位置不一致的情况下，发出错位报警，直至车钟手柄位置与跟踪指示灯的位置一致为止。在集控操作时，集控室车钟除了完成对驾驶台车钟的回令外，还兼有换向操作的功能。这一功能是靠装在车钟下面的正车和倒车气动阀件实现的，这样就可在用集控室车钟复令的同时完成主机的换向操作。

在机旁应急操作状态下，驾驶台车钟发讯的车令信号经车钟报警控制箱发送到机旁车钟和集控室车钟，机旁车钟和集控室车钟的档位指示灯自动跟踪到驾驶台车钟手柄位置。机旁车钟发讯信号经车钟报警控制箱发送到驾驶台车钟，驾驶台车钟的档位指示灯自动跟踪到机旁车钟回令按钮位置，并在车钟手柄位置和车钟回令按钮位置与跟踪指示灯位置不一致的情况下，发出错位报警，直到位置一致为止。

在驾驶台遥控操作状态，驾驶台车钟发讯信号经车钟报警控制箱发送到集控室车钟和机旁车钟，并返回到驾驶台车钟，使驾驶台车钟、集控室车钟和机旁车钟的随动指示灯自动跟踪到驾驶台车钟手柄位置。在驾驶台改变车钟位置时（驾驶台车钟的随动指示灯尚未跟上驾驶台车钟手柄位置），会发出短暂的错位报警声。

第四节　主机遥控系统的逻辑控制

主机遥控系统是一个针对主机的综合控制系统，包括逻辑控制和转速闭环控制两大部分，而逻辑控制的主要任务是能够自动地对主机进行停油、换向、启动、制动等逻辑控制。

一、停油逻辑

根据主机的安全操作要求，主机在换向过程中必须停油，当主机在运行中完成换向后，但车令与主机转向还不一致，主机也必须停油。不论出现哪种情况，遥控系统都必须发出停油信号。根据主机型号的不同，停油信号要么发送到停油伺服器，由停油伺服器推动油门联动杆将各高压油泵油门推向零位，或发送至停车电磁阀将控制空气送至各高压油泵顶端的停油阀，实现断油停车。

如果用 Y_{RT} 表示停油信号，用 R_H 和 R_S 分别表示主机在正车方向运行和在倒车方向运行，用 C_H 和 C_S 分别表示凸轮轴在正车位置和在倒车位置，则停油条件的逻辑表达式为

$$Y_{RT} = (I_H \overline{C_H} + I_S \overline{C_S}) + (I_H \overline{R_H} + I_S \overline{R_S}) = I_H (\overline{C_H} + \overline{R_H}) + I_S (\overline{C_S} + \overline{R_S})$$

$Y_{RT} = 1$，说明已满足停油条件，油门已被推向零位；$Y_{RT} = 0$，说明已解除油门零位联锁，允许对主机供油。

另外，把车钟手柄扳到停车位，或安全保护系统送来停车信号时，也必须停油在上式中没有反映这些停油条件，出现这些停油指令的停油过程将在后面叙述。

二、换向控制逻辑

船舶用主柴油机包括不可逆转和可逆转两种。对于采用不可逆转柴油机作为主推进装置的船舶，其前进或后退通常通过可变螺距螺旋桨的螺距方向或通过减速齿轮箱换向来实现，而柴油机本身不需要换向；对于采用可逆转柴油机作为主推进装置的船舶，则是通过柴油机本身的换向功能来实现船舶前进或后退。下面仅叙述可逆转柴油机换向逻辑及控制过程。

由柴油机的工作原理可知，柴油机的转向取决于启动空气、喷油定时和排气定时，而柴油机定时的实现手段既可以采用电子控制，也可以采用凸轮机械控制，因此可逆转柴油机的换向包括电控式和凸轮轴式两种。电控柴油机的换向通过计算机控制相关电磁阀的开启和关闭时将柴油机的定时从正车定时切换为倒车定时，或从倒车定时切换为正车定时；而凸轮轴式柴油机的换向则通过机械方式将空气分配器、高压油泵及排气凸轮由正车位置切换到倒车位置，或从倒车位置切换到正车位置。

在实际操作中，主机的换向操作又有两种情况：一种是在停车状态下换向；另一种是在运行过程中换向。前者是指主机遥控系统在启动主机前，首先鉴别主机的凸轮轴位置是否与车钟指令一致，如不一致，其换向控制回路就会通过换向执行机构将主机的凸轮轴位置换到车钟指令所给定的转向上，并在换向过程中禁止主机启动，直至换向成功。后者是指主机在某一转向运行时，如突然改变车钟指令转向，遥控系统将自动按停油、凸轮轴换向、制动及反向启动程序控制主机改变运行转向。

由于主机的凸轮轴换向装置不同，故换向控制的逻辑条件也有所不同，下面以双凸轮换向控制为例来说明主机换向的逻辑条件，然后以一实例说明换向控制原理。

1. 换向逻辑

换向逻辑主要解决两个问题，即要不要换向和能不能换向。所谓要换向就是要有换向操作指令，主机遥控中的换向操作指令是由换向逻辑控制回路在满足换向鉴别逻辑条件时自动生成的。有了换向操作指令后主机能不能换向还要取决于是否满足停油和换向转速条件，只有在满足上述条件情况下换向逻辑控制回路才进行换向，从而使主机遥控系统能按主机的操作规律准确无误地完成换向操作，以确保主机的操作安全。

（1）换向逻辑鉴别

换向逻辑回路应具有逻辑判断和识别能力，当有开车指令时，根据车令与凸轮轴的实际位置，首先要判断是否需要换向操作，如果需要就会自动地输出一个换向信号，对主机进行换向操作。换向完成后，自动取消换向信号，并为后续的逻辑动作提供换向完成信号。

当有开车指令时，换向逻辑回路首先要鉴别车令与凸轮轴位置是否一致。只有车令与凸轮轴位置不一致时，才满足换向的逻辑鉴别，允许输出换向信号。如果用 I_H 和 I_S 分别表示正车车令和倒车车令；用 C_H 和 C_S 分别表示凸轮轴在正车位置和倒车位置；用 Y_{RL} 表示换向逻辑鉴别，并注意 $C_H = \overline{C_S}$，$C_S = \overline{C_H}$，则换向逻辑鉴别表达式为

$$Y_{RL} = I_H C_S + I_S C_H = I_H \overline{C_H} + I_S \overline{C_S}$$

$Y_{RL} = 1$，说明车令与凸轮轴位置不一致，满足换向逻辑鉴别，表示需要换向；$Y_{RL} = 0$，

说明车令与凸轮轴位置一致，表示无需换向。

（2）停油逻辑条件

为确保主机的安全操作，在进行换向操作时必须确保已经停油，即 $Y_{RT}=1$。

（3）转速条件

主机在运行中需要换向时，要待主机转速下降到允许换向转速 N_R 或下降到应急换向转速 N_{ER} 时，方可进行换向操作。比如主机在全速正车运行时，突然把车钟手柄从正车方向扳到倒车某速度档。这时，遥控系统首先对主机进行停油操作，主机转速下降，待转速下降到 N_R 就可进行换向操作。在改变车钟手柄方向的同时，又按了应急操纵按钮，则主机转速下降到比 N_R 较高的转速 N_{ER} 即可进行换向操作。

（4）顶升机构抬起条件

对于双凸轮换向的主机，特别是四冲程中速机，为便于移动凸轮轴，需要把进排气阀的顶杆抬起，使顶杆下面的滚轮离开凸轮轴，换向完成后，顶杆下落、使其滚轮落在另一组凸轮片上，因此双凸轮换向的主机还需要满足顶升机构抬起这个条件。

若用 D_{UP} 表示顶升机构抬起条件，则 $D_{UP}=1$，表示顶升机构被抬起，可移动凸轮轴换向；$D_{UP}=0$ 表示顶升机构未被抬起，不可以移动凸轮轴进行换向。

以上列出的换向逻辑条件应该是与的关系，其逻辑表达式为

$$Y_R = Y_{RL} \cdot Y_{RT} \cdot (n_R+n_{ER}) \cdot D_{UP} = (I_H\overline{C_H}+I_S\overline{C_S}) \cdot Y_{RT} \cdot (n_R+n_{ER}) \cdot D_{UP}$$

$Y_R=1$，表示满足换向逻辑条件，可对主机进行换向操作；$Y_R=0$，表示不满足换向逻辑条件，不能对主机进行换向。应注意的是，不同机型换向逻辑条件不尽相同，比如采用单凸轮液压差动换向的大型低速柴油机，在运行中换向时对其转速要求并不严格，D_{UP} 也不是必备条件。但是，换向的鉴别逻辑和停油条件是所有机型换向的必备条件。

2. 换向控制回路

图 6-22 所示为一种采用单凸轮液压差动换向装置的换向控制回路。主机的换向操作不受换向转速的约束，只要车令与主机凸轮轴位置不一致，即可控制凸轮轴换向，使凸轮轴相对曲轴转动一差动角。若在主机运行中换向，则在车令改变的同时，还能控制主机停油。由于这一遥控系统的换向控制较简单，柴油机的操纵系统中已具备了换向及停油控制逻辑功能。因此，用于这种换向装置的电动遥控装置中无换向逻辑判断回路，仅设置了用于车令信息与操作系统中的正、倒车电磁阀驱动电路，如图 6-22a 所示。为了分析该系统的换向控制，图 6-22b 给出了操作系统中的换向、停油控制回路。在图中 25D 为正车电磁阀；25C 为倒车电磁阀；I_H 和 I_S 分别为驾驶台正车和倒车车令，I_{ST} 为停车车令。

（1）主机启动前的换向

当车钟手柄置停车位置时，$I_{ST}=1$，经驱动器 G_3 使晶体管 VT_3 导通，停车发光二极管 VL_3 亮。同时停车继电器 STO 通电，其常闭触头 STO-1 和 STO-2 均断开，切断电路的电源，则正、倒车电磁阀 25D 和 25C 均断电。在驾驶台遥控主机时，其操纵部位转换阀 IE 已转到"驾控"位，阀 IE 上位通，0.7MPa 的控制空气经 IE 的上位一方面成为阀 25D 和 25C 的气源，另一方面作用于阀 29B 和 29A 的控制端，使其分别为右位通和左位通，则集控室车钟手柄控制的正、倒车控制阀 ID 和 IC 的输出分别被截止在阀 29B 的右位和 29A 的左位，此时集控室车钟手柄是不能进行正、倒车换向操作的。此时因驾驶台车钟手柄是在停车位置，电磁阀 25D 和 25C 断电，则阀 29B 和 29A 的输出均经阀 25D 和 25C 放大气。三位气缸中活塞

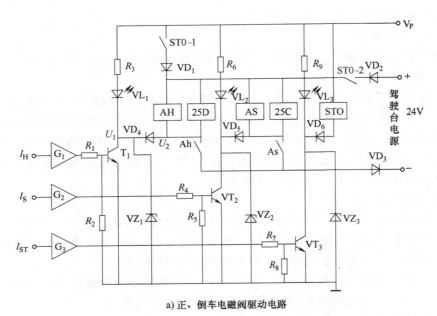

a) 正、倒车电磁阀驱动电路

b) 换向与停油控制气

图 6-22 换向控制回路

处于中间位置，换向阀被拉到停车位置。正、倒车换向的油压信号 a 和 b 均泄放于低压油槽，换向伺服器无油压信号，故 C 管也无油压信号。阀 27F 控制端为 0 信号上位通，无应急停车信号使应急停车阀 24A 下位通，则停油伺服器（停油气缸）活塞右边的空气经应急停车阀 24A 下位、阀 27F 上位放大气，在弹簧作用下，停油活塞右移把油门推向零位，使主机停油。

停车前，如果凸轮轴在倒车位置，将驾驶台车钟手柄扳到正车某速度档，则 $I_H = 1$，I_S

和 I_{ST} 均为 0。由于 I_{ST} 为 0，晶体管 VT_3 截止，VL_3 熄灭，停车继电器 STO 断电，触点 STO-1 和 STO-2 均闭合，接通电路的电源。I_H 为 1，晶体管 VT_1 导通，正车发光二极管 VL_1 亮，同时电磁阀 25D 和正车继电器 AH 由 Vp 经 STO-1、VD_1、VD_4 和 VT_1 均通电。正车继电器 AH 通电，其常开触点 Ah 闭合，接通 24V 驾驶台电源的负极，由于 $U_1 \geqslant U_2$，二极管 VD_4 截止，使 AH 和 25D 由驾驶台电源直接供电而保持通电状态，不必经过导通的晶体管 VT_1，可防止长时间流过 VT_1 较大的电流而将 VT_1 烧坏，此时流过 VT_1 的仅是使 VL_1 发光的很小的电流。电磁阀 25D 通电右位通，气源经 25D 右位和 29B 右位送至三位气缸中活塞的右面空间，左面空间仍通大气，活塞左移把换向阀的换向杆拉至正车位置 AH，阀芯逆时针转过一个角度，使正车油路 a 通高压油，倒车油路 b 仍通低压油槽。正车油路 a 的高压油进入换向伺服器，使凸轮轴相对曲轴转动一个差动角而至正车位置。换向完成后，换向伺服器输出的油路 c 通高压油，于是，阀 27F 控制端为 1 信号下位通，气源经阀 27G 下位（车令与转向一致，其控制端有高压油信号）、阀 27F 下位、阀 24A 下位送至停油伺服器活塞的右面空间，停油活塞左移，解除油门零位连锁，允许向主机供油。倒车换向过程与上述相同。

（2）主机在运行中的凸轮轴换向

主机在正常运行期间，若驾驶员把车钟手柄从正车运行位扳到倒车位，或者从倒车运行位扳到正车位时，主机要在运行中进行换向。例如，在把车钟手柄从正车运行位扳到倒车位的过程中，必定经过停车位置，停车指令 I_{ST} 由 0 跳变为 1，再由 1 变为 0。当 $I_{ST} = 1$ 时，继电器 STO 通电，常闭触点 STO-1 和 STO-2 均断开，切断电路的电源，正、倒车继电器 AH 和 AS 及正、倒车电磁阀 25D 和 25C 均断电。使三位气缸中活塞回到中间位置，换向阀被拉到停车位置，通过停油伺服器使主机停油。再当 $I_{ST} = 0$ 时，继电器 STO 断电，常闭触点 STO-1 和 STO-2 均闭合，接通电路的电源。当车钟手柄扳到倒车位时，I_S 为 1，而 I_H 和 I_{ST} 均为 0，晶体管 VT_2 导通，倒车发光二极管 VL_2 亮，同时倒车电磁阀 25C 和倒车继电器 AS 都通电，对主机进行倒车换向。但是，凸轮轴换向完成后，主机转向与车令是不一致的，因此必须保持对主机的停油。此时主机仍在正车方向运行，倒车油路 b 的高压油被转向联锁装置中的阀 5.01 封住，阀 27G 控制端的高压油经阀 5.01 和正车油路 a 通入低压油槽，使 27G 上位通，停油伺服器保持停油。当主机转速降到制动转速时进行强制制动，待转速下降到零时进行倒车启动，这时车令与主机转向一致，阀 5.01 的阀芯将逆时针转过一个角度，封住正车油路 a 的通路，接通倒车油路 b 的高压油送至阀 27G 的控制端使其下位通。气源才能经 27G、27F、24A 的下位送至停油伺服器活塞的右面空间，解除油门零位联锁，可以对主机供油。

综上所述，换向逻辑回路的停油条件是：车钟在停车位置，或凸轮轴位置与车令不一致，或主机转向与车令不一致，或有应急停车指令。只要满足停油条件中的任一条件，停油伺服器就会将主机油门杆顶在零位，使主机停油。

三、主机启动控制逻辑

启动逻辑控制回路是主机遥控系统各种逻辑和控制回路之一。它的基本功能是，当有开车指令时，能自动地检查是否满足启动的逻辑条件；当所有的启动条件均得到满足时，能自动地输出一个启动信号去开启主启动阀，对主机进行启动。当主机达到发火转速时，能自动地撤销启动信号，关闭主启动阀结束启动，使主机在供油状态下运行。启动逻辑回路包括主启动逻辑回路、重复启动逻辑回路、重启动逻辑回路及慢转启动逻辑回路。

1. 主启动逻辑控制

主启动逻辑控制回路是主机遥控系统完成遥控启动功能的最基本控制回路，它能检查启动条件是否得到满足，这些条件包括启动准备逻辑条件及启动鉴别逻辑。

（1）启动准备逻辑条件

启动准备逻辑条件多数是在"备车"时完成的，为方便起见，可用字母和符号来表示各种准备逻辑条件，大致如下：

TG——盘车机脱开信号，脱开为 1，未脱开为 0；

MV——主启动阀位置信号，在自动位为 1，否则为 0；

P_A——启动空气压力信号，压力正常为 1，太低为 0；

P_C——控制空气压力信号，压力正常为 1，太低为 0；

P_L——滑油压力信号，压力正常为 1，太低为 0；

ES——遥控系统电源信号，电源正常为 1，否则为 0；

PS——操纵部位转换信号，转换完成为 1，否则为 0；

TS——模拟实验开关位置信号，在工作位置为 1，在实验位置为 0；

$\overline{ST}$——故障停车复位信号，已复位为 1，否则为 0；

$\overline{F_3}$——三次启动失败信号，无三次启动失败为 1，三次启动均失败为 0；

$\overline{T_M}$——启动限时信号，未到限时时间为 1，达到启动限时时间为 0；

n_I——发火转速逻辑鉴别信号，主机转速低于发火转速为 1，高于发火转速为 0。

不同机型启动准备逻辑条件不完全相同，有的多一些，有的少一些。但是，启动准备逻辑条件必须全部满足，故它们之间应是与的关系，其逻辑表达式为（下面逻辑算符"∧"用"·"代替，"∨"用"+"代替）。

$$Y_{SC} = TG \cdot MV \cdot P_A \cdot P_C \cdot P_L \cdot ES \cdot PS \cdot TS \cdot \overline{ST} \cdot \overline{F_3} \cdot \overline{T_M} \cdot n_I$$

Y_{SC} 为 1，表示满足启动准备逻辑条件；Y_{SC} 为 0，表示不满足启动准备逻辑条件，不能对主机进行启动。

（2）启动鉴别逻辑

启动鉴别逻辑是指能自动判定车令与凸轮轴位置是否一致。有开车指令时，只有车令与凸轮轴位置一致才允许启动，否则是不准发启动信号的。用 I_H 和 I_S 分别表示正车车令和倒车车令；用 C_H 和 C_S 分别表示凸轮轴在正车位置和在倒车位置；用 Y_{SL} 表示启动的鉴别逻辑，其逻辑表达式为

$$Y_{SL} = I_H \cdot C_H + I_S \cdot C_S$$

$Y_{SL} = 1$，表示车令与凸轮轴位置一致，满足启动鉴别逻辑；$Y_{SL} = 0$，说明车令与凸轮轴位置不一致，不满足启动鉴别逻辑，不准发启动信号。

（3）启动逻辑回路

主启动逻辑回路发出启动信号，必须满足启动准备逻辑条件，还要满足启动鉴别逻辑，这两者是与的关系，其逻辑表达式为：

$$Y_{SO} = Y_{SC} \cdot Y_{SL}$$
$$= TG \cdot MV \cdot P_A \cdot P_C \cdot P_L \cdot ES \cdot PS \cdot TS \cdot \overline{ST} \cdot \overline{F_3} \cdot \overline{T_M} \cdot n_I \cdot (I_H \cdot C_H + I_S \cdot G_S)$$

$Y_{SO} = 1$，表示满足所有的启动逻辑条件，主启动阀正在开启对主机进行启动。当主起转

速达到发火转速 n_I 时，n_I 为 0、$Y_{SC}=0$，Y_{SO} 立即变为 0，关闭主启动阀停止启动。如果从发出启动信号（$Y_{SO}=1$）开始，在规定的时间内，主机仍达不到发火转速，$\overline{T}_M=0$，要终止启动，发出启动失败的声光报警信号。启动失败信号一种情况是，在启动时，主机能达到发火转速，n_I 为 0，但撤销启动信号（$Y_{SO}=0$）后，主机转速立即下降，以至下降到零，使 n_I 由 0 又变为 1。第一次启动失败后，间隔一段时间自动进行再启动。但是，当第三次启动仍然失败时，$\overline{F}_3$ 为 0，将终止启动，发出启动失败的声光报警信号。$\overline{ST}$ 是故障停车复位信号，如果主机由于某些故障而自动停车，或三次启动均失败 $\overline{ST}$ 为 0，不允许启动主机，待故障排除后，必须把车钟手柄扳回到停车位置，使 $\overline{ST}$ 由 0 变为 1，这个过程称为故障停车复位。只有复位后才允许启动，这就避免了在排除故障期间主机突然动车而造成的危险。TS 是模拟实验开关位置信号。主机遥控系统一般都有一块模拟实验板，可检验主机遥控系统的各种逻辑功能。一般模拟实验是在停车状态下进行的，并须把模拟实验开关转至"实验"位置。在这个位置是不准许动车的。做完实验后，须把该开关转至"工作"位置方可启动主机。ES 是遥控系统电源信号，在备车时必须先接通遥控系统电源，于是一些状态指示灯才能亮。同时，即便是气动遥控系统也需要少量的电磁阀，电源不正常，电磁阀也不能按要求通、断电，主机遥控系统有关的逻辑回路是不能正常工作的，更不用说是电动遥控系统了。PS 是操纵部位转换信号，它指出，只有在操纵部位转换装置指定的部位方可启动主机，在其他部位是不能动车的。比如把机旁操纵部位转换阀转至"自动"位，把集中控制室操纵台上的操纵部位转换阀转至"驾控"位。这时，只有在驾驶台遥控主机 PS 为 1，而在其他部位操车 PS 为 0。其余的启动逻辑条件是明显的，这里不再详加说明。

（4）电动主启动逻辑控制回路

图 6-23 所示为一种设有主启动控制回路、时间启动控制回路、重复启动逻辑回路及启动故障检测与联锁回路的电动主启动逻辑回路。其中，设置时间启动回路是该遥控系统与其他主机遥控系统的重要区别之一，时间启动是相对正常启动而言，在正常启动中，何时停止

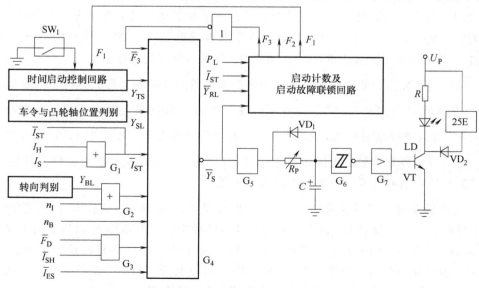

图 6-23　电动主启动逻辑控制回路

启动是以主机转速为依据的。时间启动是以设定的启动时间为依据的。在时间启动过程中，从主启动阀开启的瞬间进行计时，设定时间达到，不论主机是否达到发火转速即关闭主启动阀停止启动。一般设定的启动时间较短，主机还未达到发火转速就停止启动。试验表明热车时间启动的成功率可达 85% ~ 90%，这在机动操作中可节省大量启动空气。图中与非门 G_4 是启动逻辑回路用于判别启动条件的，它有 8 个输入端，只有这些输入信号均为 1，即满足所有的主机启动逻辑条件，与非门 G_4 才输出 0，允许对主机进行启动。这 8 个输入信号是：

1）$\overline{F}_3$：没有启动故障联锁信号 $\overline{F}_3$ 为 1。在启动过程中，如果重复启动回路检测到三次启动均告失败，或一次启动时间太长，即主启动阀打开较长时间主机仍达不到发火转速，或启动空气压力太低等，都作为启动故障联锁信号使 $\overline{F}_3$ 为 0，封锁启动回路终止启动。

2）Y_{TS}：没有时间启动信号，或有时间启动信号但在时间启动计时时间之内，Y_{TS} 为 1。有时间启动信号且超过时间启动计时时间，Y_{TS} 为 0。在时间启动失败后，将撤销时间启动信号使 Y_{TS} 为 1，允许进行正常启动。

3）Y_{SL}：启动鉴别逻辑。车令与凸轮轴位置一致，Y_{SL} 为 1；不一致，Y_{SL} 为 0。该信号表明，只有换向完成才能发启动信号，否则不允许启动主机。

4）$\overline{I}_{ST}$：车钟手柄不在停车位置 $\overline{I}_{ST}$ 为 1。该信号表明，要启动主机必须有开车指令，或者有倒车指令 I_S 为 1，或者有正车指令 I_H 为 1。车钟手柄在停车位置 $\overline{I}_{ST}$ 为 0，不能启动主机。

5）Y_{BL} 和 n_I：即制动鉴别逻辑和发火转速。当车令与转向不一致，Y_{BL} 为 1，车令与转向一致，Y_{BL} 为 0。主机转速小于发火转速时 n_I 为 1，高于发火转速时 n_I 为 0。

6）n_B：当主机转速下降到低于制动转速时，n_B 为 1，高于制动转速 n_B 为 0。

实际上是将制动鉴别逻辑 Y_{BL} 与发火转速 n_I 和制动转速 n_B 配合起来完成对主机进行强制制动、启动和停止启动的逻辑判别。主机在运行中完成换向后，Y_{SL} 为 1，Y_{BL} 为 1，或门 G_2 输出 1。此时由于车令与转向不一致，主机停油降速，当主机转速下降到低于制动转速时，n_B 为 1，满足启动条件，实际上是对主机进行强制制动。当主机转速下降到零后进行正常启动时，虽然 Y_{BL} 为 0，但只要主机转速低于发火转速 n_I（n_I 为 1，一般 $n_B > n_I$）仍满足启动条件。当主机达到发火转速时，G_2 输出 0，封锁启动回路停止启动。

7）$\overline{F}_D$：测速装置的故障信号。它是用来检测主机的转向和实际转速的，该装置无故障 $\overline{F}_D$ 为 1，有故障 $\overline{F}_D$ 为 0。$\overline{I}_{SH}$ 是故障停车信号，该信号来自安全保护系统。无故障停车信号 $\overline{I}_{SH}$ 为 1，有故障停车信号 $\overline{I}_{SH}$ 为 0，只有这两个信号均为 1，G_3 输出 1，才允许启动。

8）$\overline{I}_{ES}$：应急停车信号。无应急停车信号，$\overline{I}_{ES}$ 为 1，当驾驶台按应急停车按钮后，$\overline{I}_{ES}$ 为 0。尽管车钟手柄不在停车位置也不能启动主机。

在启动逻辑条件全部得到满足后，G_4 输出 $\overline{Y}_S$ 为 0，G_6 为 1，经放大器 G_7 输出 1 使晶体管 VT 导通。发光二极管 LD 亮表明主机在启动过程中，同时电磁阀 25E 通电上位通，如图 6-24 所示，0.7MPa 的控制空气经阀 25E 上位、阀 29D 上位（驾控时控制信号为 1）、阀 27C 上位（换向完成时其控制信号为 1，阀 30B 上位（有开车指令，油管 a 和 b 必定有一个为 1 信号），使启动控制阀 8.18 上位通，3.0MPa 的启动空气进入启动系统，对主机进行强制制动和启动。当主机达到发火转速时 n_1 为 0，G_4 的输出 $\overline{Y}_S$ 为 1，$G_5 = 1$ 并经电阻 R（图中可变电阻器 P）向电容充电。当充电电压超过 G_6 动作的门槛电压时，G_6 输出 0，晶体管 VT 截止，启动控制阀 8.18 复位，启动空气被截止，启动系统空气放大气，结束启动。在启动系统的管路上装有一个压力开关 SW_1，在启动过程中该开关闭合，向启动逻辑回路送去一个"时间启动"信号。R 和 C 组成的延时电路的作用是撤销启动信号后，延时关闭主启动阀，提高主机启动成功率。这对在启动过程中采用油—气分进的主机来说，同时可获得较短的油—气并进时间。该延时时间可根据主机的启动工况来进行设定。

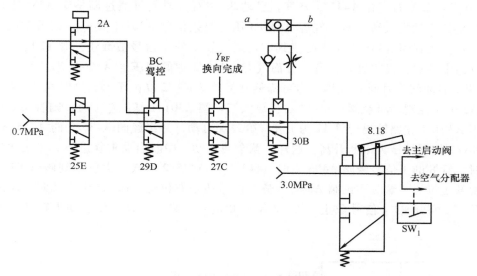

图 6-24　强制制动和启动控制回路

2. 重复启动逻辑控制

重复启动是指主机启动失败后，对主机所进行的再次启动。在重复启动中，总的启动次数一般选定为三次。启动失败有两种情况：一是在启动过程中，主机一直达不到发火转速，即 n_s 保持为 1；二是主机能达到发火转速，但停止启动后，主机转速又降回到零。重复启动的逻辑功能是，当满足启动逻辑条件时，发起启动信号，若启动成功则撤销启动信号终止启动，主机由启动状态转为在供油下的正常运行状态。若启动不成功，需记录启动失败次数，同时中断几秒钟后进行再启动，依次自动进行三次启动。如果三次启动均未成功，应终止启动，发出启动失败的声光报警信号，说明启动回路有故障。故障修复后，应把车钟手柄扳回到"停车"位置，即故障停车复位后，方可再次启动主机。

根据启动失败的两种情况，重复启动逻辑回路大致有两种安排方式，即按时序逻辑控制方式和按时序—转速控制方式安排。

（1）按时序逻辑控制方式安排的气动重复启动回路

按时序逻辑控制方式安排的气动重复启动回路，大多数用于气动遥控系统，其中延时环节可用节流元件与气容组成的惯性环节来实现，调整节流阀的开度，可调整延时时间。

图 6-25 所示为气动重复启动逻辑回路。当有开车指令且车令与凸轮轴位置一致时，管 8 接通气源为 1 信号。管 12 通主启动逻辑回路，即 12 为 1 信号，打开主启动阀启动主机，管 12 为 0 信号，关闭主启动阀停止启动。在满足启动鉴别逻辑之前（如车钟手柄在停车位

置），管 8 为 0 信号，管 12 必定通大气，气瓶 A445/1、A445/2、A445/3 均通大气，阀 A301/2、A301/3 控制端为 0 信号复位均右位通。阀 A301/1 控制端经阀 A301/2 和 A301/3 的右位放大气，阀 A301/l 复位左位通。当满足启动条件时，管 8 为 1 信号，经单向节流阀 A406/2 向气容 A445/1 和 A445/2 充气。这个气阻和气容所组成的惯性环节对阀 A301/3 控制端压力信号的建立起延时作用。通过调整 A406/2 的节流程度使阀 A301/3 控制端压力达到该阀的动作压力正好为三次启动总时间。管 8 的 1 信号经阀 A301/1 的左位输出，使管 12 为 1 信号，它一方面去打开主启动阀启动主机，另一方面经分级延时阀 A436/2（不经 A406/1 节流）节流向气容 A445/3 充气。启动 3s 左右（时间可通过调整阀 A436/2 进行改变）主机仍达不到发火转速时，气容 A445/3 压力足以使阀 A301/2 动作，该阀左位通。气源经该阀左位达到阀 A301/1 控制端使其右位通，管 8 的 1 信号被截止，管 12 的 1 信号泄放。一方面中断对主机的启动，另一方面气容 A445/3 中的气压经 A406/1 节流放大气，经 3～5s（两次启动间隔时间）气容压力可降低到使阀 A301/2 复位压力。这时阀 A301/2 右位通，阀 A301/1 控制端再经阀 A301/2 右位放大气。阀 A301/1 复位左位通，则管路 8 的 1 信号再经阀 A301/1 左路输出使管 12 为 l 进行第二次启动，并再经阀 A436/2 向 A445/3 充气，使阀 A301/2 控制端压力不断升高。这样，就会使启动、中断启动重复进行。当三次启动均未成功时，管 8 的 1 信号经阀 A406/2 向 A445/1 和 A445/2 充气压力已达到阀 A301/3 动作压力，使其左位通。这时不论阀 A301/2 是左位通还是右位通，阀 A301/1 控制端均通气源使其右位通，管 8 的 1 信号截止，管 12 保持 0 信号，终止启动，发启动失败的声光报警信号。

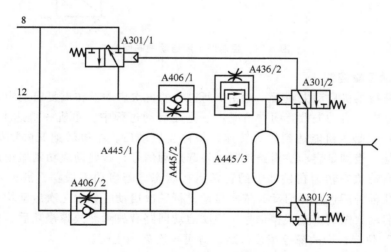

图 6-25　气动重复启动逻辑回路

排除故障后，要想再次启动主机，必须把车钟手柄扳到停车位置，使管 8 放大气为 0 信号，气容 A445/1 和 A445/2 放大气，阀 A301/3 复位右位通，才能重新启动主机。

（2）按时序—转速逻辑控制方式安排的电动重复启动回路

时序—转速控制方式是指，在重复启动回路中，主机的每次启动由转速或时序原则来控制启动的结束过程。在主机能达到发火转速的正常情况下，按转速原则来结束启动过程；若因主机启动系统气路漏气、启动空气压力低、气缸启动阀卡死、活塞咬死或拉缸、主轴瓦烧蚀等机械方面的故障，或螺旋桨缠绕异物等，使主机启动时一直达不到发火转速，则按时间原则结束启动过程。两次启动间隔时间按时间原则来控制。启动失败次数采用计数方式。

按时序—转速逻辑控制方式安排的重复启动回路，多用于"电—气结合"的主机遥控系统。在下列电动重复启动逻辑回路中，允许对主机进行三次启动。如果满足时间启动逻辑条件，则第一次启动为时间启动，第二次为正常启动，第三次为重启动。若不满足时间启动逻辑条件，则第一次和第二次启动均为正常启动，第三次为重启动。除时间启动外，正常启动和重启动都是以主机转速为依据的。在主机达到发火转速停止启动后，其转速又下降到低于发火转速时，说明启动没有成功，间隔一段时间后再进行下一次启动。如此进行三次仍未启动成功，就认为启动失败，终止启动并发出启动失败的声光报警。如果一次启动时间过长，即在设定的时间内，主机仍达不到发火转速，也认为是启动失败，发启动失败的声光报警并封锁主启动回路，终止启动。时序—转速控制重复启动和启动故障联锁回路如图 6-26所示。

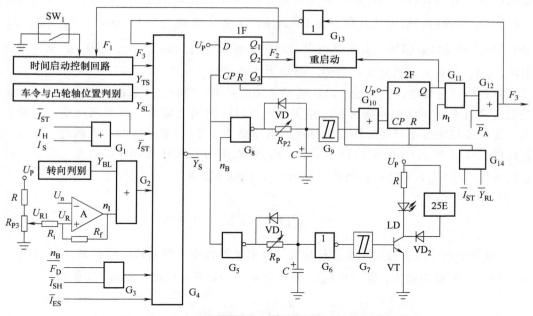

图 6-26　时序—转速控制重复启动和启动故障联锁回路

图 6-26 中 G_4 就是图 6-23 中检测启动逻辑条件的主启动逻辑回路的与非门 G_4。当同时满足所有启动逻辑条件时，$\overline{Y}_S$ 为 0，该信号一方面送至电磁阀 25E 的驱动电路使其通电，打开主启动阀对主机进行启动；另一方面送至一次启动计时电路的与非门 G_8，使 G_8 输出 1（低于制动转速 n_B 为 1），经电位器 R_{P2} 向电容 C 充电计时；第三路送至移位寄存器 1F 的时钟脉冲端。启动前或车钟手柄在停车位置 $\overline{I}_{ST}$ 为 0，或车令与凸轮轴位置不一致 $\overline{Y}_{RL}$ 为 0，则 G_{14} 输出 0，1F 的复位端 R 为 0，其输出 Q_1、Q_2、Q_3 均保持 0 状态。在启动中，若主机转速达到发火转速，n_1 为 0，$\overline{Y}_S$ 为 1，电磁阀 25E 断电停止启动；$G_8 = 0$，电容 C 经二极管 VD 快速放电，复位一次性启动时间的计时，以备下次启动再计时；移位寄存器 1F 的 CP 端

由 0 跳变为 1，D 端的 1 信号送至输出端 Q_1，这时 $Q_3Q_2Q_1=001$（如果第一次是时间启动，虽然主机可能未达到发火转速，但因 Y_{TS} 为 0，$\overline{Y}_S$ 也会由 0 跳变为 1，与上述情况相同）。由于 $Q_1=F_1=1$，撤销时间启动。在第二次启动且主机达到发火转速时，1F 的输出状态 $Q_3Q_2Q_1=011$。$F_2=1$ 为第二次启动失败后进行第三次的重启动做准备。当第三次启动主机且达到发火转速时，1F 的输出状态 $Q_3Q_2Q_1=111$。$Q_3=1$ 使 D 触发器 2F 的 CP 端由 0 跳变为 1，其输出端 $Q=1$。如果第三次启动又失败，即主机转速又低于发火转速 n_1 为 1，与门 G_{11} 输出 1，使 $F_3=1$ 发出启动失败的声光报警，同时 G_{13} 输出 $\overline{F}_3=0$，封锁主启动回路终止启动。启动故障修复后，再次启动主机前，必须对 IF 和 2F 复位，即把车钟手柄扳到停车位或让车令与凸轮轴位置不一致，使 1F 和 2F 的 R 端为 0，1F 的输出状态 $Q_3Q_2Q_1$ 又恢复到 000；2F 的输出端 $Q=0$，使 F_3 为 0 撤销启动失败报警信号，$\overline{F}_3$ 为 1，解除对主启动回路的封锁。

在一次启动过程中，如果主机一直达不到发火转速，G_8 的输出保持高电平，并经 R_{P2} 持续向电容 C 充电计时。当计时时间达到设定时间（一般调整为 8s～10s），电容上的电压已升高到 G_9 动作的门槛电压其输出为 1。2F 的 CP 端由 0 跳变为 1，$Q=1$，F_3 为 1，$\overline{F}_3$ 为 0，同样发出启动失败报警，并封锁主启动回路。启动空气压力正常 $\overline{P}_A$ 为 0，启动空气压力太低 $\overline{P}_A$ 为 1，也会发出启动失败报警，封锁主启动回路。

在重复启动过程中，前一次启动失败后，必须间隔一段时间才能进行下一次启动，该功能是由运算放大器 A 组成的斯密特电路实现的，电路的输出就是主启动回路输入的转速条件 n_1。A 的反相端接主机实际转速所对应的电压值 U_n，同相端接经电位器调定的对应于发火转速的电压值 U_{R1}，A 的输出 $U_0(n_1)$ 经 R_f 和 R_i 的分压接在同相端，这是正反馈。停车时，$U_n\approx0$，$U_n<U_R$，A 输出正极性电压值 U_0^+，此时 U_R 为

$$U_{RH}=\frac{R_i}{R_f+R_i}U_0^+ + \frac{R_f}{R_f+R_i}U_{R1}$$

U_0^+ 相当于 n_1 为 1，可对主机进行启动。在启动过程中，随着转速的升高，U_n 增大，当 $U_n>U_R$ 时，A 的输出由 U_0^+ 翻转为 U_0^-，相当于 n_1 为 0，停止启动。这时 U_R 值为

$$U_{RL}=\frac{R_i}{R_f+R_i}U_0^- + \frac{R_f}{R_f+R_i}U_{R1}$$

显然 $U_{RH}>U_{RL}$。如果启动没有成功，U_n 只有下降到 U_{RL} 而不是 U_{RH} 才能进行下一次启动。这样主机实际转速所对应的电压值从 U_{RH} 下降到 U_{RL} 所需时间，就是两次启动的间隔时间。通常把 U_{RH} 与 U_{RL} 之间的差值称为回差 Δ。

$$\Delta=U_{RH}-U_{RL}=\frac{R_i}{R_f+R_i}U_0^+ - \frac{R_i}{R_f+R_i}U_0^-$$

式中，U_0^+ 和 U_0^- 为 A 的正、负极性的工作电压。若其工作电压极性相反，绝对值相等，则回差 $\Delta=\frac{2R_i}{R_f+R_i}U_0^+$。可见若调整电阻 R_i 和 R_f 的值可调整回差 Δ，即可调整两次启动的间隔时间。

3. 重启动逻辑控制

所谓重启动是指在一些特殊条件下的启动过程，目的在于保证启动的成功。重启动逻辑回路必须能区分正常启动和重启动逻辑条件。在正常启动条件下，启动逻辑回路应送出正常启动油量和正常启动转速信号。在重启动条件下，启动回路送出增大启动供油量的信号，或者送出提高发火转速的信号。

（1）重启动鉴别逻辑条件 Y_{SH}

1）必须满足启动的逻辑条件，$Y_{SO} = 1$。因为重启动也是启动，其启动的准备逻辑条件和启动鉴别逻辑必须都得到满足，而 Y_{SC}、Y_{SL} 必须均为1；

2）有应急操作指令 I_E（在发开车指令的同时按应急操纵按钮），或者有重复启动信号 F（第一次启动为正常启动，第二次和（或）第三次启动为重启动），或者有倒车指令 I_S（倒车启动性能不如正车）；

3）启动转速未达到重启动发火转速，$n_H = 1$。

重启动的逻辑表达式为

$$Y_{SH} = Y_{SO} \cdot n_H \cdot (I_E + F + I_S)$$

在上述的重启动逻辑条件中，关于倒车启动是否采用重启动，不同机型不尽相同。有的机型正、倒车启动性能一样，在表达式中可取消 I_S 这一项。有的机型是在运行中完成倒车换向后的启动采用重启动。遥控系统发出启动信号后，启动逻辑回路应能判别是否满足重启动逻辑条件，不满足重启动逻辑条件，启动逻辑回路发正常启动信号，若满足重启动逻辑条件，则发重启动 $Y_{SH} = 1$ 信号，如果启动成功后，应撤销重启动信号，以备下次启动时重新判别是否满足重启动逻辑条件。

实现重启动通常采用的有两种方案：一是发火转速不变，增加启动供油量。在常规的主机遥控系统中，多数采用这种方案。在这种方案中，由于启动供油量较多，有可能在启动过程中主机发生爆燃。二是启动供油量不变，提高启动的发火转速，在用微型计算机组成的主机遥控系统中，采用这种方案较多。在这种方案中，主机启动是平稳的，但要消耗较多的启动空气。

（2）电动重启动控制回路

1）启动鉴别逻辑：图 6-27 所示为一种电动重启动逻辑回路。图中左半边虚线框内电路为重启动逻辑鉴别回路，由图可知，要满足重启动鉴别逻辑，使 $Y_{SH} = 1$，必须具备如下三个条件之一。

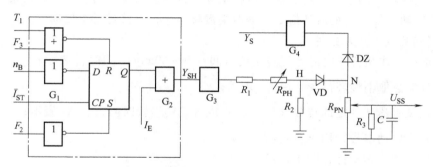

图 6-27 电动重启动逻辑回路

① 有应急操纵指令，I_E 为 1，则 Y_{SH} 为 1，采用重启动。

② 重复启动中的第三次启动采用重启动。第二次启动达到发火转速 F_2 为 1，$\overline{F_2}$ 为 0，它接在 D 触发器置 1 端 S，触发器输出端 $Q = 1$，Y_{SH} 为 1。它为第二次启动失败，进行第三次启动前做好供重启动油量的准备。

③ 主机在运行中完成换向后的启动采用重启动。当主机高于制动转速运行时，n_B 为 0，触发器输入端 $D = 1$，如果把车钟手柄从原方向扳到另一个方向，车钟手柄必定会经过停车位置，故 $\overline{I_{ST}}$ 会从 0 跳变为 1，触发器输出端 $Q = 1$，则 Y_{SH} 为 1。于是遥控系统在控制主机完成停油、换向和制动后进入启动工况时，即运行中完成换向后的启动系统将自动采用重启动，并在一次试启动失败后的第二次和第三次重复启动中继续保持重启动。

复位重启动的逻辑条件是：①应急操作指令已复位，即 $I_E = 0$。②第三次启动失败后，$F_3 = 1$，或者由于一次启动时间过长而使启动失败 $T_1 = 1$，或将车钟扳回停车位置后再进行启动操作，这是由于主机转速低于制动转速，$n_B = 1$，经 G_1 反相后，D 触发器的输入端 D 为 0，而 $\overline{I_{ST}}$ 有一个从 0 到 1 的信号变化，D 触发器的 CP 端收到此信号后，就把 $D = 0$ 信号锁存入 D 触发器，是 D 触发器复位，输出端 $Q = 0$，而撤销重启动信号。

2）启动转速的设定：图中右半边是启动转速的设定回路，Y_S 和 Y_{SH} 分别为正常启动和重启动信号。在正常启动过程中，Y_{SH} 为 0，G_3 为 0，二极管 VD 截止。因 Y_S 为 1，而 G_4 输出高电平，N 点电位是稳压管 DZ 的稳压值，经电位器 R_{PN} 的分压输出的电压值 U_{SS} 是对应于正常启动设定转速，此时将这个正常启动设定转速所对应的电压值 U_{SS} 送至调速器。当满足重启动逻辑条件时，Y_S 和 Y_{SH} 都为 1，G_3 和 G_4 都为高电平。G_3 输出的高电平经 R_1、R_{PH} 与 R_2 分压后，使 H 点的电平高于 N 点电平，二极管 VD 导通，N 点电平被抬高，稳压管 DZ 截止，抬高了 N 点的电压，再经 R_{PN} 分压后输出重启动设定转速，从而提高了启动设定转速，以致增加了启动油量。改变 R_{PN} 的中心抽头位置可调整正常启动设定转速，改变 R_{PH} 可改变 N 点电压在重启动时所要提高的值，从而调整重启动时的启动设定转速。调整时应先调整正常启动设定转速，然后再调整重启动设定转速。

4. 慢转启动逻辑控制

慢转启动是指主机长时间停车后，再次启动时要求主机慢慢转动一转到二转，然后转入正常启动，这样才能保证主机在启动过程中的安全，同时对相对摩擦部件起到"布油"作用，慢转启动逻辑回路应能区别正常启动和重启动。在遥控系统发出启动指令时，首先要检查是否已形成慢转启动指令，若已形成慢转指令，则要进行慢转启动，慢转启动完成后，自动转入正常启动。如果有重启动指令，则取消慢转指令，直接进行重启动。

（1）慢转启动的逻辑条件

1）启动前，主机停车时间超过规定的时间（30~60min），用 S_{Td} 表示；

2）没有应急取消慢转指令，用 $\overline{I_{SC}}$ 表示；

3）主机没有达到规定的转数（1~2 转）或规定的慢转时间，用 $\overline{R_1}$ 表示；

4）没有重启动信号，用 $\overline{Y_{SH}}$ 表示；

5）满足启动逻辑条件，即 $Y_{SO} = 1$。

以上逻辑条件是与的关系，其慢转启动的逻辑表达式为：

$$Y_{SLD} = S_{Td} \cdot \overline{I}_{SC} \cdot \overline{R}_1 \cdot \overline{Y}_{SH} \cdot Y_{SO}$$

当满足慢转启动逻辑条件时，$Y_{SLD} = 1$，遥控系统自动进入慢转启动控制方式。

（2）慢转启动控制方案

在实际应用中，慢转启动的方案基本有两种：控制主启动阀开度的方案和采用主辅启动阀的方案。

1）控制主启动阀开度的方案：图 6-28 示出控制主启动阀开度的慢转启动工作原理。当形成慢转指令时，电磁阀 V_{SL} 通电右位通，当有启动指令 Y_{SO} 为 1 时，阀 V_A 下位通，主启动阀上面的控制活塞被启动空气压下，限制主启动阀的开度，进入启动系统的启动空气压力较低，流量较少主机只能慢慢地转动。主机转过一转或两转后，撤销慢转信号，电磁阀 V_{SL} 断电左位通，控制活塞上面的气压信号经阀 V_A 下位放大气，主启动阀全开进行正常启动。主机达到发火转速时，$Y_{SO} = 0$，撤销启动信号，阀 V_A 上位通，关闭主启动阀停止启动。

2）采用主、辅启动阀的方案：图 6-29 所示为采用主、辅启动阀控制慢转启动原理图。当形成慢转指令时，电磁阀 V_{SL} 通电下位通。当有启动指令 $Y_{SO} = 1$ 时，阀 V_C 右位通，输出气源信号。该信号使阀 V_A' 右位通，打开辅启动阀 V_A。气源信号被截止在阀 V_{SL} 的下位，阀 V_B' 控制端经阀 V_{SL} 下位放大气而右位通，关闭主启动阀 V_B。因流过辅启动阀 V_A 的启动空气量较少，主机只能慢慢地转动，转过一转或两转后，撤销慢转启动指令，电磁阀 V_{SL} 断电上位通。阀 V_B' 左位通，全开主阀 V_B，这时，主、辅启动阀均打开进行正常启动。当主机达到发火转速时，Y_{SO} 为 0，阀 V_C 左位通，气源被截止。阀 V_A' 控制端气压从阀 V_C 的左位直接放大气，阀 V_A' 左位通，辅启动阀全关闭。而 V_B' 的控制端气压需经过单向节流阀 V_D 的节流孔后放入大气，这样主阀要延时一段时间才能关闭，目的是提高主机启动的成功率，延时时间的长短应根据主机的启动工况来设定。

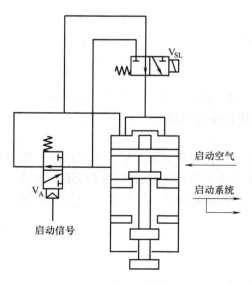

图 6-28　控制主启动阀开度的慢转启动工作原理

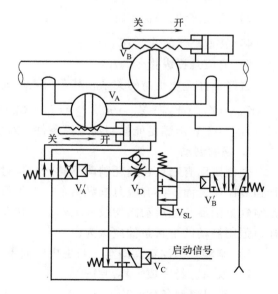

图 6-29　采用主、辅启动阀控制的慢转启动原理

四、制动逻辑及其控制

制动是指主机在运行中完成换向后，为使主机更快地停下并进行反向启动所采取的操作措施。实践证明，主机停油后，从高转速能较快地下降到较低的转速。但是，由于船舶的惯性造成的螺旋桨水涡轮作用，使转速下降得越来越慢，需很长时间主机才能停下来，显然进行反向启动就要等待较长的时间。这一点，在一艘实船的操作实验中看得更为清楚。主机以 75r/min 的转速运转，船舶航速为 15n$^{\ominus}$左右，若不采用制动措施，从主机停油到主机停下来需 12.5min，船舶滑行 17min，滑行距离为 1.4mile，若采用制动操作，仅需 0.7min 主机就能停下来，船舶滑行时间为 3.1min，滑行距离仅为 0.4mile。从这一组数据可以看出，主机采用制动操作，对提高船舶操纵的机动性和实时性都具有重要意义。因此，在遥控系统中均设有制动逻辑回路，主机制动方式有两种：能耗制动和强制制动。

1. 能耗制动

能耗制动是指主机在运行中完成换向后，在主机高于发火转速情况下所进行的一种制动。因此，能耗制动常常是在应急操纵情况下进行的。能耗制动的功能是保持主启动阀处于关闭状态，让空气分配器投入工作。这时空气分配器控制处在压缩冲程那个缸的气缸启动阀打开，柴油机相当于一台压气机，消耗柴油机运动部件的惯性能，使主机能较快地降速。能耗制动的逻辑条件是：

1）制动的鉴别逻辑。当车令变化时，制动逻辑回路能判断车令与主机转向是否一致，只有车令与转向不一致才满足制动的鉴别逻辑。用 Y_{BL} 表示制动的鉴别逻辑，其逻辑表达式为

$$Y_{BL} = I_H \cdot R_S + I_S \cdot R_H \text{ 或 } Y_{BL} = I_H \cdot \overline{R_H} + I_S \cdot \overline{R_S}$$

2）换向已经完成，$Y_{RF} = 1$；

3）已经停油，$Y_{RT} = 1$；

4）转速高于发火转速 $\overline{n_I} = 1$；

5）有应急操纵指令，$I_E = 1$。

这些条件应该是与的关系，其逻辑表达式为

$$Y_{BRO} = Y_{RF} \cdot Y_{RT} \cdot Y_{BL} \cdot \overline{n_I} \cdot I_E = (I_H \cdot C_H + I_S \cdot C_S) \cdot (I_H \cdot \overline{R_H} + I_S \cdot \overline{R_S}) \cdot Y_{RT} \cdot \overline{n_I} \cdot I_E$$

$Y_{BRO} = 1$ 表示满足能耗制动逻辑条件，对主机进行能耗制动。

2. 强制制动

强制制动有三点与能耗制动不同：一是对所有主机，只要在运行中完成换向后，都能进行强制制动，而不必有应急操纵指令；二是只有主机低于发火转速时才能进行强制制动；三是空气分配器与主启动阀均投入工作，气缸在压缩冲程进启动空气，强迫主机停止运行。这样，强制制动的逻辑条件应该为：

1）制动鉴别逻辑，即车令与主机转向不一致，$Y_{BL} = 1$；

2）换向已经完成，$Y_{RF} = 1$；

3）满足停油条件，$Y_{RT} = 1$；

$\ominus$　n 是节的符号，1 节 = 1 海里/h = 1852m/h。

4）主机低于发火转速，$n_I = 1$。

这些逻辑条件应该是与的关系，其逻辑表达式为

$$Y_{BRF} = Y_{BL} \cdot Y_{RF} \cdot Y_{RT} \cdot n_I$$

$Y_{BRF} = 1$ 表示满足强制制动逻辑条件，对主机进行强制制动。

从强制制动的逻辑表达式可以看出，它与启动的逻辑表达式相似。其中，换向完成信号 Y_{RF} 就是启动的鉴别逻辑 Y_{SL}，即 $Y_{RF} = Y_{SL}$。在强制制动的逻辑条件下，我们强调了转速条件 n_I，实际上，它应当满足启动的准备逻辑条件，即 $Y_{SC} = 1$。这样强制制动逻辑表达式可改为

$$Y_{BRF} = Y_{BL} \cdot Y_{RT} \cdot Y_{SL} \cdot Y_{SC}$$

可见，强制制动是在车令与转向不一致且在停油下的启动。强制制动在遥控系统中不是独立存在的，它是附加在启动回路上，并且用启动回路的功能来达到强制制动的目的。

应当指出。能耗制动是在较高转速上的一种制动方式，对主机较快的降速效果是明显的。此时如果采用强制制动，其效果并不明显。且要消耗较多的启动空气。在较低的转速范围内采用强制制动，对克服螺旋桨水涡轮作用，使主机更快地停下来是很有效的。在中速机中。往往是采用能耗制动和强制制动相结合的制动方案；在大型低速柴油机中，主机从停油到换向完成，其转速已经降到比较低的范围，可只设强制制动而不必设置能耗制动逻辑回路。

3. 制动及换向控制过程

（1）具有能耗和强制制动功能的换向过程

图 6-30 所示为具有能耗制动和强制制动功能的换向过程时序图。图中曲线 I 为应急换向曲线，曲线 II 为正常换向曲线。

在应急换向过程中，当主机在全速正车运行时，若在 t_1 时刻将车钟手柄拉到倒车位置，同时按下应急运行按钮，出现车令转向与主机转向不符情况。主机首先停油（$Y_{RT} = 1$），当主机停油后转速下降到应急换向转速时（$n \geqslant n_{ER}$），即 t_2 时刻，满足应急换向逻辑，控制凸轮轴换向，使主机凸轮轴从正车位置（C_H）换到倒车位置（C_S）。在换向到位后的 t_3 时刻，因已符合能耗制动逻辑，所以控制空气分配器投入工作（$V_D = 1$），主启动阀关闭（$V_M = 0$）。主机进入能耗制动工况，转速迅速下降。

当转速降到等于或低于发火转速（启动空气切断转速）后的 t_4 时刻（$n \leqslant n_I$），因能耗制动逻辑已不再满足，而符合强制制动逻辑，所以遥控系统自动转为强制制动，开启主启动阀（$V_M = 1$），继续使空气分配器工作（$V_D = 1$），于是主机转速进一步迅速下降。

当主机转速降到零后的 t_5 时刻，虽然强制制动逻辑不再满足，但已满足启动控制逻辑，所以主启动阀继续打开，空气分配器继续工作。因这时主机转向已与车令转向和凸轮轴位置一致，所以主机处于倒车启动工况，转速逐渐上升。

对油气并进的主机，在转速上升到转向鉴别回路检测到倒车转速时（这一转速通常是指可供油转速 n_F），即在 $n \geqslant n_F$ 的 t_6 时刻，不再满足停油逻辑，于是停油回路撤销停油联锁控制，由调速回路设定的启动油量控制主机供油。

而对油气分进的主机，只有在主机转速上升到启动空气切断转速时才进行启动供油。由于是应急换向，所以启动过程一直维持到主机转速达到重启动空气切断转速（$n \geqslant n_H$）的 t_7 时刻，遥控系统才关闭主起阀（$V_M = 0$），停止空气分配器工作（$V_D = 0$），结束制动与启动

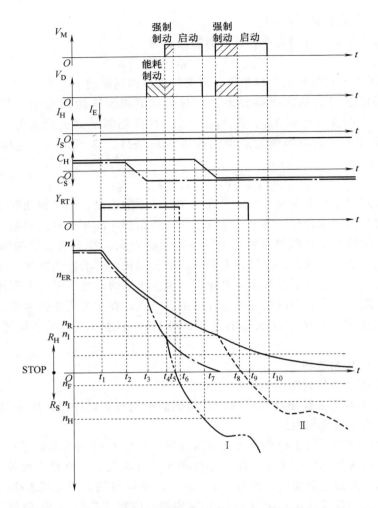

图 6-30　具有能耗制动和强制制动功能的换向过程时序图

过程。若主机启动成功，则按应急加速程序把主机转速加速至车令所设定的转速。

在正常换向过程中，即在改变车令转向时没有按"应急运行"按钮。那么主机停油后，必须等转速降到正常换向转速时（$n \leqslant n_R$）才进行换向，换向到位后，在主机转速低于启动空气切断转速）（$n \leqslant n_I$）时刻，进入强制制动，使主机转速快速下降，而在转速过零后开始倒车启动，直到转速达到倒车启动空气切断转速（$n \geqslant n_I$）时结束制动与启动过程，进入正常加速程序。

（2）只具有强制制动功能的换向过程

图 6-31 为只具有强制制动功能的换向过程时序图。图中 t_1 到 t_2 为主机凸轮轴换向时间，t_1 到 t_4 为主机换向过程中的停油联锁时间，t_3 到 t_4 为强制制动时间，t_4 到 t_5 为主机第一次倒车启动时间，t_5 到 t_6 为主机第一次启动未成功时的两次启动中断时间，t_6 到 t_7 为主机第二次启动时间。如主机第二次启动也未成功，中断片刻后将进行第三次启动，第三次启动失败后将终止启动，发出启动失败报警（图中未画出）。

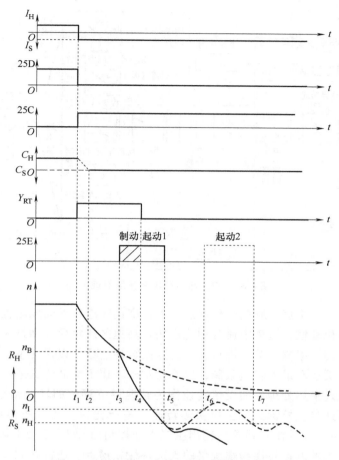

图 6-31　只具有强制制动功能的换向过程时序图

转速与负荷的控制和限制

一、主机转速控制系统的组成和功能

　　主机的转速控制除了与其他自动控制系统一样需要考虑其品质指标外，还需兼顾其控制后果。因为在大幅度操作主机或变工况的情况下，若只考虑控制系统的品质指标就可能造成主机的热负荷或机械负荷超指标。因此，为了保障主机的运行安全，控制中一旦出现危急主机安全的情况，转速控制系统将自动放弃某些控制指标，把主机的转速或供油量限制在其安全范围内。然而，在船舶遇到紧急情况，例如船舶在避碰操纵时，控制系统必须能采取"舍机保船"的紧急措施，应急撤销某些限制或放宽限制，实现紧急操作。由此可见，主机的转速控制与负荷控制是包括各种限制和应急操作在内的综合性自动控制，其转速与负荷控制系统原理框图如图 6-32 所示。

　　图 6-32 中，由驾驶台遥控车钟发出的车令设定转速 I_n。首先送到程序加减速环节，实现加速速率限制与程序负荷限制，使车令设定转速按主机的操作规律变化。即在低速区允许

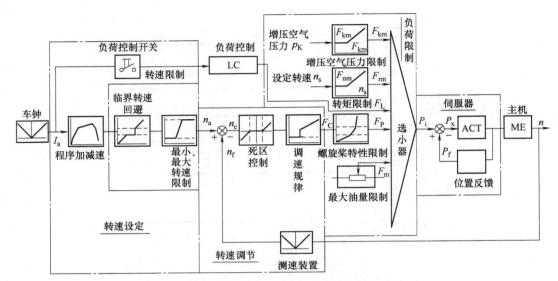

图 6-32　转速与负荷控制系统原理框图

设定转速快速变化，在中速区则应变化慢点，而在高速区应按时间原则程序加速。以提高主机在低速范围内的机动性，避免中速区加速过快及高速区热负荷波动过大。经程序加减速后的设定转速再送到转速限制环节，进行临界转速的自动避让，以保证主机不在临界转速区域内运行，然后进行最小和最大转速限制，以确保主机转速不会低于其最低稳定转速或高于其最大允许转速。通过上述处理后的设定转速作为转速调节环节的转速给定值 n_s 被引到其比较环节，使之与测速装置检测到的主机实际转速 n 进行比较。比较所得偏差转速（n_ε）按固有的调节规律（如 PI 规律）运算后输出主机供油控制信号 F_C 至负荷限制环节。

有时为了使主机的调速特性与螺旋桨的推进特性相逼近，通常在调节规律运算后增加一个螺旋桨特性限制环节，或在调节规律运算中采用非线性变增益运算。调速环节输出的控制油量 F_C 除了螺旋桨特性限制外，还受到主机的增压空气压力限制，转矩限制及最大油量限制。即把经螺旋桨特性限制的转速控制油量 F_P，增压空气压力限制所允许的最大油量 F_{km}，转矩限制所允许的最大油量 F_{nm}，及轮机长手动设定的最大允许油量 F_m 都送到选小器进行选小。保证主机在运行过程中，其供油量不会超过各限制环节所限定的最大允许油量，以确保主机的运行安全。

然而，在恶劣海况下，船舶纵向摇摆厉害，螺旋桨吃水变化大，调速系统为了把主机转速维持在设定转速，将频繁调节主机供油量，使主机的负荷变化可能超出主机所能承受的范围，甚至发生飞车现象，从而危及主机运行安全。为此，遥控系统通常采用如下两种方法来避免主机负荷变化过大及飞车现象。

1. 负荷控制方法

当船舶航行中遇到风浪时，可通过操作台上的选择开关接通负荷控制开关，使主机的控制方式从转速控制切换到负荷控制。这时车钟发出的车令设定转速（I_n）经负荷控制器处理后输出与 I_n 成比例的主机油量控制信号 F_L 一起送到选小器，由于在正常情况下 $F_L < F_C$，所以选小器选择负荷控制输出油量（F_L），使主机的供油量仅与车令设定转速有关，因此，在车令设定转速不变时，主机的供油量也保持不变，负荷不变。但此时主机的转速无法恒定，

会随着螺旋桨的吃水变化而变化。当螺旋桨下沉时，它产生的阻力矩就会大于柴油机气缸燃气所产生的驱动力矩，使动量平衡破坏，主机转速下降，以满足新的动量平衡关系。反之，主机转速就会升高。可见，负荷控制是一种定负荷，变转速的控制方式，由于它未将系统输出量反馈至输入，而是直接由给定量来控制的，所以负荷控制是一种开环控制。

对于单纯的定油量控制，当螺旋桨露出水面，主机会出现飞车现象。但在图 6-32 的控制回路中，遥控系统进入负荷控制状态时，调速回路并未停止工作。在正常情况下，由于调速回路输出 F_C 大于负荷控制回路输出 F_L，故无法输出调速控制信号。然而，当螺旋桨上翘时，主机转速逐渐升高。在主机转速上升到一定值后，偏差转速出现负值，使调速控制信号 F_C 减小，而小于负荷控制器输出 F_L，选小器则选择 F_C 作为输出。于是控制系统又转化为转速控制方式，将主机油门关小，阻止主机转速进一步上升，从而避免主机超速。

2. 死区控制方法

在主机转速控制中的偏差转速检测后加一个死区控制。它利用控制死区范围来实现三种不同的控制方式。

（1）刻度控制方式

刻度控制方式的死区范围最大。当主机转速偏离车令设定转速的偏差未超过最大死区范围时，死区控制无输出，调速回路无调节作用，主机油门刻度位置不变，使主机的热负荷和机械负荷基本保持不变。但主机的转速将随螺旋桨负荷变化而在一个较大的范围内波动。因此，刻度控制适用于主机高负荷范围内需维持主机进油量恒定，以获得稳定的热平衡效果的场合。

（2）正常控制方式

正常控制方式的死区范围适中，比刻度控制小得多。因此，正常控制方式能使主机的转速跟随车令设定转速，并将其偏差转速保持在正常控制方式的死区范围内。主机在稳定运行状态下，只要主机的转速波动小于正常控制死区范围，死区控制就无偏差输出，无调节作用。因此，可减小脉动转速对调速系统的影响，提高了系统的静态稳定性。但是，一旦主机转速波动超出正常控制死区，调速回路就会将其自动调节到正常控制的范围内。由此可见，正常控制是在保证所需的调节精度下尽可能地减小主机油门刻度位置波动的一种控制方式。因此，它适用于主机正常运行工况。

（3）恶劣海况控制方式

恶劣海况控制方式主要是为防止主机在大风浪运行中发生超速。在这种控制方式中，控制回路减小主机的最大供油范围，并将死区调得最小（趋于零），以提高转速控制灵敏度。因此，当螺旋桨上翘露出水面时，调速系统就能以最快的响应速度减小主机进油量，从而有效地防止了主机超速。

在主机遥控系统中，常把图 6-32 所示的转速与负荷控制回路分成两部分，前半部分为转速给定部分，用来将车钟发出的设定转速经程序加减速与转速限制处理后送至调速环节，作为主机转速的设定值。后半部分为转速调节与负荷限制部分。它由全制式液压调速器或电子调速器与电/液（电/气）伺服器构成的调速系统来完成主机的转速调节和负荷限制。下面介绍启动供油转速设定及转速调节等有关内容。

二、启动油量的设定

在驾驶台遥控主机时，驾驶员可将车钟从停车位置搬到正车（或倒车）的任何位置来启动主机。这时若仍由车令设定转速来给定启动油量，就可能出现主机因启动油量不足而不能正常点火，或因启动供油量过量而发生爆燃现象。为了确保主机在任何情况下都能安全可靠地启动成功，在启动阶段，遥控系统将自动阻断车钟所发出的车令设定转速，先由启动供油回路来控制其启动油量。这个启动油量比微速档甚至比慢速档的供油量还要多一些，以实现固定油量启动，这样既可以保证有很高的启动成功率，又可以防止由于启动供油量过大而产生严重爆燃的现象。

对于不同类型的主机，其启动油量的供给方式不同，有的采用油—气并进方式，而有的采用油—气分进方式。油—气并进是指主机在压缩空气启动的同时供给启动油量，直到主机转速达到启动空气切断转速，结束压缩空气启动时，才转为车钟设定值。油—气分进是在压缩空气启动阶段不供油，而是当主机转速达到启动空气切断转速，切断启动空气的同时供油。为了保证启动的成功率，除提供适量的启动油量外，对油—气分进式还需维持数秒启动油量后才转为车钟设定值。因此，常在启动油量与车令转速切换阀的控制端，设置一个由单向节流阀和气容组成的延时环节，以设定启动油量的维持时间。

在主机遥控系统中，设定启动油量的方法常采用设定启动油量设定值和限制最大启动油量的方法，下面分别叙述。

1. 设定启动转速设定值

启动转速设定值在气动遥控系统中由气压设定阀预先设定，而在电动遥控系统中常用电位器来设定。启动转速与车令转速一般由启动控制信号来控制。在气动遥控系统中，由于存在信号传递迟延和发送环节的延时作用，故在启动瞬间，供油信号来不及送到调速器，调速器只能按最低稳定转速设定值控制供油，使之启动供油不足而影响启动。为保证启动时供油及时和提供足够的启动油量，常在启动供油之前，将启动转速设定值送到调速器，因此只要停油联锁一解除，主机即可进入启动供油工况。

图 6-33 给出的是主机遥控系统的启动转速设定原理图。图中 B 是调压阀，调整它将输出一个对应启动转速设定的气压信号。在有停车指令或指令与转向不一致的情况下，$S=0$，阀 A 左位通，启动转速设定气压信号经阀 A 左位、转速限制环节 PL 向气容充气。所以在满足启动逻辑条件以前，主机把启动转速设定气压信号稳定地送至调速器转速设定波纹管。因停油伺服器动作，强调把油门推向零位，这时调速器不起作用，启动转速所对应的启动油量是不能供到主机的。在启动过程中，一旦油门零位联锁被解除，调速器的启动油量设定信号立即起作用，调速器按启动转速设定值与主机转速间的偏差转速控制主机供油。进入启动供油工况，当车令与转向一致时 $S=1$，阀 A 右通位，进行了启

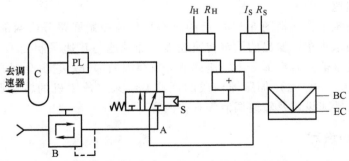

图 6-33　主机遥控系统的启动转速设定原理图

动油量和车钟转速设定信号的切换，但因气容在充、放气过程中压力变化有延时，故可基本保证在启动过程中供启动油量不变。以后随着气容内压力的逐渐变化，主机转速才会逐渐达到车令设定的转速值。

2. 最大启动油量限制

在主机刚进入启动供油时，其转速较低。启动转速设定值与转速值的偏差转速较大，由于调速器是按偏差转速大小来控制主机进油量的，因此就可能使主机在刚进入启动供油时出现供油过大，而使启动变得粗暴。为了防止启动时出现"冷爆"，遥控系统通常限制主机的最大启动油量。如在采用 PGA 调速器的遥控系统中，主机的最大启动油量限制是通过限制启动时进入 PGA 调速器的增压空气压力来实现的。

最大启动油量限制原理如图 6-34a 所示。图中，H_1 电磁阀为应急运行电磁阀，正常时 $I_E = 0$（有应急启动指令时 $I_E = 1$），H_1 控制端无信号，工作在下位，使 H_2 控制端也无信号，工作在下位。在主机启动时，主机转速低于启动空气切断转速，$n_I = 1$，电磁阀 H_3 控制端有信号，工作在上位，切断来自主机增压器的输出压力信号 P_{KE}。接通启动时送入 PGA 调速器的增压空气压力输入气压 P_{KS}。由于 H_2 控制端无信号，P_{KS} 与大气相通。所以进入 PGA 调速器 $P_K = 0$，增压空气压力限制环节给出的最大允许油量 F_{KM} 为起始值 F_M，见增压空气压力限制特性曲线如图 6-34b 所示。可见，这时主机遥控系统的正常最大启动油量取决于 PGA 调速器中的增压空气压力限制特性曲线的起始值 F_M，调整 PGA 调速器中的限油螺钉，可改变增压空气压力限制特性曲线的起始值 F_M，从而调整正常启动时的最大允许油量。

在应急启动时 $I_E = 1$，电磁阀 H_1 控制端有信号，工作在上位，使 H_2 控制端也有信号而随之切换到上位，于是，由 H_4 气压设定阀预先设定的气压 P_H 经 H_2 上位送至 PGA 调速器，使 $P_K = P_H$，放宽了启动油量限制，增加了应急启动时的启动油量，调节 H_4 气压设定阀的设定气压 P_H 就可调整应急启动时的最大启动油量。

重启动时增大启动油量除了放宽启动油量限制外，还可提高启动转速设定值。

当启动成功达到发火转速时，$n_I = 0$，电磁阀 H_3 断电下位通，则接通增压空气压力 P_{KE} 送入 PGA 调速器中增压空气压力限制环节。而增压空气压力限制环节根据 P_{KE} 的大小来限制主机最大允许供油量。在电—气式主机遥控系统中，设定启动油量常采用此方法。

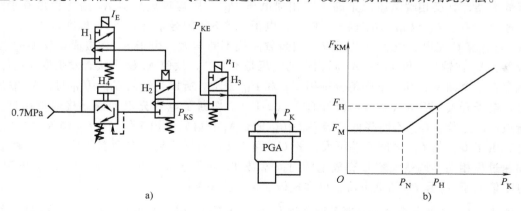

图 6-34　最大启动油量限制原理图及特性曲线

三、 主机加、减速程序控制

主机的程序加减速是指主机在加减速过程中应遵循的加速规律。为了使车钟所发出的车令转速信号能符合主机的加减速规律，必须对车令转速进行预处理。即在低速区，允许主机快些加速或减速，不限制车令转速的变化速度；而在中速区，对车令转速进行加速速率和减速速率的限制；在高速区，如在 70% 额定转速以上再加速时，则按主机负荷变化规律，对车令转速进行程序加速和减速。为此，遥控系统中都设置了加速与减速速率限制环节和程序负荷环节，以便把车钟所设定的车令转速分段按预先调定好的速率发送出去。在应急情况下，可手动操作取消程序负荷限制，实现快加速或快减速。

1. 加速速率限制

加速速率限制是指主机在低负荷区加速时，对主机转速增加速率的限制。在气动遥控系统中，加速速率限制一般是由分级延时阀实现的，如图 6-35 所示。当车令与转向一致时，$S=1$，阀 A 右位通，实现了启动油量和运行油量的切换，车令设定的转速信号经阀 A 右位、分级延时阀 B 向气容 C 充气，当设定转速低于额定转速的 30% 左右时，该信号不经阀 B 的节流，直接向气容 C 充气，主机转速可迅速升高。当设定转速高于额定转速的 30% 以上时，该信号要经 B 阀的节流再向气容 C 充气。这时，主机转速的增加

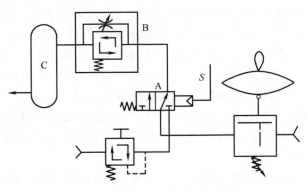

图 6-35 气动遥控系统的加速速率限制环节

就会稍慢一些。减速时气容内压力信号不经 B 阀节流而直接通减小了的设定信号，实现快减速。

在电动遥控系统中，加速速率限制环节的形式是多种多样的。图 6-36 示出了一种电动无触点遥控系统的加速速率限制方式。图中，运算放大器 A_1 接成电压比较器，其同相端和反相端分别接转速设定信号 U_{I1} 和该加速速率限制环节的输出信号 U_{O1}。A_2 是接成负反馈的运算放大器，其反相端电压总是高于同相端电压 U_{O1}，故运算放大器 A_2 始终输出 0 信号。在加速时，由于 $U_{I1}>U_{O1}$，A_1 输出 1 信号，电子开关 SW 闭合于 (1-15)，标准电压 U_R 经电阻 R_5 向电容 C 充电，电容上电压 U_{O1} 按指数曲线不断增大。由于 A_1 是接成正反馈的电压比较器，A_1 在输出 1 和 0 时，A_1 同相端的电压是不同的，故使 A_1 输出状态发生变化的输入值就存在一个回差，其上下限值分别用 U_{IH} 和 U_{IL} 表示。所以当输入 $U_{O1}>U_{IH}$ 时，A_1 输出 0 信号，电子开关 SW 由 (1-15) 断开合于 (2-15)，切断了电容充电回路。接通放电回路，随着放电的进行，U_{O1} 不断降低，当 $U_{O1}<U_{IL}$ 时，A_1 再翻转输出 1 信号，U_R 经 R_5 向电容 C 充电，由于 U_{IH} 与 U_{IL} 之间回差不大，故 U_{O1} 可在 U_{I1} 附近达到一个动态的平衡。减速过程与加速过程相同。调整电容 C 充放电的时间常数 T，可调整加、减速的速率，调整电阻 R_5 的电阻值大于 R_6 和 R_7 的电阻值，可实现慢加速、快减速。

图中，$\bar{I}_{ST}$ 是停车指令。有停车指令时 $\bar{I}_{ST}=0$，与门 G_1 输出 0 信号，U_{O1} 不经减速速率限制，直接输出接近 0V，这是停车限制。有倒车指令时 $I_S=1$，非门 G_2 输出 0 信号，由电位器 P

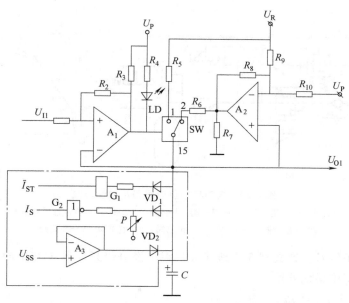

图 6-36   电动无触点遥控系统的加速速率限制方式

调定一个最大的倒车转速。在倒车运行时，U_{O1} 是不能超过最大倒车转速的，这就是倒车最大转速限制，U_{SS} 是启动油量信号，当有开车指令时 $\bar{I}_{ST}=1$ 且主机处于启动状态时，因 $U_{I1}>U_{O1}$，开关 SW 合于（1-15），U_{SS} 经电压跟随器 A_3 直接向电容 C 充电，使 U_{O1} 能迅速达到启动油量所对应的电压信号。启动成功后撤销 U_{SS} 信号，U_{O1} 将逐渐达到转速设定值 U_{I1}。

2. 程序负荷

（1）气动程序负荷回路

当主机转速达到额定转速的 70% 以上时它已进入了高负荷区，主机已经承受很高机械负荷和热负荷。此后的加速过程必须严格加以限制，防止超负荷。在高负荷区内，保持加速速率限制的加速尚嫌过快，故必须设置一个特殊的时间程序，使之慢慢地加速即为程序负荷。

在气动遥控系统中，一般是通过节流元件与气容组成的惯性环节来实现的，如图 6-37 所示。图中阀 2 是程序负荷设定调压阀。它的最大输出是程序负荷开始转速值所对应的气压信号，当输入信号小于这个调整值时，输出与输入相等。P_i 是车令设定转速值所对应的气压信号，当该信号小于程序负荷开始的转速（如额定转速的 70%）时，只经分级延时阀 1 的节流，通过调压阀 2 向气容 6 充气。气容内的压力升高较快，再经比例阀 7 送至调速器转速设定波纹管，这就是加速速率限制。当车令设定转速大于程序负荷开始转速时，P_i 不仅要经分级延时阀的节流，还要经单向节流阀 3 的节流，再经节流选择阀 4 的上位向气容 6 充气。气容内压力升高较慢，如图 6-37b 中 c 线所示。从港内全速到海上全速大约需要 25min，称为快程序。如果把节流选择阀转至下位通，则单向节流阀 3 的输出还要经节流阀 9 的节流，这时气容内压力升高很慢，如图 6-37b 中 c′线所示。其程序负荷时间大约需要 55min，称为慢程序。选择何种程序取决于操作者的要求和主机的承受能力。在应急操纵的情况下，电磁阀 8 通电右位通，分级延时阀输出的信号直接向气容充气，取消程序负荷，按加速速率限制可把主机的转速一直加速到海上全速，其加速过程如图 6-37b 中的 e 线所示。在减速

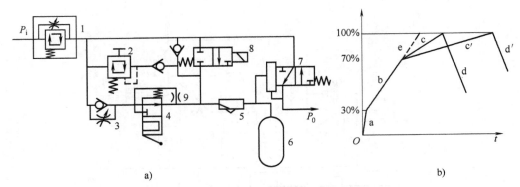

图 6-37　气动程序负荷回路及特性曲线

1—分级延时阀　2—调压阀　3—单向节流阀　4—节流选择阀
5—速放阀　6—气容　7—比例阀　8—电磁阀　9—节流阀

时，气容内的气压信号经速放阀 5 就地泄放，因不经分级延时阀 1 和单向节流阀 3 的节流，实现快减速，如图中斜线 d 所示。

（2）电动程序负荷回路

程序负荷主要用于离港时从港内全速（70%）到海上全速（100%）的加速控制，以及进港时从海上全速到港内全速的减速控制。图 6-38 是一种电动主机遥控系统的程序负荷原理框图。它与其他遥控系统不同，程序加、减速控制需借助于离港与进港按钮方可实现，但实现方法与其他电子遥控系统一样，采用计数式程序负荷控制。图 6-38 中，频率控制回路根据进港与离港信号来选择时钟脉冲发生器的定时回路，以控制其输出相应频率的脉冲作为程序计数器的计数脉冲。程序计数器在加、减速控制回路的控制下，在加速时作减数计数，在减速时作加数计数。而程序计数器输的二进制计数值还需经 D/A 转换器转换成相应的电压 U_{LP}，然后再由选小器将 U_{LP} 与车令设定转速 I_n。进行选小，使主机的设定转速在离港或进港时按预先调定的程序负荷速率加速或减速。

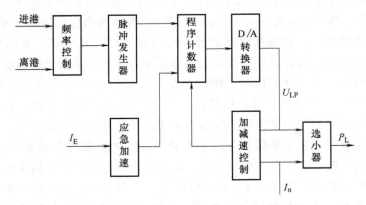

图 6-38　电动主机遥控系统的程序负荷原理框图

四、转速限制

转速限制是指限制送到调速器的转速设定值，以此来限制主机的运行转速。设置转速限制的目的是使车钟发出的车令设定转速能符合主机的操作要求，保证主机不在临界转速区域内运行。不在低于最低稳定转速以下运行，以及不在高于主机最大允许转速上运行。

1. 轮机长最大转速限制

轮机长最大转速限制是指正常运行时，自动将主机的最大运行转速限制在轮机长所设定的最大允许转速值，并在应急情况下，可通过应急操纵指令取消限制。

轮机长最大转速限制回路如图6-39所示，图中，A_4、A_6 和 R_5 构成一个选小器；R_{P3} 为轮机长最大允许转速设定电位器；U_S 为车令设定转速值的电压；I_E 为应急操纵指令。在正常运行时 $I_E = 0$，G_1 输出低电平，A_6 输入由 R_{P3} 与 R_7 分压后得到最大允许转速值的电压 U_m。当车令设定转速值小于最大允许转速值时，即 $U_S < U_m$，则选小器选择车令设定转速作为输出 $U_O = U_S$，无限制作用。当车令设定转速值大于最大允许转速值时，即 $U_S > U_m$ 时，选小器选择轮机长设定的最大允许转速值作为输出 $U_O = U_m$，从而将主机转速限制在轮机长所设定的最大转速值。调大 R_{P3} 的电阻值，主机的最大允许转速值 U_m 会减小。有应急操纵

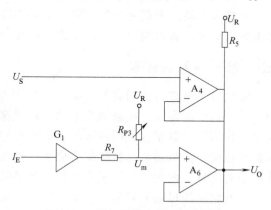

图 6-39　轮机长最大转速限制回路

指令时 $I_E = 1$，G_1 输出高电平，使 A_6 的输入电压 U_m 提高到近似电源电压，选小器选择车令设定转速 U_S 作为输出，从而取消限制。

2. 最低稳定转速限制

最低稳定转速限制是指当车钟手柄设定的转速在最低稳定转速以下时，能保证主机在最低稳定转速上运行，防止主机运行不稳定，甚至停车。

最低稳定转速限制回路如图6-40所示。图中，A_9、A_{10}、VD、R_{14} 和 R_{15} 构成一个选大器。电位器 R_{P5} 可调整最低稳定转速限制值 U_{min}。该限制回路的输入 U_O 来自上述选小器的输出，就是车令设定转速值。当 $U_O > U_{min}$ 时，A_9 工作在电压跟随器状态，输出 $U_{I1} = U_O$。这时，因为 A_{10} 输出电压小于 U_{I1}，所以二极管 VD 截止（使 A_{10} 工作于电压比较器状态，输出为 0）。选大器选择 U_O 作为输出，无限制作用。当车令设定转速小于最低稳定转速限制值时，$U_O < U_{min}$，则 A_{10} 输出增大，使 VD 导通。于是，A_{10} 从电压比较器状态转为电压跟随器，使 $U_{I1} = U_{min}$。此时，A_9 的同相端输入电压小于反相端端电压，其输出减小。因为 A_9 与 A_{10} 为推挽输出运算放大器，而且 A_9 输出

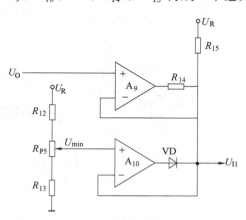

图 6-40　最低稳定转速限制回路

经 R_{14} 电阻与 U_{I1} 相连，所以，A_9 输出的电压全部降在 R_{14} 电阻上，使 A_9 的负反馈作用消失，由电压跟随器转为电压比较器。U_{I1} 将受到 A_{10} 的钳位作用而保持在 U_{min} 值，从而将主机转速限制在最低稳定转速上。

3. 最大倒车转速限制

倒车最大转速限制是防止因倒车车令设定转速值太大而使倒车转速太高的限制，由于螺旋桨倒转时的阻力大于正转阻力，主机倒转时，如仍将其转速调整在正转最大转速时就会导致主机超负荷。为了保证主机的安全，主机遥控系统都设有最大倒车转速限制功能。详见图6-36示出的电动无触点遥控系统加速速率限制方式。

4. 故障降速转速限制

故障降速转速限制是指当主机发生某些故障时，主机降速到所允许的低转速值。在有应急操纵指令时，将取消故障降速功能，不允许主机降速。

五、临界转速的回避

柴油机轴系都有其固有的自振频率，当外界强制干扰频率（主机转速）与其自振频率相同时，将引起共振。在柴油机全部工作转速内可能有两个或两个以上共振区，其中最大的共振区称为临界共振区，所对应的主机转速称为临界转速。主机在临界转速区工作时，产生的扭转振动应力将超过材料的允许应力，造成曲轴的扭伤或折断，或者造成组合式曲柄组合件的相对滑移。因此，柴油机在运行期间必须避开临界转速区。其原则是，不在临界转速区内运行及快速通过临界转速区。临界转速自动回避的方式有三种：一是避上限，当车令转速设定在临界转速区时，遥控系统能自动使主机在临界转速的下限值运行；二是避下限，当车令转速设定在临界转速区时，遥控系统能自动使主机在临界转速的上限值运行；三是避上、下限，加速时避下限，减速时避上限，但有些遥控系统正相反，即加速时避上限，减速时避下限。在实际应用中，为使该环节结构简单，多采用避上限方式。

1. 气动临界转速回避回路

在气动遥控系统中，临界转速的回避是用气动阀件组成的逻辑回路实现的，其工作原理如图6-41所示。图中阀1、3是调压阀，输入信号小于调定值时，输出等于输入。当输入信号大于调定值时，其输出保持调定值不变。阀1调定值为临界转速的下限值P_a，阀3调定值是临界转速的上限值P_b，阀2是双气路控制的两位三通阀；P_s是转速设定值。

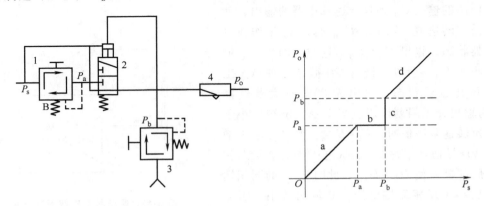

图6-41　气动临界转速回避回路及特性曲线

该回路是按避上限方式工作的。当转速设定值小于临界转速下限值时，阀1输出P_s，阀2上位通。P_s经阀1、阀2上位和速放阀4输出，$P_o=P_s$，如图中临界转速回避特性的a

线所示。当转速设定在临界转速区时，$P_s > P_a$，阀 1 输出 P_a 不变，阀 2 上位通不变，$P_o = P_a$，主机在临界转速下限值运行，如图 6-41 中 b 线所示。当设定转速 P_s 大于临界转速上限值时，阀 2 下位通，输出 P_o 由临界转速下限值立即跳变到大于临界转速上限值的 P_b，可快速通过临界转速区，然后输出随 P_s 而变，如图 6-41 中 c 和 d 线所示。同理，在减速时，当 $P_s > P_b$ 时阀 2 下位通，$P_o = P_s$。而当 $P_a < P_s < P_b$ 时，即转速设定在临界转速区时，阀 2 上位通，P_s 截止，$P_o = P_a$。$P_s < P_a$ 时，$P_o = P_s$。所以在减速时也是避上限，且可快速通过临界转速区。

2. 电动临界转速回避回路

图 6-42 所示为一种常用的电动临界转速回避回路，它主要由电压比较器和选小器组成。图中 A_3、A_4 和 R_5 构成一个选小器；A_1 为电压跟随器；A_2、A_5 为电压比较器；电位器 R_{P1} 设定临界转速的上限值 U_{P1}，R_{P2} 设定在临界转速的下限值 U_{P2}。U_S 是车令设定转速值，一路送入 A_4 的同相端选小，另一路经 A_1 缓冲后送到 A_2 的同相端，与临界转速上限值 U_{P1} 进行比较。

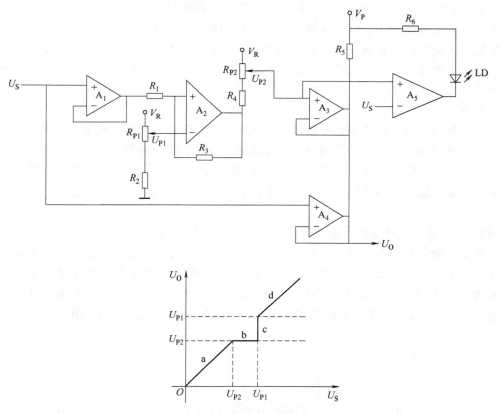

图 6-42　电动临界转速回避回路及特性曲线

当车令设定转速小于临界转速下限值时，$U_S < U_{P1}$，则 A_2 输出 0。使 R_{P2} 与 R_4 分压后得到一个相当临界转速下限值的电压 U_{P2} 送 A_3 的同相端选小。这时，因为 $U_S < U_{P2}$，所以选小器选择车令设定转速值的电压 U_S 作为输出，如图中临界转速回避特性的 a 线所示。同时，A_5 输出高电平，临界转速限制发光二极管 LD 不亮。当车令设定转速处于临界转速区，

$U_{P2} < U_S < U_{P1}$，U_S 仍小于 U_{P1}，A_2 保持输出 0。这时由于 $U_S > U_{P2}$，因此选小器选择临界转速下限值的电压 U_{P2} 作为输出，即 $U_O = U_{P2}$，把主机转速自动限制在临界转速的下限值，如图中 b 线所示。因 $U_S > U_{P2}$，所以 A_5 输出低电平，使临界转速限制发光二极管 LD 点亮。当车令设定转速大于临界转速上限值时，使 $U_S > U_{P1}$，A_2 翻转输出高电平，将 U_{P2} 提高至接近电源值 V_P，使它大于 U_S，于是选小器又选择车令设定转速的电压 U_S 为输出，使选小器输出从临界转速下限 U_{P2} 立即跳变到上限 U_{P1}，快速通过临界转速区，然后输出随 U_S 而变，如图中 c 和 d 线所示。同时，A_5 又输出高电平，使发光二极管 LD 熄灭。

六、负荷限制

负荷限制用来限制主机的供油量，防止主机超负荷，故又称为燃油限制。由于主机转速控制系统是根据偏差转速来控制主机供油量的，当螺旋桨吸收功率增加使主机转速降低，或给定转速增大时，为了快速地把主机转速调节到给定转速，有可能使主机供油量增加过多或过快，造成热负荷与机械负荷超载。为此，必须对主机供油量进行限制，以确保主机安全。负荷限制包括增压空气压力限制、转矩限制和最大油量限制等。

负荷限制实现的方法根据调速器类型的不同而异，对于 PGA 等液压调速器，负荷限制的功能均在调速器内部实现；对于数字调速器，均由软件实现；对于采用集成电路的电子调速器，则采用电路实现。前面两种情况在此不予讨论，下面将介绍采用电路实现的各种负荷限制方法。

1. 转矩限制

转矩限制的目的是限制主机的机械负荷和热负荷，防止主机超负荷运行。主机的转矩过大是由于主机在某一转速下的喷油量过多造成的。因此，转矩限制普遍采用通过转速来限制油量的方法。在实际中，常采用按设定转速限制油量和按实际转速限制油量两种方法。目前，采用设定转速限制油量的方法用得较多，它按设定转速的大小来限制主机的最大允许供油量。

图 6-43 所示为一种电动转矩限制回路。图中，电压跟随器 A_2 与调速回路的运放器 A_3 构成选小器。由电位器 R_{P1} 调定的电压值 U_a，是转矩限制的开始转速值，一般为额定转速的 50% ~ 60%。运放器 A_1 的工作模式由 U_S 的大小来确定，当车令设定转速值 U_S 小于 U_a 时，A_1 输出 0 信号，二极管 VD 截止，A_1 负反馈作用消失，工作于电压比较器状态，电压跟随器 A_2 的同相端电压是由电位器 R_{P1} 调定的 U_a 值，故 A_2 输出为 U_a 值，如图中所示转

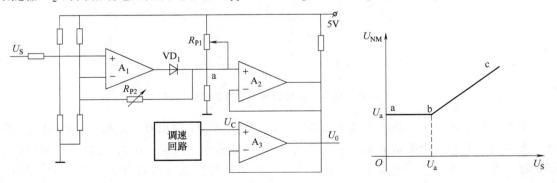

图 6-43 电动转矩限制回路及特性曲线

矩限制特性的 a~b 线。当 $U_S > U_a$ 时，A_1 输出增大，当增大到使二极管 VD 导通时，负反馈回路起作用，A_1 从电压比较器状态转为同相输入的比例运算放大器。随着 U_S 的增大，A_1 输出按比例增大，a 点电位升高，A_2 同相端电压增大，A_2 输出也随之增大，如图中所示的斜线 b~c。对应每一个设定转速值 U_S，都有一个对应的最大允许供油量限制值 U_{NM}。因此转矩限制的作用是根据设定转速的大小来限制主机的最大允许供油量。调速回路输出的控制信号是 U_C，主机在加速过程中，只要调速回路输出 $U_C > U_{NM}$，选小器就选择 U_{NM} 作为输出。调整电位器 R_{P2} 可调整比例运算放大器 A_1 的放大系数，若调整 R_{P2} 使其电阻值增大，则放大系数增大，对应某一设定转速，允许的最大供油量会增大。

2. 增压空气压力限制

在加速时，由于增压器的滞后效应，增压空气压力增加往往不够及时。若主机喷油量增加过快，就会造成油多气少，燃烧不完善，导致主机的排气温度过高，热负荷超过允许值。因此，为避免主机加速过程中出现冒黑烟的现象，防止超热负荷，必须按增压空气压力的大小来限制主机的最大允许供油量，故在电气式主机遥控系统中设置了增压空气压力环节。

在电动增压空气压力限制环节中，采用和转矩限制环节类似的方法。图 6-44 所示为一种电动增压空气压力限制回路。图中，电压跟随器 A_2 与调速回路的运放器 A_3 构成选小器。运放器 A_1 的工作模式由 U_K 的大小来确定，U_K 是与增压空气压力成正比的电压值，并经二极管接在运算放大器 A_1 的同相端。A_1 的反相端接由电位器 R_{P1} 调定的电压值 U_N。在主机启动时，$U_K \approx 0$，使 A_1 的反相端电压大于同相端。由于 $U_K < U_N$，A_1 输出 0 信号，A_1 负反馈作用消失，工作于电压比较器状态，这时电位器 R_{P1} 的抽头电压就是其起控电压 U_N，而电压跟随器 A_2 的同相端电压是由电位器 R_{P2} 调定的 U_{KM} 值，故 A_2 输出为 U_{KM}，它就是最大启动油量限制所对应的电压值，如图中所示增大空气压力限制特性的 ab 线，所以在启动期间，增压空气压力限制不起作用，只是最大启动油量限制起作用。启动成功后，U_K 会增大，但只要 $U_K < U_N$，A_2 输出 U_{KM} 保持不变。当增压空气压力 $U_K > U_N$ 时，A_1 输出增大，抬高 a 点电压 U_a，使 R_{P1} 抽头电压也相应提高，A_1 负反馈回路起作用。则 A_1 从电压比较器状态转为同相输入的比例运算放大器，U_a 随着 U_K 的增大而按比例升高，于是，A_2 同相端电压 U_{KM} 值也按比例增大。A_2 输出随之增大，允许主机多供油，如图中所示的斜线 bc。但对应一个 U_K 值就对应一个 U_{KM}，也就是允许的最大供油量限制值只能随着增大空气压力的增大而按比例增大，因此增压空气压力限制的作用是根据增压空气压力的大小来限制主机的最

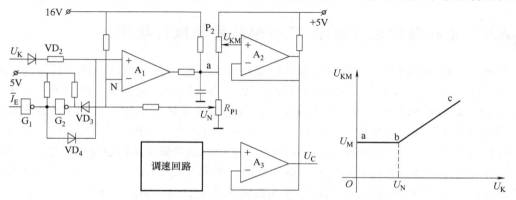

图 6-44　电动增压空气压力限制回路及特性曲线

大允许供油量。调整电位器 R_{P1} 可调整比例运算放大器 A_1 的放大系数，即可改变斜线 bc 的斜率。若调整 R_{P1} 使其对地电阻值增大，则放大系数减小，对应某一增压空气压力，允许的增大供油量会减小。增压空气压力限制环节与调速回路的连接是通过选小器来实现的，调速回路输出的控制信号 U_C，主机在加速过程中，只要调速回路输出 $U_C > U_{KM}$，选小器就选择 U_{KM} 作为输出，因此实现增压空气压力的限制。调整电位器 R_{P2} 可调整最大启动油量限制值 U_{KM}。

在应急情况下，为了使主机快速地加速，常取消增压空气压力的限制作用。按下应急操纵按钮，使 G_1 输出 1，G_2 输出 0，二极管 VD_4 导通，VD_2 截止，A_1 同相端电压接近 5V；VD_3 导通，A_1 反相端电压接近 0V。于是 A_1 又成为电压比较器，输出高电平，将 U_{KM} 提高到极大值，则选小器就选择调速回路输出的 U_C 从 A_3 输出，从而取消了增压空气压力的限制。

3. 最大油量限制

最大油量限制是指轮机长根据海面状况和主机的运行情况，手动限制主机的最大供油量，防止在驾驶台遥控时，可能发生的主机超速和超负荷现象。最大油量限制范围一般为额定油量的 50% ~ 100%。在应急操纵情况下，可取消最大油量限制。

图 6-45 所示为一种电动最大油量限制回路。图中，A_{10}、A_3 和 R_0 构成选小器，电位器 R_{P10} 可调整最大油量限制值。在正常运行时，非门 G_3 输出低电平，使二极管 VD_6 截止。于是，A_{10} 同相端电压调定的最大油量限制值 U_m，这时若调速回路输出 $U_c > U_m$，选

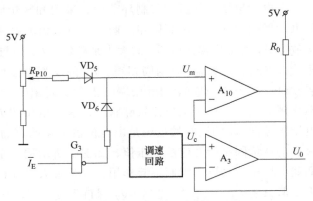

图 6-45 电动最大油量限制回路

小器自动选择 U_m 作为输出，将主机的供油量限制在轮机长设定的最大油量值。在应急操纵时，G_3 输出高电平，则 VD_6 导通，VD_5 截止，使 U_m 增大到接近电源电压，选小器选择 U_c 作为输出，取消最大油量限制。

第六节 主机遥控系统的电/气转换装置和执行机构

在电动遥控和用微型计算机进行遥控的系统中，驾驶台发送的转速设定信号是电压信号，这个电压信号经各种转速限制回路的处理后，作为转速给定值送至调速器。对于采用 PGA 型调速器的遥控系统，必须把转速给定值的电压信号转换成气压信号，才能送至调速器的转速设定波纹管以控制主机转速，这就需要一个电/气（E/P）转换装置将电信号转换为相应的气压信号。对于采用电子调速器的遥控系统，调速器输出的油量信号是一个弱电压信号，该信号是不能直接控制对主机的供油量的，必须通过电/液（E/H）伺服器才能拉动主机的油门拉杆。而目前广泛采用的数字调速系统所配的电动执行机构是一套交流伺服系统。在近年来制造的中、大型船舶主机遥控的速度控制系统，多采用数字调速器配电动执行

机构去动作主机油门。下面讨论它们的工作原理。

一、电/气（E/P）转换器

电/气转换器类型很多，其中较为常用电/气转换器的组成和工作原理如图 6-46 所示。图中，U_S 是转速给定值的电压信号，接在差动输入运算放大器 A_1 的反相端；P_0 是该电/气转换器输出的气压信号，接至调速器的转速设定波纹管，同时还经压力传感器成比例地转换成电压信号 U_R 接在 A_1 的同相端；U_1 是运放器 A_1 的输出，若 $R_{P2}/R_1 = R_3/R_2$，则 $U_1 = -\dfrac{R_{P2}}{R_1}$ $(U_S - U_R)$；G 是脉冲信号发生器，它输出一系列幅值不大的正、负脉冲信号 U_1'；U_2 是加法器 A_2 的输出，假定 $R_4 = R_5$，则 $U_2 = -\dfrac{R_{f2}}{R_4}(U_1 - U_1')$，$U_2$ 接在触发器 T_1 和 T_2 的时钟脉冲端 CP 端及复位端 R 端；T_1 和 T_2 是 D 触发器，它们的输入端 D 均接高电平，它们的输出经功率放大器 A_3 和 A_4 分别驱动电磁阀 M_1 和 M_2。

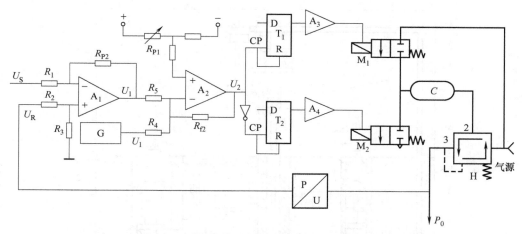

图 6-46　常用电/气转换器的组成和工作原理图

当输出的气压信号 P_0 相当于转速给定值时，$U_S = U_R$，$U_1 = 0$，$U_2 = U_1'$，其幅值很小，达不到触发器动作电压，触发器 T_1 和 T_2 均处于复位状态，输出低电平，电磁阀 M_1 和 M_2 均断电右位通，气源和放大气口均被截止，气容 C 内的气压信号不变。H 是调压阀，其功能是输出端 3 始终与输入端 2 相等，故 P_0 保持不变。在快加速过程中，U_S 比 U_R 大，U_1 是幅值较大的负极性电压值，不论 U_1' 是正脉冲还是负脉冲信号，U_2 均为幅值较大的正极性电压值，触发器 T_2 保持复位状态。触发器 T_1 的 CP 端由 0 跳变为 1，T_1 输出高电平，电磁阀 M_1 通电，左位通，气源向气容充气，P_0 值不断增大，U_R 也不断增大。当 U_S 与 U_R 差值不大时，U_1 负极性电压值较小，它与 U_1' 负极性脉冲信号叠加后，触发器 T_1 的 CP 端保持 1 信号，T_1 输出保持高电平，电磁阀 M_1 保持通电，而与 U_1' 正脉冲信号叠加后，T_1 的 CP 端由 1 跳变为 0，并对 T_1 复位使其输出为低电平，电磁阀 M_1 断电。可见，在 U_S 比 U_R 大得较多的情况下，电磁阀 M_1 一直通电，气源连续向气容充气。当 U_S 与 U_R 差值较小时，随着 U_1' 正、负脉冲的变化而断续通电，气源断续向气容充气，直到 $U_S = U_R$ 为止。减速时，$U_R > U_S$，当其差值较大时，脉冲信号发生器 G 不起作用，U_2 是幅值较大的负极性电压值。触发

器 T_1 复位输出低电平，电磁阀 M_1 断电右位通，气源被截止，不会向气容充气。负极性电压值 U_2 经反相后为 1 信号，使触发器 T_2 的 CP 端由 0 跳变为 1，T_2 输出高电平，电磁阀 M_2 通电左位通，气容经大气口放气，P_0 不断降低。当 P_0 减小到 U_R 与 U_S 差值不大时，U_1 与 U_1' 叠加起作用，使电磁阀 M_2 断续通电，气容 C 断续放气，一直到 $U_R = U_S$ 为止。

二、电/液伺服器

在采用电子调速器的遥控系统中，调速器输出的电压控制信号必须进行信号变换才能送至控制油门杆动作的执行机构。少数遥控系统采用气动执行机构去动作油门，在这种控制方式中，需要把调速器输出的电信号转变成气压信号，再送至气动伺服器，此种工作方式这里不再介绍。绝大多数遥控系统采用液压执行机构，它需要把调速器输出的电信号转换成液压信号，经放大后去执行油量调节任务，这就是电/液伺服器。较为常用的是 Hagenuk 电/液伺服器，其组成和工作原理如图 6-47 所示。

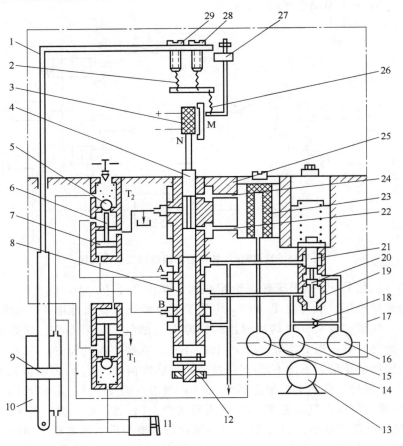

图 6-47　Hagenuk 电/液伺服器的组成和工作原理图

1—反馈杆　2—反馈弹簧　3—线圈　4—先导阀　5—单向阀　6—顶杆　7—活塞　8—主阀　9—伺服活塞
10—伺服油缸　11—旁通阀　12—传动齿轮　13—电动机　14—先导泵　15—主泵　16—平衡泵
17—伺服器壳体　18—单向阀　19—油压控制阀　20—活塞　21—滑阀　22—主阀下路油口　23—滤器
24—主阀上路油口　25—阀体　26—调零弹簧　27—调零螺钉　28、29—反馈弹簧调节螺钉在铸铁的箱盖上面装有一台电动机 13，它带动主阀 8 高速旋转，同时带动先导泵 14、主泵 15 和平衡泵 16 三个泵工作，先导泵 14 排出的油压经滤器 23 进入由先导阀 4 控制的主阀的上、下路油口 24 和 22。当先导阀 4 处于中间平衡位置时，先导阀上、下控制边缘刚好把主阀上路油口 24 和主阀下路油口 22 打开少许，使其压力油流回低压油柜。这时，主阀 8 处于中间位置，主阀上的凸面封住 A 口和 B 口，主泵打出的高压油被封住在主阀两凸面之间。先导阀与主阀之间的动作关系是，主阀始终跟踪先导阀移动，电/液伺服器的工作过程就是依据这一动作特点进行的。

电子调速器输出的电压信号要经过电压、电流（U/I）转换器，把电压信号转换成 0～10mA 或 4～20mA 电流信号，送至与先导阀连在一起的力线圈 N 中，在永久磁场 M 中载流线圈会产生一个向下的电磁力。这个力与流过力线圈 N 的电流大小成比例。加速时电流增大，力线圈和先导阀克服反馈弹簧 2 的拉力下移。关闭主阀上路油口 24，开大主阀下路油口 22，主阀腔室 24 油压大于腔室 22 的油压，主阀在这一油压差作用下跟踪先导阀下移，直到油口 24 和 22 的开度相等为止。由于主阀 8 下移，A 口与低压油箱相通，B 口通主泵打出的高压油。该压力油顶开联锁阀 T_1 的单向阀进入动力油缸伺服活塞 9 的下部空间。同时，B 口输出的高压油顶开联锁阀 T_2 中的单向阀，使伺服活塞 9 上部空间的油压经 A 口流回低压油箱，动力活塞和活塞杆一起上移，即向加油方向移动，随着活塞的上移，将增大反馈弹簧的拉力使力线圈和先导阀逐渐上移，封住油口 22，开大油口 24，于是主阀又跟先导阀上移。当力线圈受到向下的电磁力与反馈弹簧向上的拉力相等时，力线圈和先导阀又回到中间的平衡位置，这时，主阀也必定跟踪到中央平衡位置，主阀上的两个凸面又将 A 口和 B 口封住，动力活塞不再移动，油门就稳定在新的开度上。减速时，流过力线圈的电流减小，其向下的电磁力减小。在反馈弹簧的拉力下，力线圈与先导阀一起上移，封住油口 22。开大油口 24，使主阀跟踪先导阀上移，直到油口 24 和 22 开度一样为止。主阀上移 B 口与低压油箱相通，A 口通主泵打出的高压油，则动力油缸中活塞 9 连同活塞杆一起下移，减小主机油门降速。活塞杆下移时，减小了反馈弹簧的拉力。当电磁力与反馈力相等时，先导阀又回到中央的平衡位置，主阀也必定跟踪到中央平衡位置，主阀上的两个凸面又封住 A 口和 B 口，动力活塞不再下移，油门开度就稳定在比原来小的位置上。

平衡泵的作用是补充主泵供给的压力油，起稳定压力作用。当力线圈接收一个较大电流变化信号时，A 口和 B 口会有较大的开度，压力油会大量地进入伺服活塞 9 的上部或下部空间，油压会降低。这时平衡泵打出的压力油顶开单向阀予以补充。在 A 口和 B 口开度很小或全被封住的情况下，主泵打出的油压升高。这时高压油会顶开活塞阀，使一部分油流回低压油箱。

Hagenuk 电/液伺服器在出厂时已经调好，使用时不要轻易地扭动有关螺钉。经较长时间使用，确实发现零点和量程不准方可进行调整。电/液伺服器的零点是指当输入电流为 0mA（或 4mA）时，动力活塞所在位置应保证供最低稳定转速油量，若零点不准，可通过调零螺钉 27 调整调零弹簧 26，改变力线圈的初始位置来调整。电/液伺服器的量程是指当输入电流为 10mA（或 20mA）时，动力活塞所在位置应保证供主机在额定转速下的油量，若量程不准，可通过反馈弹簧调节螺钉 28 和 29 加以调整，增大反馈弹簧的预紧力，负反馈强可增大量程，反之量程减小。

Hagenuk 电/液伺服器工作是可靠的，但要经常检查油质的变化情况，如果油中含有过量的水、杂质、氧化物等，或油温太高都会引起运动部件的磨损，造成控制失常或转速波动等现象。最好每年对电/液伺服器清洗一次，并更换新油。换油时应注意油的品种是否正确，且将陈油除净，绝对不允许混用两种不同的油。

三、电动执行机构

从 20 世纪 80 年代开始，随着微处理器技术、高集成度超大规模集成电路、大功率高性能半导体器件，电动机永磁材料的发展和成本降低，交流伺服电动机及其控制装置所组成的交流伺服系统被越来越多地采用。特别是交流伺服系统在动作性能和可靠性方面都非常优越，所以高性能的全数字化伺服控制系统是当代交流伺服系统发展的趋势，它在传动领域的发展日新月异。永磁交流伺服电动机同直流伺服电动机比较，主要优点有：

1）无电刷和换向器，因此工作可靠，对维护和保养要求低。

2）定子绕组散热比较方便。

3）惯量小，易于提高系统的快速性。

4）适应于高速大力矩工作状态。

5）同功率下有较小的体积和重量。

伺服电动机的最大特点是可控性好，在有控制信号时伺服电动机就转动，且转速大小正比于控制电压的大小，去掉控制电压后伺服电动机就立即停止转动。

而 DGS8800e 数字调速器所配的电动执行机构就是一套交流伺服系统。下面以该系统为例说明其组成、工作原理及参数调节方法。

1. 执行机构的组成

电动执行机构的组成原理如图 6-48 所示。它由数字伺服装置（DSU）和电动执行器两部分组成。其中数字伺服装置包括电源（ABS 图中略）、执行器位置控制器和伺服驱动器（SBS）；电动执行器包括伺服电动机和减速装置。伺服驱动器控制伺服电动机的动作和速度。数字伺服装置由两路电源供电，一路由三相 AC220V 输入、AC135V 输出的变压器（TRAFO001）供给的三相伺服电动机动力电源，变压器输出功率是 3.6kVA；另一路由 220V 单相电源提供的控制电路电源。

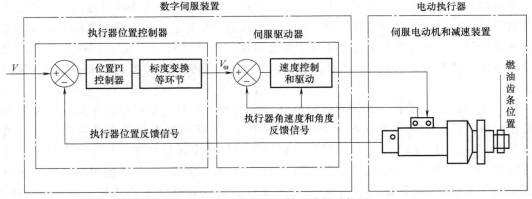

图 6-48　电动执行机构的组成原理框图

电动执行器 ELACT001 包括一个三相无刷永磁同步伺服电动机 LS620EL 和减速装置 CY-CLOFAB25/89 或 ELACT002 包括一个三相无刷永磁同步伺服电动机 LS910EW 和减速装置

CYCLOFAB35/59。伺服电动机内不含电子元件，使用球形长寿润滑轴承，内部装有刹车装置和热保护装置，刹车回路中使用的大电容为刹车机构提供了持续的刹车能量，宽的转速范围和低的转矩波动有助于电动执行机构的定位精度。伺服电动机受伺服驱动器 SBS15/30A 控制。伺服驱动器、伺服电动机以及接地系统等都有可靠的短路保护和较高的绝缘等级。燃油齿条位置既伺服电动机输出位置是通过一个直接安装在伺服电动机非负载端的绝对编码器进行检测的，该检测信号应非常准确和可靠，它既是电动执行器的位置反馈信号，又是转速调节器的反馈信号；而伺服电动机的转角和角速度反馈是由被称为"Resolver"的旋转变压器来实现的。

　　电动执行器通常安装在主机机旁应急控制台上，图 6-49 是电动执行机构的外形结构。

　　它由一个三相无刷伺服电动机（LS620EL 或 LS910EW）、一个减速齿轮机构（CYCLOFAB25/89 或 CYCLO-FAB35/59）、一个用于测量伺服电动机转角位置和速度的传感器（Resolver），其常称为旋转变压器和一个检测电机输出位置的绝对编码器四大部分组成。

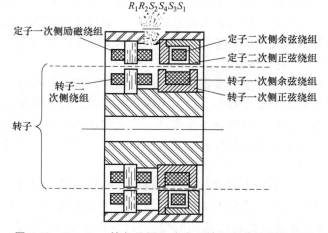

图 6-49　电动执行机构外形图

　　伺服电动机的转角位置和速度反馈机构（Resolver）是一个只有电磁绕组，不含任何电子元件的旋转变压器，在电机转子位置的检测中，旋转变压器由于其具有坚固耐用，能够提供高精度的位置信息和可靠性极高等突出优点，而获得越来越广泛的应用。图 6-50 是转角位置和速度反馈机构（Resolver）的绕组结构原理图，它由三组旋转变压器绕组组成，即励磁旋转变压器定子一次侧励磁绕组和转子二次侧绕组；正弦旋转变压器转子一次侧正弦绕组和定子二次侧正弦绕组；余弦旋转变压器转子一次侧余弦绕组和定子二次侧余弦绕组。图 6-51 是 Resolver 工作原理图。

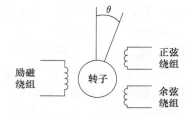

图 6-50　Resolver 转角位置和速度反馈机构的绕组结构图　　图 6-51　Resolver 工作原理图

　　外部单相交流励磁电源由励磁旋转变压器接线端子 R_1 和 R_2 接到励磁旋转变压器的定子一次侧励磁绕组，定子一次侧励磁绕组产生的励磁作用在旋转着的转子二次侧绕组上，定子和转子之间的磁通分布符合正弦规律，因此当励磁电压加到定子绕组上时，通过电磁耦合，转子绕组产生与转子转角成正比感应电动势，该感应电动势产生的磁势在转子磁体内耦合到正弦旋转变压器的转子一次侧正弦绕组和余弦旋转变压器的转子一次侧余弦绕组，而后又通过它们感应到正弦旋转变压器的定子二次侧正弦绕组和余弦旋转变压器的定子二次侧余弦绕组，由 S_2 和 S_4 输出余弦转角位置反馈信号，由 S_1 和 S_3 输出正弦转角位置反馈信号。这两个位置反馈信号的电压幅值严格地按转子偏转的角度呈正弦和余弦规律变化，其频率和励磁电压的幅值相同。

这些反馈信号被馈送到伺服驱动器，在伺服驱动器内将这些信号转换为相位、速度和位置信号，也就是说测得反馈信号电压就可知道转子转角和速度大小。这就为高精度和可靠的控制伺服电动机的转角位置和速度提供了必要的条件。

图 6-52 是电动执行机构刹车电路。正常情况下，刹车控制触点断开，24V 直流电源始终对 $220\mu F$ 的大型刹车电容充电。在故障时，例如系统故障、电源故障等，刹车控制触点闭合，大电容向电磁刹车线圈供电，强力刹车，使执行机构将保持燃油齿条在当前位置上。

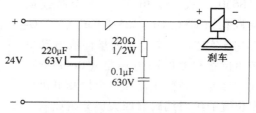

图 6-52　电动执行机构刹车电路

绝对编码器是直接输出数字量的传感器，所谓绝对就是编码器的输出信号在一周或多周运转的过程中，其每一位置和角度所对应的输出编码值都是唯一对应的。绝对式编码器是依据计算机原理中的位码来设计的，比如：8 位码（00000011）、16 位码、32 位码等。把这些位码信息反映在编码器的码盘上，圆形码盘上沿径向有若干同心码道，每条道上由透光和不透光的扇形区相间组成，相邻码道的扇区数目是双倍关系，依次以 2、4、8、16……编排。如此编排的结果，比如对一个单圈绝对式而言，便是把一周 360° 分为 2 的 4 次方、2 的 8 次方、2 的 16 次方……2 的 n 次方，位数越高，则精度越高，量程亦越大。码盘上的码道数就是它的二进制数码的位数。在码盘的一侧是光源；另一侧对应每一码道有一光敏元件。当码盘处于不同位置时，各光敏元件根据受光照与否转换出相应的电压信号，形成二进制数。这样，在编码器的每一个位置，通过读取每个码道的明、暗数，获得一组从 2 的零次方到 2 的 $n-1$ 次方的唯一的二进制编码，这就称为 n 位绝对编码器。

这种编码器不用计数器一直计数，在转轴的任意位置都可读出一个固定的与位置相对应的数字码，即绝对编码器由机械位置决定的每个位置是唯一的。无需找参考点，什么时候需要知道位置，什么时候就去读取它的位置。这样，编码器不受停电、干扰的影响，其抗干扰特性、数据的可靠性大大提高了。显然，码道越多，分辨率就越高，对于一个具有 n 位二进制分辨率的编码器，其码盘必须有 n 条码道。

绝对式编码器是利用自然二进制或循环二进制方式进行光电转换的。绝对编码器可有若干编码，根据读出码盘上的编码，检测绝对位置。实际上编码的设计可采用二进制码、循环码、二进制补码等。它的特点是：1）可以直接读出角度坐标的绝对值；2）没有累积误差；3）电源切除后位置信息不会丢失。但是分辨率是由二进制的位数来决定的，也就是说精度取决于位数。

2. 工作原理

执行机构接收数字调速单元（DGU8800e）输出的油门位置 $-10V \sim +10V$ 电压信号，这个电压信号首先与来自绝对编码器的电动执行器位置反馈信号进行比较，比较所得的位置偏差信号经位置控制器比例积分作用和油门刻度标度变换比例环节后转换成执行器驱动信号，该信号号经 D/A 转换后成为驱动伺服电动机转动的速度模拟信号 U_ω。然后送入功放单元，它是一块伺服驱动模拟电路（SBS），并带有伺服电动机速度控制的品质调节环节。执行器速度反馈用于稳定伺服电动机转速，实现伺服电动机转速的准确控制。执行器位置反馈用于控制伺服电动机位置，实现伺服电动机位置的精确定位。减速装置的作用是将伺服电动机的回转运动转换成角位移，经机械传动机构拉动高压油泵的燃油尺条来改变供油量，从而达到控制主机转速的目的。

　　伺服驱动器（SBS）原理框图如图 6-53 所示，它实际上是一个电机速度控制系统。图中 U_ω 是来自经 D/A 转换后成为驱动伺服电动机转动的速度模拟信号，与旋转变压器送来的角速度检测信号进行比较得到的偏差送入速度 PI 调节器。正弦波发生器的任务是产生以转子位置为相位的正弦波，这个正弦波信号作为交流正弦电流指令与伺服电动机的电流反馈信号进行比较得到的偏差送入电流 PI 调节器，为了把正弦波电流调节器的输出按原样进行功率放大后送入伺服电动机，就需要将正弦波调制成方波，经基极驱动电路来控制逆变器大功率晶体管的导通角，此时大功率晶体管作为开关来使用，达到控制伺服电动机的速度和位置的目的。光滑的正弦波驱动，可以减少谐波干扰，确保伺服电动机低速、稳定运行。

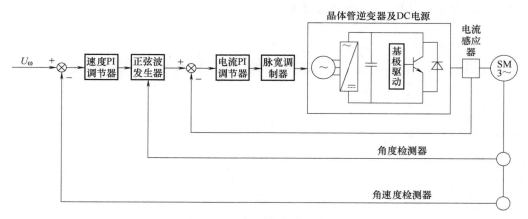

图 6-53　伺服驱动器原理框图

　　晶体管逆变器、DC 电源、伺服电动机原理电路如图 6-54 所示。由图可见三相交流电经三相全控桥整流电路整流后是脉动的直流电压，再经过滤波电容 C_1 和 C_2 的滤波，将其转换为直流电，使加于逆变器桥臂的电压为一恒压源，滤波电容的作用除了稳压和滤波整流后的电压纹波外，还在整流电路和逆变电路之间起去耦作用，以消除相互干扰，为感性负载提供必要的无功功率。因此，滤波电容的容量必须较大，起储能作用，所以该电容又称储能电容。电动机制动运行时，电机转子轴上的动能和电动机电感的贮能都要以电能的形式回馈到直流电源给电容充电，于是导致电容两端电压迅速升高，若此电压升高得过多，会造成逆变器回路中作为该开关元件的晶体管和电容的损坏，为此，电路中设置了由 R_1 和 VT_0 组成能耗制动回路。晶体管逆变器由三相六个桥臂构成，把直流电变换成交流输出，即变压也变频，输出到电动机的三相电压和频率都是同时变换的。实际上经电流反馈控制后，晶体管逆变器输出的三相交流为近似对称的正弦交流电，以使电动机获得圆形旋转的气隙磁场，从而

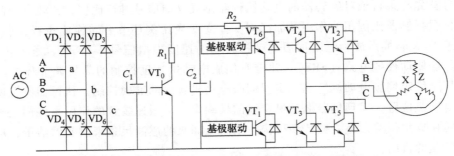

图 6-54　晶体管逆变器、DC 电源、伺服电动机原理电路

转子便可转动。

　　伺服装置还能自动监视控制信号，并且在故障的情况下，利用伺服电动机内部装的刹车装置锁住执行器，执行机构将保持燃油齿条在当前位置上，假如这是一个故障/非安全状态，则主机会按先前的速度运行。即调速器在某种原因损坏的情况下，主机仍能维持在原先的油门开度下运转。这些可能的损坏情况为在驾驶台控制的情况下，驾驶台控制系统出现故障；提供到数字调速系统的 24V 直流电断电；交流主电源中的一相断掉；交流三相供应电压故障；用于电动执行器的伺服放大器故障；电动执行器反馈故障（检测燃油泵燃油齿条位置的绝对编码器故障）；因为系统回路故障等。

第七章

Chapter **7**

柴油主机气动操纵系统

主机气动操纵系统是用来执行主机启动、换向、制动、停车及调速等控制命令的系统，是主机遥控系统的执行部分，也是主机遥控装置与主机之间的控制接口。不同类型的柴油主机，所配套的气动操纵系统不尽相同。其中最具影响力的是 MAN-B&W 和 Sulzer 柴油主机气动操纵系统。

第一节　MAN-B&W MC 型主机气动操纵系统

一、MAN-B&W MC 型主机气动操纵系统的组成

MAN-B&W MC 型主机气动操纵系统如图 7-1 所示（见插页）。其主要控制元器件分布在集控室操纵台、机旁和专门的气动控制箱内。系统提供了对主机进行机旁手动操纵和集控室手动遥控的功能，若配上自动遥控装置，则可实现驾驶室自动遥控。该系统要求提供 3.0MPa 动力气源。此外，还要求提供两个相互独立的 0.7MPa 气源，分别用作控制气源和安全保护气源。

图 7-1 所描述的当前工况为主机处于停车状态，凸轮机构的滚轮处于正车位置，已具备电源和气源条件，调速器连接油门拉杆的供油离合器处于"遥控"位置，机旁操纵台的"遥控/机旁"转换阀 100 处于"遥控"位置，已具备集控室操纵工作条件；盘车机已脱开，至空气分配器的气路已打开。

图 7-1 中各元器件的代号、名称及功能说明如下：

① 0.7MPa 遥控用控制空气"通—断"手动操作切换阀。

② 遥控用控制空气低压监测压力开关，该低压报警设定值为 0.55MPa。

③ 为主机各排气阀提供 0.7MPa 气源"通—断"手动操作切换阀。

④ 完车时用来监测阀 1 是否已处于断开位置的压力开关，设计规定：在完车时，只要气路上还有高于 0.05MPa 的压缩空气，完车指示灯持续闪光显示。

⑥ 指示遥控用控制空气压力的压力表。

⑦ 燃油凸轮换向机构正车到位的磁性限位开关，其数量与气缸数相同。

⑧ 燃油凸轮换向机构倒车到位的磁性限位开关，其数量与气缸数相同。

⑨ 燃油凸轮换向气缸气路通—断的手动操作阀。

⑩ 正车换向控制阀。

⑪ 倒车换向控制阀。

⑬ 燃油凸轮换向机构的换向气缸。

⑭ 在启动过程中，防止空气分配器正车换向误动作的联锁控制阀。

⑮ 在启动过程中，防止空气分配器倒车换向误动作的联锁控制阀。

⑯ 0.7MPa 安保气源，空气“通—断”手动操作切换阀。

⑰ 安保空气低压监测压力开关，该低压报警设定值为 0.55MPa。

⑱ 完车时，用来监测阀⑯是否已处于断开位置的压力开关，设计规定：只要气路上还有高于 0.05MPa 的压缩空气，完车指示灯将仍持续闪光显示。

⑲ 指示安保用控制空气压力的压力表。

⑳ 60L 遥控用控制空气瓶。

㉑ 排污阀。

㉓ 发送机旁或遥控两处有关断油停车指令控制空气的双座止回阀。

㉕ 发送机旁或遥控断油指令信息的中间控制阀。

㉖ 防止主启动阀漏气时空气进入空气分配器，在启动期间允许空气进入。

㉗ 对主、辅启动阀通、断控制的二位五通阀。

㉘ 在慢转启动期间闭锁主启动阀的二位三通阀。

㉙ 发送机旁或遥控两处正车动车指令控制空气的双座止回阀。

㉚ 发送机旁或遥控两处倒车动车指令控制空气的双座止回阀。

㉛ 发送机旁或遥控启动指令控制空气的双向止回阀。

㉜ 启动指令控制空气撤销后，使阀㉗得到延时约 1s 才能复位的单向节流阀。

㉝ 启动联锁控制阀。

㊲ 遥控启动指令和换向/启动联锁已被解除的双逻辑控制的允许启动控制阀。

㊳ 遥控停车指令的中间阀。

㊵ 倒车运行和停车时，送出固定喷油定时设置的电磁阀。

㊶ 检测供油离合器位置的限位开关。

㊷ 电子调速器的电动执行器。

㊼ 向遥控系统发送调油轴处于零位信息的切换开关。

㊽ 机旁应急操作时的故障停车复位开关。

㊾ 正车时用来对喷油定时自动调节提供延时控制的单向节流阀。

㊿ 传送正、倒车动车指令控制空气的双座止回阀。

(51) 喷油定时自动调节指令控制空气的压力表。

(52) 按照平均指示压力自动调节喷油定时的执行器。

(53) 发送喷油定时调控压力的调压阀。

(55) 空气分配器正车换向到位，允许发送正车动车控制空气指令的联锁控制阀。

(56) 空气分配器倒车换向到位，允许发送倒车动车控制空气指令的联锁控制阀。

(57) 空气分配器的换向气缸。

(58) 集控室操纵时，当操作手柄 B 从“启动”推向“供油区”时，使停车指令压缩空气尽快排放的速放阀。

(59) 倒车运行时，给出喷油定时固定设置的减压阀。

(60) 限位开关，集控室操作手柄 B 拉到“停车”位置时，可以向电子调速器发送断油停车电信号。

(61) 限位开关，集控室操作手柄 B 拉到“停车”位置，可以使故障停车得以复位。

(62) 电位器，集控室操纵时可用以发送调速指令的电压信号。

(63) 集控室操纵时，用以发送启动指令控制空气的二位三通阀。

(64) 集控室操纵时，用以发送停车指令控制空气的二位三通阀。

(69) 单向节流阀(69)在气路上可以起延时约 6s 的控制作用，即集控室操作手柄 B 从“启动”推向“供油区”时刻算起，由于阀(69)的节流延时控制，有利于主机各缸燃油泵换向凸轮机构换向成功。

(70) 回令车钟，除了给出回令以外，还可用以发送正、倒车动车指令控制空气。

(73) 遥控气源的压力表。

(74) 20L 遥控控制空气储气瓶。

(75) 排污阀。

(76) 压力开关，阀(80)的选用手柄放在“集控室”位置时，可以发送“集控室操纵”的联络电信号。

(77) 用以发送驾驶室/集控室操纵选用切换电信号的压力开关。

(78) 双位切换开关，在集控室操纵时，可确定是否下达进行慢转启动的指令。

(79) 双位切换开关，在集控室操纵时，可确定是否向电子调速器发送取消限制的指令。

(80) 驾驶室/集控室操纵之间进行选用转换的手动操作阀。

(83) 发送“驾驶室遥控”联系信号的压力开关。

(84) 驾驶室遥控时，发送停车指令控制空气的电磁阀。

(85) 发送驾/集两处停车指令控制空气的双座止回阀。

(86) 驾驶室遥控时，发送正车动车指令控制空气的电磁阀。

(87) 发送驾/集两处正车动车指令控制空气的双座止回阀。

(88) 驾驶室遥控时，发送倒车动车指令控制空气的电磁阀。

(89) 发送驾/集两处倒车动车指令控制空气的双座止回阀。

(90) 驾驶室遥控时，发送启动指令控制空气的电磁阀。

(91) 发送驾/集两处启动指令控制空气的双座止回阀。

(100) 实现遥控/机旁之间操纵地点选用转换的手动操作阀。

(101) 发送启动指令控制空气的手动操作按钮。

(102) 发送停车指令控制空气的手动操作按钮。

(103) 发送停车指令控制空气的双座止回阀。

(104) 机旁应急操纵时，在启动成功以后，正倒车指令将受到单向节流阀(104)和管路结合组成的延时环节约 6s 的延时作用，有利于主机各缸燃油泵换向凸轮机构换向成功。

(105) 发送正、倒车指令控制空气的手动切换开关。

(106) 压力开关，发送“遥控—机旁”的选用切换信号。

(107) 压力开关，机旁应急操纵时，发送“机旁操纵”的联系信号。

(114) 在完车时，用来监测空气分配器气路的通—断手动操作阀(118)是否关闭的限位开关，若没有关闭，指示灯将持续闪光显示。

(115) 盘车机是否脱开联锁切换阀。

(116) 发送转车机啮合或脱开信号的限位开关。

⑪ 接收启动信号时使空气分配器起作用的切换控制阀。

⑱ 空气分配器的控制空气通—断手动操作阀。

⑲ 空气分配器关闭时给操纵台指示灯信号并给驾驶台指示的限位开关。

⑳ 发送主启动阀打开或关断信号的限位开关。

㉑ 完车时监测启动阀是否关闭的限位开关，若没有关闭，完车指示灯持续闪光显示。

㉒ 监测启动空气的压力是否过低的压力开关，其整定值为 1.5MPa，若压力过低，将不允许遥控启动，并给出报警信号。

㉕ 20L 安保空气瓶。

㉖ 排污阀。

㉗ 安保停车电磁阀。

㉘ 发送切断油路指令控制空气的双座止回阀。

㉛ 防止排气机构控制空气倒流的单向止回阀。

㉜ 压力开关，遥控气源的输出控制空气压力低于 0.55MPa 就发出报警信号。

㉟ 压力开关，主机高压油泵停油控制空气，当有停油动作而空气压力低于 0.4MPa 就发出报警信号。

二、MAN-B&W MC 型主机气动操纵系统的操作原理

1. 集控室操纵

（1）集控室主机操纵台

集控室的主机操纵台如图 7-2 所示，其中：A 为换向手柄兼回令车钟手柄；B 为主机操纵手柄，即"停车-启动-供油调速"手柄；73 为控制空气压力表；1 为"电子调速器供油限制取消"指示灯；79 为"电子调速器供油限制取消"开关；2 为"慢转启动"指示灯；78 为"慢转启动"控制开关；80 为"驾控/集控"转换阀。

换向手柄 A 有三个工作位置，即正车（AH）、倒车（AS）和停车（STOP）位置。它一方面通过电路给出回令信息，另一方面控制换向阀给出换向信号。手柄 A 处于正车位置时，管路 6 有气；处于倒车位置时，管路 8 有气；处于停车位置时管路 6 和管路 8 均放气。

操纵手柄 B 也有三个位置，即停车（STOP）、启动（START）和供油区（FUEL RANGE）。手柄 B 处于停车位置时，阀⑭被压下，工作在上位，送出停车指令，管路 2 有气；同时限位开关⑩和⑪动作，

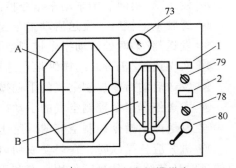

图 7-2　集控室主机操纵台

分别向电子调速器发送断油停车信号和启动逻辑发出停车复位指令。手柄 B 处于启动位置时，阀⑬动作，送出启动信号，管路 5 有气；阀⑭继续保持在上位，管路 2 继续有气。此外，当进入供油区（FUEL RANGE）时，手柄 B 还带动转速设定电位器，给电子调速器送出一个与手柄位置相对应的转速设定值。

（2）集控室遥控的准备工作

在要求进行集控室遥控操纵时，事先应完成以下准备工作：

1）调速供油离合器应处于"遥控"部位；

2）机旁操纵台上的"遥控/机旁"转换阀100应置于"遥控"位置，下位通；

3）集控室操纵台上的"驾控室/集控室"转换阀⑧置于"集控室"位置，上位通。

此时，0.7MPa的控制空气已送至以下各处：

① 曲柄箱油雾浓度监测报警装置；

② 盘车机联锁机构；

③ 喷油定时自动调节机构；

④ 经机旁操纵台的"机旁/遥控"转换阀⑩和管路24送至集控室操纵台，压力表⑦指示控制压力。由于阀⑧已经置于"集控"位置，工作于上位，因而控制空气到达阀⑥和⑥，为集控室操纵做好准备。同时，压力开关⑥、⑦闭合，给控制电路提供开关量信号。

（3）集控室操纵

下面以停车、换向、启动和运行中换向启动四种情况为例说明对主机进行集控室手动遥控的操作方法和气动操纵系统的动作原理。

1）停车：驾驶室车钟给出"STOP"指令，集控室的操作手柄A和B都处于"STOP"位置，阀⑥被压下，工作于上位，控制空气通过，然后分成两路：一路经速放阀⑤和单向节流阀⑥送到正、倒车换向指令阀⑦，作为后续操作的准备条件；另一路经管路2或双座止回阀⑧到达两位三通阀⑧控制端，来自管路0的控制空气通过阀⑧和⑳后再分成两路：一路使阀㉕下位通，控制空气通过阀㉕和⑫使高压油泵处于不可供油状态；另一路使阀⑰下位通，为启动操作提供准备条件。与此同时，限位开关⑥也向电子调速器发送断油停车信号，确保可靠停油。

2）换向：在停车状态下，当驾驶台发出指令时，轮机员首先通过手柄A进行回令。当集控台指示灯指示的凸轮轴位置与车令一致时，再将手柄B从"STOP"位置推向"START"位置。

假设驾驶台发出的是正车（AHEAD）车令，则集控室应将手柄A推到"AHEAD"位置。此时存在两种情况：一是车令与凸轮轴位置相一致，即"AHEAD"指示灯亮，说明满足启动逻辑鉴别条件，可直接将手柄B推到"START"位置，进行启动操作；二是车令与凸轮轴位置不一致，即"AHEAD"指示灯不亮，操纵系统首先进行正车换向，必须等换向结束后才能进行启动操作。

现假设车令与凸轮轴位置不一致，即车令为正车，而凸轮轴位置为倒车。此时，因手柄B停留在"STOP"位置，而手柄A在正车位置，故管路6有气，通过或门阀⑧后一路送至阀⑤等待（因空气分配器处在倒车位，阀⑤工作于左位而截止），另一路再经或门阀㉙后到达阀⑩的控制端，使之工作于左位而打开。气源经过阀⑩左位后一路经阀⑨（手动阀，工作时应置于左位）到达各个高压油泵的换向气缸，进行正车换向（换向到位后，相应的磁力开关⑦动作，送出开关量反馈信号）；另一路经阀⑭（此时控制端无气，下位通）到达空气分配器换向气缸，推动活塞向左运动进行正车换向。换向到位后，通过机械动作使阀⑤工作于右位，阀前等待的控制空气经⑤和或门阀⑩，使管路12有气。

管路12有气标志着空气分配器换向结束，到达阀⑦的阀前等待，为主机启动准备条件。高压油泵换向结束后，各个换向气缸上的磁力开关⑦动作，通过电路处理给出凸轮轴位置信号。这一信号用作集控台"AHEAD"指示灯的控制信号，此外还用于自动遥控系统进行逻辑判断。

以上为操纵系统进行正车换向的过程，倒车换向过程类似。

3）启动：当车令与凸轮轴位置一致时，将集控室手柄 B 推到"START"位置，阀⑥被压下，工作于上位，管路 5 有气；由于是油-气分进型主机，此时阀⑥仍然处于上位，管路 2 继续有气，系统仍处于停止供油状态。

管路 5 的控制空气，经或门阀⑨到达阀㉟的控制端，使其下位通，阀前等待的气源经过阀㉟或门阀㉛使阀㉝下位通。只要盘车机是脱开的，阀⑪上位通，管路 19 有气，控制空气就将通过阀㉝下位使管路 22 有气。管路 22 的控制空气将产生以下逻辑动作：

① 使阀⑭、⑮均工作在上位，空气分配器的位置被锁定；

② 使阀㉖工作在右位，为空气分配器投入工作准备条件；

③ 使阀㉗工作在左位，阀前等待的气源经过阀㉗左位到达阀㉘和辅启动阀，使辅启动阀打开。阀㉘为慢转电磁阀，没有慢转指令时工作于右位，控制空气得以通过，使主启动阀也打开。3.0MPa 动力空气立即进入启动空气总管，一方面到达各缸气缸启动阀，另一方面经过手动阀⑱和阀㉖的右位，然后分成两路：一路进入空气分配器，另一路经阀⑪下位（停油时工作于下位）使空气分配器投入工作，指挥各个气缸启动阀按照正车的顺序开启，使主机进行正车启动。

若有慢转指令，则慢转电磁阀㉘得电，工作于左位，启动时只有辅启动阀打开，使主机慢转。当主机慢转 1~2 转后，取消慢转指令，电磁阀㉘失电，打开主启动阀，转入正常启动。当主机转速已经达到启动转速时，将操纵手柄 B 从"START"推向"FUEL RANGE"区域，这时阀⑥、⑥都复位到下位通，电位器⑥输出转速设定电压信号。

阀⑥的复位使管路 2 的停车指令立即消失，阀㊳复位到上位通，于是就有：

① 阀㉕复位到上位通，各缸高压喷油泵停车气缸内的压缩空气通过阀㉕泄放，进入工作状态。

② 阀⑪复位到上位通，空气分配器停止工作。

管路 6 要经单向节流阀⑥进行延时泄放，有利于各缸高压油泵换向成功。

阀⑥的复位使管路 5 立即失压，阀㉟和㉝先后都复位到上位通，管路 22 上的控制空气将通过阀㉝上位和单向节流阀㉜延时泄放。阀㉜的节流作用是使进气过程延时结束以获得约 1 秒钟的油—气重叠的时间，保障主机启动的成功率。

启动供油阶段结束以后，主机操纵手柄 B 下面的电位器⑥输出转速设定信号送至电子调速器，调速器通过执行电动机控制主机高压油泵齿条调节油量，进入正常运行阶段。

（4）运行中换向启动

驾驶台车钟给出运行中换向指令后，值班轮机员首先通过手柄 A 回令。此时，由于手柄 B 仍处于"FUEL RANGE"区域，阀⑥、⑥均工作于下位，回令车钟⑩不具备气源条件，尽管它已处于正车或倒车的换向状态，但是管路 6 或管路 8 上没有换向指令气压输出，因此回令操作只是使车钟产生声光应答信号，并不执行换向操纵，主机仍处于原来的运行状态。

接下来应对主机进行减速，将手柄 B 拉至低于换向转速的区域，观察转速表，当主机转速下降到换向转速时，再把手柄 B 拉至"STOP"位置，操纵系统执行停油动作，主机进一步降速。与此同时，回令车钟⑩在获得气源并通过管路 6 或管路 8 送出换向信号，进行相应的换向操作。换向结束后，再把手柄 B 从"STOP"扳到"START"位置，只要空气分配器换向完成，即"正/倒车启动联锁"解除，就可以使主机进入强制制动工况，然后开始反向启动。其操作过程和气路工作过程与停车启动完全一致。

2. 驾驶室遥控

主机气动操纵系统均设置有与驾驶台自动遥控系统进行接口的气路。只需在集控室操纵状态下，将操纵台上的"驾驶室/集控室"转换阀⑧置于"驾驶室"位置，则阀⑧工作于下位，接通停车电磁阀⑧、正车电磁阀⑧、倒车电磁阀⑧和启动电磁阀⑨的工作气源；同时，切断集控室主机操纵台气源，手柄 A 和手柄 B 均失去对气路的控制功能。

或门阀⑧、⑧、⑧和⑨的两个输入端分别接收来自集控操纵台和各个电磁阀的输出信号。在驾控时，自动遥控系统根据车令和主机状态进行逻辑判断，通过电信号指挥各个电磁阀动作。电磁阀的输出代替来自集控室的命令，实现对主机的各种操纵，其工作过程与集控室操纵相同。

根据需要，主机可以选配不同的自动遥控系统。自动遥控功能或因厂家而异，但一般都具有正常启动、重复启动、慢转启动、重启动、一次性限时启动、正常换向、应急换向和制动等逻辑功能，同时还可以对换向、启动失败等情况进行监测，发生故障时将给出声、光报警信号。此外，在转速和负荷控制方面，一般还有最低稳定转速限制、最高转速限制、临界转速自动回避、加速速率限制、程序负荷、增压空气压力限制以及转矩限制等功能。

3. 机旁应急操纵

任何主机的气动操纵系统都必须具备机旁应急操纵功能，以便在遥控气路、调速器等发生故障或在其他某些必要情况下能够在机旁对主机进行操纵。

进行机旁操纵时，首先要进行操作部位的切换。MAN-B&W MC 型主机的机旁应急操纵台如图 7-3 所示。切换至"应急操纵"的操作步骤如下：

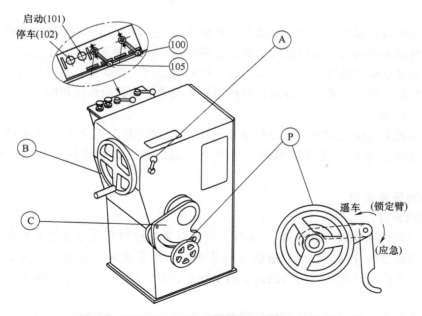

图 7-3   MAN-B&W MC 型主机的机旁应急操作台

1）检查换向阀⑩的位置。阀⑩是在机旁操纵时的手动换向阀，切换之前应确保处于希望的位置。从图 7-1 可看出，只有停车阀⑩被压下时，换向阀⑩才起作用。

2）逆时针转动锁紧手柄 A，使油门调节手轮 B 处于自由状态。

3）将锁定臂（Blocking Arm）置于“应急（Emergency）”位置。

4）将手轮 B 转至合适的位置（参见主机说明书），逆时针转动压紧手轮 P（Impact Hand-wheel），使油门拉杆从调速器输出断开，连接到手动调节手轮 B。

5）将操作部位转换阀(100)由“正常（Normal）”转至“应急（Emergency）”位置。

切换至“应急（Emergency）”位置后，机旁操纵台气源接通（压力开关(106)和(107)动作，送出相应的开关量信号），可通过机旁手动阀对主机进行应急操纵；管路 24 的气源被切断，集控室和驾驶台操作失效。

机旁操作指令由停车阀(102)、正/倒车换向阀(105)和启动阀(101)给出，并分别通过或门阀㉓、㉙、㉚和㉛同来自集控室或驾驶台的遥控指令相“或”。由于遥控气路不工作，以上或门阀的输出只能来自机旁。

（1）停车

按下停车阀(102)，使其上位通，来自转换阀(100)的气源经或门阀(103)和㉓送至中间控制阀㉕的控制端，其后的停油动作与遥控操作相同。应注意的是，停车阀(102)不带复位弹簧，而是采用气动复位，在按下起动阀(101)之前，停车阀(102)将保持在上位（即停车位置）。

（2）换向

只有按下停车阀，换向阀(105)的阀前才有工作气源，因此只有在停车状态下才能进行换向操作。正车换向时，将阀(105)置于正车位置，阀前压力经过阀(105)的下位送至或门阀㉙，阀㉙的输出有气，进行正车换向；倒车时，或门阀㉚的输出有气，进行倒车换向。在机旁手操时，换向联锁应由操作轮机员自行判定。

（3）启动

按下启动阀(101)，使其上位通，输出有气并分成三路。其中，一路使阀(102)复位；一路经或门阀㉛送至阀㉝的控制端，进行启动操作；还有一路经或门阀(103)和㉓，送至阀㉕的控制端，使主机在启动过程中保持停油。启动成功后，松开启动阀，弹簧复位，停止启动。

在机旁控制气路中，单向节流阀(104)的作用和单向节流阀(69)的作用相同。

（4）供油调速

机旁手动操纵的供油调速是通过操纵手轮 B 经传动杠杆、离合器和调油轴等直接控制高压油泵实现的，因此在机旁给出的不是转速设定信号，而是油量信号。故调速器不起作用。

4. 联锁和安全保护

（1）联锁装置

1）换向—启动联锁：以倒车换向为例，当倒车换向控制空气经过换向控制阀⑪进行倒车换向时，如果空气分配器换向气缸(57)未完成换向，由于换向—启动联锁阀(56)处于截止状态，控制空气无法通过(56)和或门阀㊿到达启动控制阀㊲，没有产生换向完成信号，因此不允许启动。

当倒车换向控制空气经过换向控制阀⑪进行倒车换向时，如果换向完成，换向—启动联锁阀(56)处于导通状态，控制空气通过(56)和或门阀㊿到达启动控制阀㊲，允许启动。

如果实际换向已到位，但由于换向连杆机构或换向—启动联锁阀(56)控制端压头松动等原因，使阀(56)动作不到位，也不能产生换向完成信号，也不允许启动。

2）启动过程中的空气分配器换向的锁定：在启动过程中，空气分配器不允许换向的联锁是通过启动—换向联锁阀⑭和⑮来完成的。在柴油机启动过程中，启动控制空气控制启动—换向联锁阀⑭和⑮使其处于截止状态，换向的控制空气被截止，从而禁止启动过程中空气分配器发生换向操作。

3）盘车机联锁：盘车机联锁由手动二位三通阀⑮实现，如果盘车机没有脱开，阀⑮切断主启动阀控制回路气源，封锁主机启动。

（2）安全保护

在气动控制箱内设置了由安全保护系统控制的断油停车电磁阀⑰，它由独立的气路提供工作气源。一旦按下应急停车按钮，或主机出现紧急情况使得安全保护系统输出应急停车指令时，电磁阀⑰得电，下位通，安保控制空气将通过阀⑰和或门阀⑱送至高压油泵停油阀，实现断油停车，对主机进行安全保护。

5. 喷油定时自动调节（VIT机构）

VIT机构的实质是在主机负荷变化时，能够自动地调整高压油泵的喷油提前角，使主机在部分负荷时有较高的爆压，提高部分负荷下的经济性，而在高负荷运行时最高燃烧压力不超过额定值，以达到节能和保障主机性能的双重效果。

在MAN B&W MC型主机的气动遥控系统中，喷油定时自动调节是根据主机负荷变化有规律地使喷油提前或后移的一种设计，实验证明这种设计可以提高爆压，尤其是在高负荷区内可以使主机工作在最佳燃爆的状态下，降低油耗。

在图7-1所示的气动操纵系统中，喷油定时自动调节单元是由传动杠杆、调压阀㊴、VIT伺服机构㊵以及操作机构等组成的。当调速器的输出发生变化时，调油轴一方面改变高压油泵燃油齿条的位置，另一方面驱动调压阀㊴的控制杠杆动作，使之绕支点螺钉O_1或O_2偏转，如图7-4所示。调压阀㊴在控制杠杆的作用下输出一个与主机负荷相关的压力信号，这一压力信号经单向节流阀㊾和电磁阀㊵的右位到达各个气缸的VIT伺服机构㊵。各缸伺服器按照输入气压的大小输出一个对应的位移信号，拉动高压油泵的喷油定时调节齿条，调整高压油泵套筒的升降，使喷油定时随着主机负荷的变化而提前或后移，图7-5给出了伺服器位移输出杆与高压油泵定时调节齿条的连接关系。VIT伺服机构实质上是一个定位气缸，随着输入压力的增大，其输出杆向右的位移也增加，杠杆绕支点逆时针转动，通过连接杆推动定时调节齿条向左移动，喷油定时提前；反之，若输入气压减小，则喷油定时滞后。

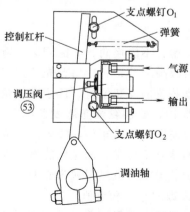

图7-4 VIT控制杠杆动作原理

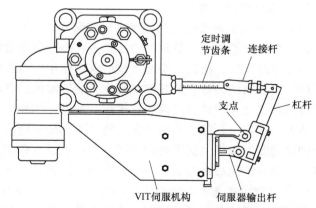

图7-5 VIT伺服机构与高压油泵定时调节齿条的连接关系图

喷油定时随着主机负荷变化而变化的设计规律可用图 7-6 加以描述，图中①、②、③、④分别对应主机负荷的 4 个不同区域，分别说明如下：

① 主机在约 50% 标定功率以下的低负荷区运行时，控制杠杆在弹簧的拉力作用下贴紧支点 O_1，喷油定时不受控制，喷油提前角 θ 最小，VIT 机构不起作用。

② 当主机负荷约为 50% 标定功率以上时，随着喷油量的增加，控制杠杆绕支点 O_1 转动压紧调压阀㊾的控制端，调压阀输出压力增加，喷油定时得以提前，爆压增长要比原先快。

③ 当负荷达到 80%～85% 额定负荷时，控制杠杆开始和支点 O_2 接触，这时爆压应

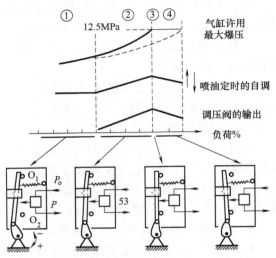

图 7-6　喷油定时随主机负荷变化的设计规律

达到最大允许压力。如果负荷继续增加，控制杠杆绕支点 O_2 转动，调压阀㊾的输出压力开始减少，喷油提前角 θ 逐渐减小，这是喷油定时调节的一个转折点。

④ 当负荷高于 80%～85% 额定负荷时，喷油定时将随复合增加而后移，大体保持爆压恒定，确保机械负荷和热应力不超过允许值。

必要时，可以对支点 O_1 和 O_2 以及调压阀的位置进行调节，调油轴传动杠杆和控制杠杆之间的相对位置一般不做调整。这就可以对定时自动调节特性曲线的起始点、转折点和终点进行调整，使主机获得最经济的油耗控制。

图 7-1 中的单向节流阀㊾可以在调油轴转角波动较小（即主机喷油量变化不大）时，阻断对定时控制的干扰，其设计要求是在油门开度有 ±2 格变化的情况下，应不影响喷油定时控制。电磁阀㊵在倒车状态下有电，向 VIT 伺服机构送入一个由减压阀㊾预先调定的固定压力，喷油定时不再随负荷的变化而变化。

三、MAN-B&W MC 型主机操纵系统的故障分析和维护

1. 故障分析的一般方法

（1）掌握系统的安全保护装置和联锁装置

在主机遥控系统中，最常见的故障是：不能启动或启动困难，不能换向，不能调速。造成这些故障的原因，往往是安全装置的保护作用，因而在分析故障之前，一定要首先了解安全保护装置和联锁装置，最好能找到安全装置的传感器或联锁装置的安装位置，便于现场查询。常见的安全保护装置有油压、水压、油温、水温、超速保护、曲柄箱油雾浓度监测等。联锁装置一般有：不停油不能换向，换向不完毕不能启动，转向联锁和盘车机联锁等。造成安全和联锁装置操纵主机困难的原因，往往不是参数和主机的状态不正常，而是传感器的误传导，使其在排除故障时走了一定的弯路，因而检查安全保护装置本身就显得尤为必要。

（2）了解主机遥控系统的主要功能、控制过程及可设定参数的意义和数值

微机遥控系统的主要功能有：重复启动、启动油量设置及保持、临界转速自动回避、负

荷程序等。可设定很多的参数，说明书中一般都提供详细的数据表。对系统的功能和参数一定要理解，必要时应根据机器的状态进行适当地调节。例如点火转速（Ignition Speed 或 Cut-off Speed），其实质是给计算机设置一个参数，根据机器的状态，认为主机能够点火燃烧而切断启动空气的一个转速。机器经过多年运转，其状态发生了变化，原来设置的点火转速可能不够，需要进行修改。再比如启动油量是为了可靠地启动而设置的，专门用于启动的油量。如一台主机经几年的运转，气缸、活塞、油泵及油门传动机构有不同程度的磨损，这时仍用新机的启动油量，往往会造成启动困难，这时应适当地增大启动油量的设置，问题即可解决。

（3）故障出现后的分析步骤

1）查报警：一台柴油机从静止状态到运行状态，操作不灵或运行过程中突然自动地减速或停车，首先应检查故障报警装置。一般控制台或模拟板上都有比较重要参数的指示灯、数值表，如润滑油、冷却水的压力、温度等。分析这类故障时，应分清是参数不正常还是传感器不正常，并分别进行处理。

2）使用机旁操纵：这种操纵方式使系统在操纵过程中使用的阀件最少，便于查找。

3）检查系统参数设置：如果机旁操纵没有问题，可以断定主机操纵的执行机构是好的，其中包括启动阀、换向机构、调速器等。下一步应检查集控或驾控所使用的设备、阀件等，可通过系统的模拟试验，检查遥控系统的工作状态及各重要参数的设置。这些工作状态、参数数值都可通过指示灯、数码管或液晶显示屏显示出来。如果属微机硬件故障，可通过换备用模块板来解决，而不必考虑是板上的哪个集成块或元件有问题。硬件无故障，则应考虑参数的设置问题，例如启动油量、点火转速、一次启动时间等。应根据故障的具体现象及机器的使用状态等做适当的修改。

4）检查电气接口：因为气电转换的接口部分阀件管路比较复杂，所以放在最后检查。一般是先使微机发出操纵指令，再检查阀件是否工作。若不工作，再进一步找原因。例如启动过程中，车钟放在启动位置，启动信号已输出，如果主机无反应，可用螺钉旋具通过启动阀尾部的小孔，推动阀芯使其达到启动位置。若主机能够启动起来，则说明气路管线无问题，故障应在电磁阀。可检查阀芯的滑动情况和电磁阀的电路问题，使故障范围缩小到很小的范围，很容易查到并解决。若电磁阀无问题，而启动系统无反应，则需检查电磁阀与执行机构之间的管线。具体方法是关闭主启动阀主气源，将操纵手柄放在启动位置，然后从电磁阀开始，逐个对接头或阀件进行检查。可旋松管路接头，检查是否有漏气，于是很容易地找出故障点。

2. 模拟试验检查气动系统故障

船舶主机的微机控制系统一般都设有专门的模拟试验装置，在备车时可对系统进行模拟试验，以检查系统的功能。在码头或船厂，若检修后应对其功能进行检查，也可进行模拟试验，气动系统虽然没有专门的模拟试验装置，但通过对一些阀件的设置，同样可以进行模拟试验。下面以集控室模拟控制为例，介绍模拟试验检查故障的一般方法。

（1）准备

启动滑油泵，若不能启动应对滑油泵压力继电器进行检查，首先断开报警线路，使滑油泵低压自动停车或自动减速的信号不能输入到安全保护系统中（注：试验完毕后一定要复位）。若系统对冷却水压力有要求，可同法处理；供给控制气源（若无气源则模拟试验无法进行）；检查主启动阀气源，确认其处于切断状态，防止在试验的过程中压缩空气进入气缸；将控制方式设置为集控室控制；确认燃油凸轮处于正车或倒车的极端位置。

（2）模拟启动

将集控室的操纵控制手柄置启动位，到主启动阀处观察主启动阀旋塞端部的位置刻度指示，确认其在 OPEN 位；将控制手柄置停车位，确认其在 CLOSE 位。若阀件动作灵敏，能准确到位，说明从集控室到主启动阀的开启气缸工作正常。若要对空气分配器和气缸启动阀进行检查，则需在阀⑪（如图 7-1 所示）处外接气源，可通过盘车的方法检查空气分配器和气缸启动阀的工作情况。若主启动阀不能正确动作，则可检查启动控制阀到主启动阀之间的元器件是否工作正常：将控制手柄置于启动位，循序拆卸阀件出口处的管路，气压正常输出则阀件正常，否则阀件有卡阻或其他损坏，经修理后可排除故障。

（3）模拟换向

上述准备工作完成后，扳动正倒车换向手柄，观察空气分配器换向气缸的工作情况，并分正车和倒车两种情况拆开正/倒车联锁后的或门阀的出口，检查其输出气压是否正常，确认换向到位的反馈情况；观察燃油泵换向气缸的工作情况，在柴油机静止的情况下六缸柴油机的四只以上的燃油泵换向气缸动作灵敏，燃油泵的换向就是正常的。

（4）模拟加速

集控室气动遥控的调速也是通过微机控制的电子调速器完成的，因而启动后的加速需给计算机输入模拟转速信号。模拟转速信号一般由设在模拟试验板上的电位器提供。首先将换向手柄置于燃油凸轮一致的转向（确保所有燃油凸轮的位置与要求的转向一致）；模拟启动，通过模拟试验板给出模拟转速，使其达到点火转速以上，系统显示启动成功，然后慢慢地扳动燃油手柄加速，观察燃油调节总杆的动作情况，同时在控制台上一般有仪表显示转速设定信号的数值，可判断加速过程是否正常。

模拟试验是一个非常有效的检查系统功能和查找故障的方法。它与实际操作不同的是主机不转，需要转速信号时通过模拟的方法给出，备车及系统中阀件的工作过程是一样的，因而通过模拟试验完全可以检查系统的性能。

3. 气动系统的维护管理

主机遥控系统的组成较为复杂，其分析和排除故障的技术含量较高，大多数阀件的结构较为复杂，零件较为精密，维护修理的难度较大，往往令许多轮机员望而却步，造成对系统的维护不能及时进行。等到系统出现故障时，系统的状况已经非常差了。在气动系统中，其失效的主要现象为密封橡胶圈老化、零件磨损或锈蚀、脏堵等。针对这些失效的状态，遥控系统说明书中都有明确的维护要求，只要遵循这些要求进行维护，系统就能保持较好的技术状态。

在气动遥控系统中，信号的传递都是以压缩空气作为工作介质。遥控气源的压力必须正常，一般为 0.7MPa；操作空气要求无尘、无水、无脏物；为了使某些运动部件得到润滑，操作空气最好经过滑油雾化处理。

为了使气动遥控元件发挥其应有的效能，轮机人员必须重视气动遥控元件的定期检查和保养工作。建议按以下周期进行维护、检查和调校工作。

1）1 至 7 天对滤器、气瓶定期排放污水，并注意查看有关的液位情况。

2）半年至 1 年更新空气过滤器中的过滤元件，应对遥控气路进行漏气检查。

3）每 2 年对强度在 3.0MPa 以下的气动元件，如气缸等执行机构进行维护检查。

4）每 4 年对强度在 1.0MPa 以下的气动元件，即大多数气动阀件进行维护检查。

5）4~8 年对密封垫片之类的橡胶制品，即使没有表面破损等情况也必须予以更换。

6）原则上经过 8 年长期使用之后的 1.0MPa 以下的气动元件都要求更换，以确保工作的安全和可靠。

在维护、检查时，应对金属零件用清洗油清洗，对橡胶制品用肥皂水清洗。发现破损、老化等情况必须予以更换。在安装时，应用低压压缩空气吹净并给予必要的润滑。

第二节 SULZER RTA DENIS-6 型主机气动操纵系统

一、SULZER RTA DENIS-6 型主机气动操纵系统的组成

采用 SULZER RTA DENIS-6 型气动操纵系统对柴油主机进行遥控，可分别在驾驶台和集控室操作，当遥控系统发生故障时，可在机旁手动操纵主机。在调速器损坏的情况下，还可利用应急操纵方式操纵主机。DENIS 系统在启动回路中装设了大量压气到位指示器，为故障的诊断和排除带来了极大的方便。

1. SULZER RTA DENIS-6 气动操纵系统中的主要阀组和阀件

SULZER RTA DENIS-6 部件编号与名称对照见表 7-1，阀组、阀件名称编号对照表见表 7-2。

表 7-1 SULZER RTA DENIS-6 部件编号与名称对照表

编号	名　称	编号	名　称
1.02	机旁手动转速设定阀	2.21	泄放阀
1.03	PGA200 气动调速器	2.22	空气分配器换向气缸
1.04	转速传感器		
		3.01	喷油器
2.01	空气分配器	3.02	喷油泵
2.02	空气分配器凸轮	3.03	燃油凸轮
2.03	主启动阀	3.04	负荷指示器
2.04	主启动阀止回阀	3.05	VIT 机构
2.05	主启动阀控制阀	3.07	进油阀偏心轴
2.06	泄放和试验阀	3.08	出油阀偏心轴
2.07	气缸启动阀	3.09	燃油调节轴
2.08	阻焰器	3.10	调速器与调油轴连接空气缸
2.09	安全阀	3.11	最大油量限位螺钉
2.10	主启动阀手轮	3.12	机旁燃油手柄
2.13	盘车机联锁阀	3.13	燃油安全阀
2.14	调速器启动升压器		
2.15	启动联锁和慢转阀组	4.01	排气阀

（续）

编号	名　　称	编号	名　　称
4.02	排气阀液压驱动泵		
4.03	排气阀驱动泵凸轮	6.01	运转方向联锁装置
4.04	排气阀传动油缸	6.02	滑动连轴节
4.05	空气弹簧	6.04	安全切断装置
4.06	空气节流阀		
4.07	液压油安全阀	7.03	计数转速表
4.08	空气弹簧供气阀	7.07	负荷指示发迅器
5.01	喷油泵换向伺服器	8.04	分配块
5.02	换向阀	8.06	气缸注油器
5.03	换向手柄	8.07	视流器
5.07	停车手柄	8.09	止回阀

表 7-2　SULZER RTA DENIS-6 阀组、阀件名称编号对照表

A	控制空气气源	53HB	液控二位三通阀,运转方向联锁
19HA	减压阀	53HC	遥控接通阀
19HB	减压阀	D	换向联锁阀组
23HA	减压阀	53HI	喷油泵凸轮换向伺服器联锁阀
36HA	手动二位三通阀	53HK	喷油泵凸轮换向伺服器联锁阀
112HA	单向阀	115HD	选择阀、各缸换向联锁总阀
112HB	单向阀	115HE	选择阀、各缸换向联锁分阀
112HG	单向阀	216HI	油泵换向压力指示器
112HH	单向阀	216HK	油泵换向压力指示器
270HA	安全阀	E	启动换向阀组
270HB	安全阀	35HB	机旁/遥控联锁阀
287HA	空气瓶	49HC	主启动阀控制阀
287HB	空气瓶	49HD	空气分配器和燃油泵凸轮正车换向阀
342HA	单向阀	49HE	空气分配器和燃油泵凸轮倒车换向阀
342HB	单向阀	49HF	机旁停车阀
351HA	气水分离器	130HC	启动控制电磁阀
PT4401A	压力变送器(控制空气)	130HD	正车换向电磁阀
PT4321A	压力变送器(空气弹簧)	130HE	倒车换向电磁阀
B	调速器/油门杆阀组	M	调速单元阀组
9B	气源选择阀	9A	气源选择阀
53HA	升压器供气阀	11HA	遥控转度设定阀

（续）

15HA	手动转速设定阀	PS5011C	压力开关
G	操作部位转换及停机控制阀组	PS5015L	压力开关
25A	驾/集遥控电磁阀	P	启动联锁和慢转阀组
29B	越控气源阀	53HQ	启动信号联锁阀
29D	遥控供气阀	129HA	启动限制电磁阀
49HH	越控气控阀	212HA	空气分配器换向联锁阀
115HA	停车选择阀	29C	遥控/手动转换阀
115HB	停车选择阀		机旁阀
115HC	换向和错向联锁停油阀	31HC	机旁/遥控联锁阀
126HB	应急停车电磁阀	38HA	盘车机联锁阀
126HC	遥控停车电磁阀	38HB	盘车机联锁阀
130HF	越控电磁阀	134HA	气缸启动阀开关控制阀
PS5001C	压力开关（遥控接通）		

（1）A 阀组（控制空气气源阀组）

该阀组由滤器、减压阀、单向阀等组成。阀组外部管接头 A1~A6，其中 A1 是 0.8MPa 控制空气气源入口，A2 是 3.0MPa 动力气源入口，A3 是 0.8MPa 主控制空气气源出口，A4 是 0.75MPa 安保控制空气气源出口，A5 是 3.0MPa 动力气源出口，A6 是 0.75MPa 排气阀空气弹簧气源出口。

（2）B 阀组（用于调速器和油门杆连接的控制阀组）

该阀组由二位三通阀，或门阀、压力开关等组成。阀组外部管接头 B1~B9，其中 B1 是 3.0MPa 动力控制空气入口，B2 是停油信号空气入口，B3 是动力控制空气去调速器升压器的出口，B4 是调速器与油门杆连接的空气缸控制空气出口，B5 是主控制空气气源入口，B6 是错向联锁控制信号油入口，B7 是错向联锁控制空气出口，B8 是辅控制空气气源入口，B9 是机旁手动应急操纵联锁空气进口（脱开调速器）。

（3）D 阀组（换向联锁阀组）

该阀组由与主机气缸数相同的小阀组组成，每个小阀组皆由 1 个液控换向联锁阀、1 个或门阀和 1 个压力开关组成。阀组外部管接头 D1~D4，其中 D1 是控制空气气源入口，D2 是换向联锁（换向完成）信号输出口，D3 是各缸间换向联锁（换向完成）信号串接入口，D4 是换向联锁（换向完成）控制油压信号入口。

（4）E 阀组（启动、换向气动逻辑阀组）

该阀组由 3 个机械/空气双控二位三通阀、3 个二位三通电磁阀和 2 个机械控制二位三通阀组成。阀组外部管接头 E3~E10，其中 E3 是 3.0MPa 启动控制空气出口，E4 是 3.0MPa 正车换向控制空气出口，E5 是 3.0MPa 倒车换向控制空气出口，E6 是 3.0MPa 控制空气气源入口，E7 和 E8 分别是 0.75MPa 和 0.8MPa 控制空气气源入口，E9 是向 G 阀组供气的出口，E10 是机旁操纵停车控制空气出口。

该阀组中 3 个电磁阀分别是启动电磁阀 130HC、正车换向电磁阀 130HD 和倒车换向电磁阀 130HE。

（5）G 阀组（操作部位转换及停机控制气动逻辑阀组）

该阀组由二位三通气控阀、二位三通电磁阀和或门阀以及压力开关等组成。阀组外部管接头 G1~G11，其中 G1 是向机旁/遥控操纵联锁阀 35HB 供气出口，G2 是机旁停车控制空气进口，G4 是控制空气气源进口，G5 是燃油凸轮换向联锁空气入口，G6 是停油控制空气出口，G7 是机旁手动应急控制联锁空气进口，G8 是定有信号空气去 B 阀组的出口，G9 是遥控气源入口，G10 是去转速设定阀组的遥控信号空气出口，G11 错向联锁保护信号入口，G12 是越控信号空气气源入口。

（6）H 仪表板（压力指示仪表板）

该组件由若干压力指示仪表和手动截止阀等组成，阀组件外部管接头 P1~P8，均为压力引入接口。

（7）I 仪表板（压力开关、压力变送器和压力报警值与压力安全保护值设定仪表板）

该组件由若干压力开关、压力变送器和手动截止阀等组成，阀组件外部管接头 P1~P9，均为压力引入接口。

（8）P 阀组（空气分配器控制阀组）

该阀组由 2 个二位三通气控阀和 1 个二位三通电磁阀组成。阀组外部接头 P1~P3，其中 P1 是空气分配器控制空气和工作空气进口，P2 是起动信号空气进口，P3 是去空气分配器的控制空气和工作空气出口，此外还有一路空气分配器换向联锁空气，直接由换向气缸接到电磁阀 129HA 的 3 口。

（9）M 阀组（调速单元阀组）

该阀组由二位三通气控阀，或门阀和遥控转速设定阀以及手动转速设定阀组成。阀组外部接头 M1~M4，其中 M1 和 M2 分别是 0.8MPa 和 0.75MPa 控制空气入口，M3 是遥控信号空气入口，M4 是去调速器的转速设定压力空气出口。

2. 控制介质及有关设备

SULZER RTA DENIS-6 气动操纵系统的控制介质是控制气源和压力油。

（1）控制气源

控制气源由三种压力级别的空气组成，分别是 0.8MPa 的主控制空气、0.75MPa 的排气阀驱动空气与安全保护控制空气（也作为辅助控制空气）和 3.0MPa 的启动与动力控制空气。

1）0.8MPa 控制空气及有关阀件：主控制空气是由 3.0MPa 的空气经减压阀减压至 0.8MPa，然后经过滤除尘和脱水干燥后得到。该空气经过气源单元 A 的 A1 输入口和单向阀 112HA，再通过 A3 出口向气动逻辑和调速回路提供控制空气。287HA 为一小气瓶，可以储压和泄放残水，在 287HA 上装有安全阀 270HA。PT4401A 是压力开关，对控制空气进行压力监测，在压力低于报警设定值时输出报警信号。

当 0.8MPa 的控制空气由于故障无输出时，3.0MPa 的动力控制空气经减压阀 19HB 减压后通过单向阀 112HB 提供备用控制空气。

2）3.0MPa 启动和动力控制空气及有关阀件：启动空气和动力控制空气都是 3.0MPa 的压力空气。启动空气直接从主空气瓶上方输出，去主启动阀 2.04 提供主机启动时需要的压缩空气。动力控制空气由主空气瓶下方输出，从 A2 口进入气源系统，经气水分离器 351HA 除水，经阀 112HG 后通过 A5 口输送至盘车机联锁阀 38HA，再经过阀 49HC、49HD、49HE 为主启动阀的控制阀 2.05、燃油泵凸轮换向阀 5.02 和空气分配换向气缸 2.22 提供控制用的动力空气。

3）0.75MPa排气阀驱动空气和安全保护控制空气及有关阀件：排气阀驱动空气是为主机液压式排气阀的空气弹簧提供压缩空气，正常情况下由351HA输出的动力控制空气经减压阀19HA减压为0.75MPa，通过单向阀342HB和手动二位三通阀36HA由A6口输出，经节流阀4.06到排气阀空气弹簧4.05。如果19HA由于故障无输出或压力低时，压力开关PT4321A动作输出报警信号，同时0.8MPa的控制空气经减压阀23HA减压后通过单向阀342HA向排气阀空气弹簧提供驱动空气。

安全保护控制空气由0.8MPa的控制空气经减压阀23HA减压后通过单向阀342HA和出口A4输出。287HB为一小气瓶，可以储压和泄放残水，在287HB上装有安全阀270HB。安全保护空气用来为高压油泵停油伺服器（也称安全切断装置）6.04提供控制空气，同时也为VIT机构、操纵系统和停车控制气路提供辅助控制空气。

（2）压力油

作为控制用的1.0~1.2MPa的十字头轴承润滑油通往燃油泵凸轮换向阀5.02、转向安全保护装置6.01、燃油泵凸轮换向伺服机构5.01以及各缸换向机构联锁阀53HI、53HK……等。在换向过程中，换向控制空气推动换向阀5.02的滑阀机构，控制压力油定向驱动燃油泵凸轮换向伺服机构5.01进行换向动作。当各缸燃油泵凸轮全部换向到位后，各缸换向机构联锁阀53HI、53HK……等全部受控，或门阀115HD无压气输出（相当于产生换向完成信号），或门阀115HB经115HA和115HC泄放，即泄放掉停油伺服器6.04的控制空气，断油装置由弹簧作用复位，解除换向停油联锁。如果有一个气缸的燃油泵凸轮换向不到位，联锁阀53HI、53HK……中必将有一个阀不受控，则或门阀115HB就有输出压气信号到停油伺服器6.04，实现换向停油联锁。同时，1.0~1.2MPa的十字头轴承润滑油还用来驱动液压电动机，带动气缸注油器向气缸注油；另外，还分出一支路向排气阀驱动泵供油（图中未画出）。

二、SULZER RTA DENIS-6型主机气动操纵系统的操作原理

本系统在驾驶台和集控室遥控操纵主机时，气动控制回路相同。现以集控室遥控为例，介绍在遥控位置操纵主机时各气路的控制特点。

1. 集控室"遥控"操纵主机

（1）操纵地点转集控室

1）机旁操纵台转"遥控"。

① 将机旁"启动/换向"手柄5.03放在"RC"位置，阀35HB工作在下位，为驾/集遥控电磁阀25A准备好气源（从G9接口进入G阀组），待集控室（或驾驶台）按下"遥控"按钮便可实现遥控转换（RC TAKEOVER）。

② 将机旁"停车"手柄5.07置于"RUN"位置，机旁手动停车阀49HF工作在下位，经遥控停车电磁阀126HC将机旁停车空气信号泄放，126HC处在遥控停车的备用状态（遥控停车时，电磁阀126HC获电断油，启动时，主机达到发火转速其失电供油）。

③ 将机旁"应急操纵"燃油手柄3.12置"REMOTE CONTROL"位置，机旁/遥控操纵联锁阀31HC受控工作在右位，阀29D的控制空气经9C、31HC泄放，工作在右位，为遥控状态控制阀35HB提供气源；由于油门连杆机构的连接控制阀53HC控制端空气也经31HC

泄放，工作在上位，控制空气通过 9B、53HC 进入调速器与油门连杆机构的连接气缸 3.10，使气控液压调速器（PGA-200）1.03 与油门连杆 3.09 通过空气缸 3.10 相连。

当"应急操纵"燃油手柄 3.12 放在"EMERGENCY CONTROL"位置时，调速执行机构 1.03 与油门连杆 3.09 脱开，油门连杆 3.09 可直接由"应急操纵"燃油手柄 3.12 拉动。

2）集控室操纵台置"集控"操纵。

① 按下集控室操纵台上的"遥控"按钮，"驾/集遥控"电磁阀 25A 获电上位通，29B 受控左位通，在松开"遥控"按钮后，29B 受控的状态经 25A 下位自锁，压力开关 PS5001C 保持给出遥控状态指示信号（RC ON）。

② 将集控室"起动/换向"手柄放在"停车"位置，遥控停车电磁阀 126HC 有电，通过停油或门阀 115HA 和 115HB、超速及故障停机电磁阀 38A-F 使停油伺服器 6.04 动作，实现停油。

③ 将集控室"调速手柄"放在"停车"位置。

3）启动主机前的气路状态（如图 7-7 所示）。

① 主机操纵系统已经切换到遥控位置，处于正车停车状态，停车电磁阀 126HC 有电工作在下位，0.8MPa 的控制空气经 126HC 下位，或门阀 115HA 和 115HB 和电磁阀 38A-F 使停油伺服器 6.04 工作在停油状态。

② 备车时，已使 3.0MPa 主启动空气经截止阀到主起动阀 2.03 待用；排气阀空气弹簧供气阀 36HA（4.08）已打开，0.75MPa 的驱动空气已通至排气阀的空气缸；控制空气及安保空气也到位待用。

③ 当盘车机脱开后，3.0MPa 的动力控制空气经盘车机联锁阀 38HA 右位到阀组 E 中的正、倒车换向阀 49HD 和 49HE 及启动控制阀 49HC 处待用。

（2）集控室"正车启动"

1）先将调速手柄推到启动所要求的油门刻度。

2）再将"启动/换向"手柄由"停车"位置推到"正车启动"位置，正车换向电磁阀 130HD 和启动控制电磁阀 130HC 同时有电受控，遥控停车电磁阀 126HC 持续有电。为便于理解启动过程，以下分四步进行叙述：

① 燃油凸轮正车换向控制。

正车电磁阀 130HD 有电，3.0MPa 动力控制空气经 130HD 使"机械/气动"双控正车换向控制阀 49HD 受控工作在上位，3.0MPa 动力控制空气经 49HD 上位分两路输出。其中一路送至燃油泵凸轮换向阀 5.02 右侧，将换向滑阀向左推到极端位置（图示位置），等候在换向阀 5.02 供油口（中间油口）处的 1.0~1.2MPa 的十字头滑油经 5.02 的右侧油口进入到各缸高压油泵的换向伺服器 5.01，使各缸高压油泵凸轮向正车方向换向，到达极端位置后，5.01 下方中间管输出换向完成油压信号，通过管接头 D4 使各缸换向联锁阀 53HI、53HK……受控，或门阀 115HC P1 口的空气信号通过或门阀 115HD 和换向联锁阀 53HI 泄放；从换向阀 5.02 供出的油有一路到运转方向联锁装置 6.01，因此时没有转向保护输出，故 6.01 输出油压信号到转向保护控制阀 53HB 的控制端，使其下位通，由于无空气信号到阀 115HC 的 P2 口，因此 115HC 无输出，115HA 的 P2 口泄压，为启动供油做好准备。

② 空气分配器正车换向控制。

从正车换向控制阀 49HD 输出的另一路 3.0MPa 动力控制空气送至空气分配器换向伺服

器 2.22，使 2.22 的活塞右腔室气压增高（左腔室经阀 49HE 泄压），活塞左移；当活塞左移到正车位置后，如无启动限制信号，则启动限制电磁阀 129HA 不受控，工作在左位；启动时，阀 53HQ 工作在右位，动力控制空气经 2.22 活塞腔室的出气口、阀 129HA 左位和阀 53HQ 右位输出，使空气分配器换向联锁阀 212HA 受控；来自主启动阀的主启动空气经阀 212HA 左位进入空气分配器 2.01 后分为两路，一路使分配器的柱塞同分配器的凸轮 2.02 相接触而投入工作，另一路为空气分配器去各缸气缸启动阀的输出口提供气源。

③ 主启动阀开启控制。

启动电磁阀 130HC 有电，3.0MPa 动力控制空气经 130HC 使"机械/气动"双控启动控制阀 49HC 受控工作在上位，等候的 3.0MPa 动力控制空气经 49HC 到达主启动阀的控制阀 2.05，使 2.05 受控工作在右位，主启动阀阀芯右部的空气泄放，阀芯在启动空气的作用下右移开启，等候在阀体内的 3.0MPa 主启动空气通过止回阀 2.04，一路经阻焰器 2.08 到达气缸启动阀 2.07 及其控制阀 134HA 处等候，另一路经空气分配器换向联锁阀 212HA 到空气分配器。

如果此时某缸活塞处于启动位置，则动力空气就将通过空气分配器上与该缸对应的出口到达控制阀 134HA，使其受控工作在上位，来自于主启动阀的空气通过 134HA 打开气缸启动阀 2.07，3.0MPa 的主启动空气进入气缸推动活塞使主机启动运转。

④ 油/气切换控制。

当主机启动达到发火转速时，启动限制电磁阀 129HA 有电受控，切断空气分配器的控制空气，进而使 134HA 处于不受控状态，气缸启动阀停止工作，压缩空气启动停止。同时，遥控停车电磁阀 126HC 失电，停油伺服器 6.04 的停油空气通过或门阀 115HB 的 P1 口、115HA 的 P1 口以及阀 126HC 和 49HF 泄放，解除停油联锁。同时，从阀 49HC 供出的 3.0MPa 动力控制空气的一个支路到调速器升压联锁阀 53HA，由于阀 53HA 的控制空气也经由 49HF 泄放而工作在左位，所以 3.0MPa 的控制空气通过阀 53HA 到调速器升压器 2.14 使调速器快速供油，主机从空气运转过渡到发火运行。

3）速度调节：启动成功后，将调速手柄推到车钟要求的油门刻度，主机遥控系统的调速单元将依据调速手柄所设定的转速信号，由遥控转速设定阀 11HA，按照最佳转速控制规律输出控制信号给调速器 1.03（遥控时，阀 29C 受控工作在右位），1.03 输出转角位移信号，控制主机在车钟要求的转速下运行。

（3）集控室"慢转启动"

当主机停车超过 30 分钟后，再次启动时应先慢转一周，以使主机的运动部件形成润滑油膜，也便于及早发现可能的故障。

主机进入慢转启动程序时，同正车启动基本相同，区别在于电磁阀 129HA 是用 PWM（脉冲调制）信号控制亦即间断受控的，因而气缸启动阀也是间断打开的，故可实现主机的慢转。待主机慢转 1~2 转后，阀 129HA 不受控，主机转入正常启动。

在集控室进行慢转控制时，需要按下集控台上的"慢转"按钮。在驾控方式下，慢转是在满足逻辑条件后自动进行的。

（4）集控室"停车"

主机的停车分为正常停车和应急停车两种情况。

正常停车是指通过车钟给出停车指令。当"启动/换向"手柄置于停车位置时，电磁阀

126HC 有电受控工作在下位，0.8MPa 的控制空气经 126HC、115HA 和 115HB 到达电磁阀 38A-F，经过 38A-F 的左位使高压油泵的停油伺服器 6.04 动作，高压油泵停止供油，使主机停车。应急停车是指在驾驶台或集控室按下应急停车按钮使主机停车。当按下应急停车按钮时，电磁阀 126HB 有电受控，工作在上位，0.8MPa 的控制空气经过 126HB 和 115HB 到达电磁阀 38AF，经过 38A-F 的左位使高压油泵的停油伺服器 6.04 动作，高压油泵停止供油，使主机停车。

另外，因超速、滑油低压等原因实现故障停机保护时，安保系统将使安全保护断油电磁阀 38A-F 有电动作，安保控制空气直接经停油伺服器 6.04 内腔和电磁阀 38A-F 右位，进入 6.04 上部活塞下方，实现安保停车。

（5）集控室从"正车"到"倒车"的操纵控制

当主机在正车某转速下运行时，将"启动/换向"手柄由"正车"转换到"倒车"位置，电磁阀 126HC、130HC 和 130HE 获电受控。

停车电磁阀 126HC 有电，按前述停车过程实现主机停车。倒车换向电磁阀 130HE 有电，使阀 49HE 受控，3.0MPa 的空气经阀 49HE 上位输出，一路送至燃油泵换向阀 5.02，使其工作在倒车位置，十字头滑油通过其倒车油路到达高压油泵凸轮，驱动凸轮换向到倒车位置；另一路送至空气分配器的换向伺服器 2.22，使空气分配器实现换向而工作在倒车位置。

启动电磁阀 130HC 有电，当空气分配器和高压油泵凸轮换向完成后，其后的倒车启动、供油调速和停车过程同正车启动、供油调速和停车过程类似。

2. 机旁应急操纵

当主机遥控系统发生故障时，可在机旁进行应急操纵。在机旁应急操纵时，操纵系统中的所有电磁阀均处于失电状态。启动和换向操纵是由机旁"启动/换向"手柄 5.03 完成的，与 5.03 相连的传动轴上的控制凸轮直接压控双控二位三通阀 49HC、49HD 和 49HE；停机操纵是由机旁"停车"手柄 5.07 完成的；速度调节是由机旁"燃油"手柄 3.12 完成的。

现以机旁应急正车启动和停机操纵为例，来说明机旁操纵的操作过程：

1）将机旁"停车"手柄 5.07 置"RUN"位置。

2）将机旁"燃油"手柄 3.12 置于启动所对应的油门刻度处。由于此时应急手柄 3.12 处于"EMERGENCY CONTROL"区域内，31HC 不受控，左位通，53HC 受控下位通，调速器与油门控制轴连接气缸 3.10 泄气，脱开连接，喷油泵的供油量调节由手柄 3.12 直接拉动调节轴 3.09 来进行。

3）将机旁"启动/换向"手柄 5.03 置于正车"RUN"位置，阀 49HD 受控，3.0MPa 的动力控制空气经 49HD 上位分两路输出：一路到高压油泵凸轮换向阀 5.02，将换向滑阀向左推到极端位置（正车位置），十字头滑油进入高压油泵换向伺服器 5.01，控制高压油泵凸轮进行正车换向；另一路进入空气分配器换向伺服器 2.22，控制空气分配器正车换向。

约 5~7 秒钟后，高压油泵和空气分配器换向结束，将机旁"启动/换向"手柄 5.03 扳至正车"START"位置，阀 49HC、49HD 受控，空气分配器工作，主启动阀开启，主机进行压缩空气启动（此时为油气并进的启动过程）。

4）主机在压缩空气作用下启动运转达到发火转速后，迅速将机旁"启动/换向"手柄 5.03 从正车"START"启动位置扳至正车"RUN"位置，使阀 49HC 不受控，但阀 49HD 继续受控，启动联锁阀 129HA 获电右位通，终止压缩空气启动过程，主机正车运转。

5）主机启动成功进入正常运转后，通过操作机旁应急"燃油"手柄 3.12 使主机在车钟要求的转速下运行。如果调速器正常可用，也可将手柄 3.12 置于遥控位置，使连接气缸 3.10 有气接合，此时由于遥控/机旁转速信号输出阀 29C 不受控，工作在左位，故可使用机旁转速设定阀 15HA（1.02）按车钟的要求来调节转速。

6）如果需要在机旁停机，只要将机旁"停车"手柄 5.07 扳至"STOP"位置，阀 49HF 受控上位通，控制空气经阀 49HF 上位、126HC 上位、115HA、115HB 和 38A-F 到停油伺服器 6.04，断油停机。然后，将机旁"启动/换向"手柄 5.03 扳至"RC"位置，"燃油"手柄 3.12 置于启动所对应的油门刻度处，以便再次启动主机。如果完车，则应将"启动/换向"手柄 5.03 扳至"RC"位置，"燃油"手柄 3.12 放于 0 刻度处或"REMOTE CON-TROL"位置，以便下次机旁或遥控启动主机。如果是使用机旁转速设定阀 15HA 控制转速，则应将该阀置于启动所对应的油门刻度处。

7）倒车操作过程同正车操作相类似，只是要将机旁"启动/换向"手柄 5.03 相应地推至倒车方向的"START"和"RUN"位置。

3. 联锁与安保控制

（1）盘车机联锁保护

如果盘车机未脱开，则盘车机联锁阀 38HA 受控左位通，去 E 阀组的动力控制气源截止，主机无法启动。

（2）换向联锁保护

1）空气分配器换向联锁保护：当 3.0MPa 动力控制空气进入空气分配器换向伺服器 2.22 进行换向时，如果换向未完成，伺服器 2.22 没有动力控制空气输出，换向联锁阀 212HA 不受控，工作在右位，启动空气进入空气分配器 2.01 的通道被阻塞。此时即使主启动阀已打开，但气缸启动阀 2.07 因空气分配器 2.01 无输出、阀 134HA 不受控而不能开启，即空气分配器换向不到位不能启动主机，实现了空气分配器换向联锁保护。

2）高压油泵换向联锁保护：当十字头滑油通过换向阀 5.02 进入高压油泵凸轮换向伺服器 5.01 进行换向时，如果某一缸的高压油泵凸轮换向未完成，液控二位三通阀 53HI、53HK……中就会有相应于该缸的那个阀的控制端因无液控信号而工作在下位，0.8MPa 控制空气就会经该阀 115HD、115HC、115HA 和 115HB 的下位，使主机高压油泵 3.02 的停油伺服器 6.04 动作，主机不能供油运转，即高压油泵换向不到位不能供油，实现了高压油泵换向联锁保护。

对于高压油泵的换向联锁，在应急情况下可以越控取消。此时，越控电磁阀 130HF 获电，上位通，越控控制空气使 49HH 工作在左位，则经阀 115HC 输出的 0.8MPa 的联锁信号被截止在 49HH 左位，而 115HA 的 P2 口泄放，停油伺服器 6.04 复位，恢复供油，取消了高压油泵的换向联锁保护。

（3）错向联锁保护

错向运转保护是由主机错向联锁保护装置 6.01 完成的。当主机错向运转（即车令转向与主机实际转向不一致）时，错向联锁保护装置 6.01 无液控信号输出，液控二位三通阀 53HB 不受控，工作在上位，0.8MPa 控制空气经 53HB 上位、115HC、115HA 和 115HB 输出到停油伺服器 6.04，使主机不能供油运行，实现了错向联锁保护。

错向联锁保护装置 6.01 输出的液控信号是换向阀 5.02 反馈出来的 1.0~1.2MPa 压力的

滑油。在主机正常运转及至停车状态时，装置 6.01 一直保持有液控信号输出。当主机换向时，由于换向阀 5.02 反馈出来的压力油进入装置 6.01 的进口改变，切断了液控信号的输出，只有待主机的实际转向与车令转向一致后，由凸轮轴传动齿轮带动装置 6.01 中的旋转阀（图中未画出）向新转向方向转过一个角度，装置 6.01 才会再输出液控信号。

对于错向运转联锁保护，在应急情况下可以越控取消。此时，越控电磁阀 130HF 有电动作，使 49HH 工作在左位，则经 115HC 输出的 0.8MPa 联锁信号被截止在 49HH 左位，而 115HA 的 P2 口泄放，停油伺服器 6.04 复位，恢复供油，取消了错向联锁保护。

（4）停车手柄与遥控操纵停车联锁和切换

在主机遥控操纵时，如机旁"停车"手柄 5.07 从"RUN"位扳至"STOP"位，49HF 受控，控制空气经 49HF 上位、126HC 上位，或门阀 115HA 和 115HB 使高压油泵停油伺服器 6.04 受控，主机断油停车。此外，控制空气经 9C 使 29D 受控，操作部位切换逻辑单元的控制空气经 29D 左位放大气，29B 不受控，工作在右位，PS5001C 压力开关释放，遥控操纵被切换为机旁应急操纵。

AUTOCHIEF-Ⅳ主机遥控系统

Chapter **8**

AUTOCHIEF-Ⅳ（简称 AC-4）是 Norcontrol 公司在 20 世纪末推出的第四代产品，是为在驾驶台遥控低速二冲程柴油机而专门设计的自动遥控系统。它的前代产品（AC-3）是由集成电路实现的，而 AC-4 是采用微机控制的遥控系统，具有功能丰富、维护方便和安全性强等特点。

AC-4 主机遥控系统的结构如图 8-1 所示。整个系统包括四大部分：①实现主机启停换

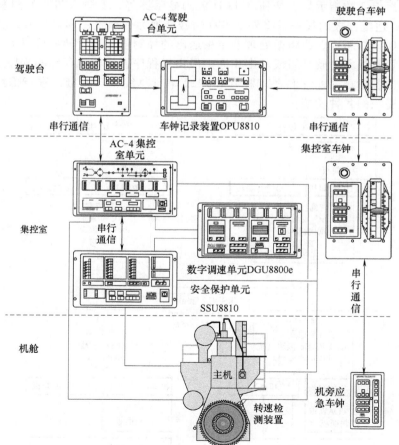

图 8-1　AC-4 主机遥控系统的结构

向等逻辑控制的 AC-4 主机遥控系统，包括 AC-4 驾驶台单元和 AC-4 集控室单元；②实现主机转速控制的 DGU8800e 数字调速单元；③实现主机安全保护功能的 SSU8810 安全保护单元；④车钟系统。各部分在功能上具有完整性和独立性，既可以由这四部分组合成一套完整的主机遥控系统，也可以单独地与其他遥控系统配合使用。

AC-4 系统上述各组成部分都是采用以 Intel8088 为核心的微机电路实现的。其中，驾驶台单元、集控室单元和安全保护单元各一套，而数字调速系统则在同一控制面板上包含了两套微机系统，分别实现调节器（REGULATOR）和执行器（ACTUATOR）功能。此外，车钟系统和车令记录装置 OPU8810 也是由 Intel8088 微机电路控制的。

图 8-2 给出了 AC-4 主机遥控系统硬件和网络结构框图，包括驾驶台单元、集控室单元、安全保护单元和数字调速单元的硬件结构及其相互连接关系。各单元微机系统的硬件结构大致相同，即都由 1 块微处理器主板（Processor Card）、1 块扩展 I/O 接口板（Extension Card）和最多 32 块 I/O 适配器板（Adapter Card）组成。微处理器主板主要由 16 位内部结构 8 位数据总线的 Intel 8088 CPU 芯片 1 块；32kbyte 的 RAM 6225 芯片 1 块、2kbyte 的 EEPROM 2864 芯片 2 块、64kbyte 的 EPROM 27512 芯片 2 块、1kbyte 的 ROM 82S137 芯片 2 块等存储器芯片；可编程并行接口 8255 芯片 3 块、串行接口芯片（8251）、中断控制器（8259）、计时/计数器、ADC 和 DAC 等组成，是微机系统进行数据处理及 I/O 控制的核心；扩展 I/O 接口板连接控制面板上的指示灯、按钮和 LCD 数码显示器等，实现人机交互过程中的信息输入与输出；I/O 适配器板的任务是将外部 I/O 信号转换为标准统一的电信号，再送到微处理器主板上的 I/O 接口芯片，或将微处理器主板送出的控制信号进行转换后驱动 I/O 设备，如电磁阀等。尽管各单元的硬件组成基本相同，但由于程序存储器中存储的程序不同，因此各自实现的功能也各不相同，它们之间采用 RS-422 串行总线相互连接，进行信息通信，共同协调完成主机遥控的各种功能。

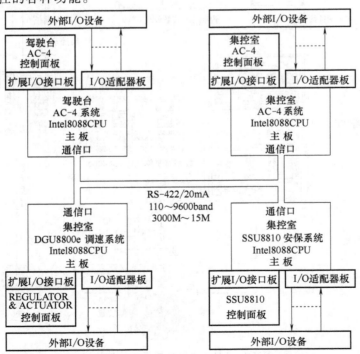

图 8-2　AC-4 主机遥控系统硬件和网络结构框图

第二节　AC-4主机遥控系统的控制面板及主要功能

一、驾驶台控制面板

驾驶台控制面板包括车钟单元面板和AC-4遥控单元面板两部分，可用来系统地遥控操作、状态显示、参数显示和车钟各档级的参数调试。

1. 驾驶台车钟单元面板

驾驶台车钟单元面板包括主车钟、辅车钟、指示灯、操作按钮及应急停车按钮如图8-3所示。面板的右边是主车钟，左边部分从上而下排列可分为辅车钟按钮有空车、备车、海上航行按钮；辉度调节旋钮；操纵部位指示灯有机侧手动操纵、集控室操纵、驾驶室自动遥控指示灯；车钟工况指示灯有错向运行、遥控系统未准备好指示灯；操作按钮和指示灯有试灯按钮、消声按钮、车钟系统有故障指示灯；应急停车按钮。

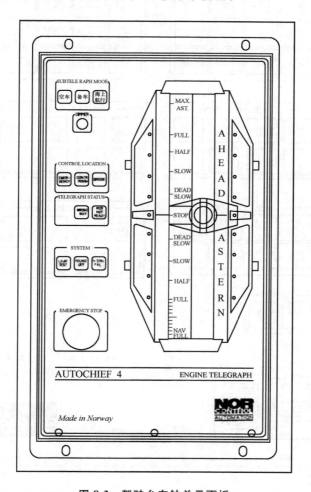

图8-3　驾驶台车钟单元面板

2. 驾驶台 AC-4 遥控单元面板

驾驶台 AC-4 遥控单元面板如图 8-4 所示，它为驾驶员与遥控系统提供了人机交互界面。在驾驶台，可以实现对主机的遥控、状态监测，也可以实现有关驾驶台单元的参数设定。

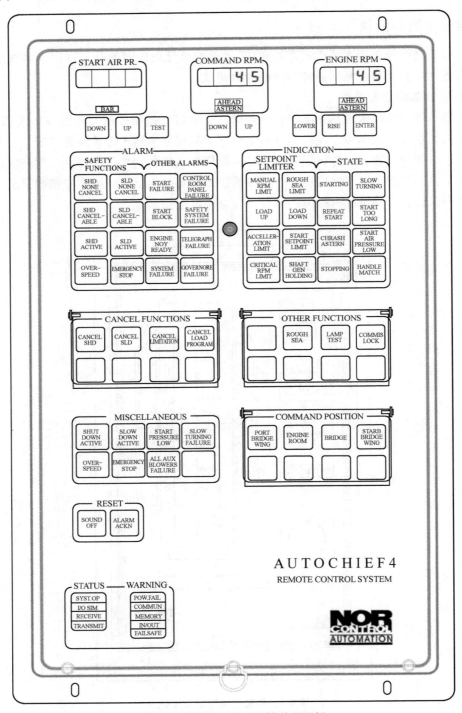

图 8-4 驾驶台 AC-4 遥控单元面板

驾驶台 AC-4 遥控单元面板的上部是三个数码显示器，向下依次是报警指示灯、状态指示灯、取消按钮、试验及参数设定按钮、操车位置及报警声响确认按钮等。

驾驶台 AC-4 遥控单元面板的主要功能包括：显示过程报警状态；显示过程参数值；显示和主机遥控系统相关的状态；接收驾驶台车钟系统的信号，如转速设定信号、正倒车信号等；接收驾驶台应急停车信号；及和驾驶台控制相关的参数设定。

三个数码显示器有两种用途。正常情况下，它们分别用于显示"启动空气压力""车令设定转速"和"主机实际转速"；在进行参数查询和整定时，它们可显示遥控系统的工作状态和报警信息，也可进行参数修改。

报警指示灯的报警内容包括安全保护和其他报警两部分。安全保护指示包括可取消的故障自动停车和故障自动减速信号，不可取消的故障自动停车和故障自动减速信号，已执行的故障自动停车和故障自动减速信号，还有超速和手动应急停车信号。其他报警指示灯有 3 个是与主机启动有关的，即主机未备妥、启动联锁和启动失败。上述三项的具体内容将在集控室面板介绍。其他报警还包括系统故障、集控室面板故障、安全保护系统故障、车钟故障及调速器故障等系统内部故障。

系统状态指示灯分为两部分，左边 8 个指示灯指示设定转速限制器（SETPOINT LIMIT-ER）的限制项目，右边 8 个指示灯指示主机不同的运行状态。设定转速限制器的指示项目主要有手动最大转速限制、恶劣海况限制、负荷程序加速限制、负荷程序减速限制、加速速率限制、启动设定转速限制、临界转速限制和轴带发电机运行转速限制。主机运行状态指示包括正常启动、慢转启动、重复启动、启动超时、紧急换向、启动空气低压、停车和操作手柄匹配。重复启动和启动超时将在集控室面板中详细介绍。紧急换向（CRASH ASTERN）指示灯亮代表主机在运转中换向，且将进行制动操作。紧急换向是有条件的，例如，要求车钟手柄从正车全速拉到倒车全速，而且操作时间应小于 6s，若不满足上述两个条件，则不属于紧急换向。操作手柄匹配（HANDLE MATCH）指示灯用于主机运行时操纵部位无扰动切换，当集控室操作手柄给出的设定转速与驾驶台操作手柄给出的设定转速基本相等时，允许操纵部位从驾驶台转到集控室，或从集控室转到驾驶台。

操作指示板中部有取消功能带灯按钮和其他功能带灯按钮。取消功能按钮用于应急操纵，包括取消故障自动停车、取消故障自动减速、取消多种限制和取消负荷程序。这是在紧急情况下驾驶员所采取的舍机保船措施，平时一般不会使用。其他功能按钮包括恶劣海况（ROUGH SEA）、试灯（具有硬件检验功能）、显示和调试功能锁定（COMMIS LOCK）3 个按钮。显示和调试功能锁定按钮用于参数显示和修改，若"COMMIS LOCK"指示灯灭，则顶部的数码显示器为正常显示状态；按下 COMMIS LOCK 按钮，指示灯变亮，则数码显示器为系统参数显示和整定状态；再次按下 COMMIS LOCK 按钮，指示灯闪光，则数码显示器为I/O 通道参数整定状态。恶劣海况（ROUGH SEA）的具体含义将结合集控室的操作指示面板介绍。

主机操纵部位转换有 4 个带灯按钮，分别代表驾驶室内、驾驶室左舷、驾驶室右舷、集控室（或机旁）4 个操纵部位。一般来说，集控室与驾驶室内的按钮转换只是通信联系，转换由专门的手柄完成，而驾驶室内与驾驶室两舷的按钮转换既是通信联系，也是直接转换。

在操作指示面板的左下方有报警消声按钮和报警确认按钮，在这两个按钮的下方有系统工作状态指示灯和系统硬件故障指示灯。系统工作状态指示灯指示计算机的运行状态，包括系统处于运行状态、输入/输出模拟试验状态、数据通信接收状态、数据通信发送状态共 4 个指示灯。系统硬件故障指示灯的指示内容包括电源故障、通信故障、存储器故障、输入/输出通道故障、安全保护系统线路故障共 5 项。

二、集控室控制面板

集控室控制面板包括车钟单元面板和 AC-4 遥控单元面板两部分，可用来进行系统的操作、显示、参数调试、模拟试验、操纵部位转换等，并提供了主机控制过程的模拟流程图显示。

1. 集控室车钟单元面板

集控室车钟单元面板包括主车钟、辅车钟、指示灯、操作按钮及应急停车按钮，如图 8-5 所示。它与驾驶台车钟单元面板基本相同，只是增加了 4 个指示灯，即完车操作未完成、遥控气源未排放、安全系统气源未排放、主启动阀未关闭。

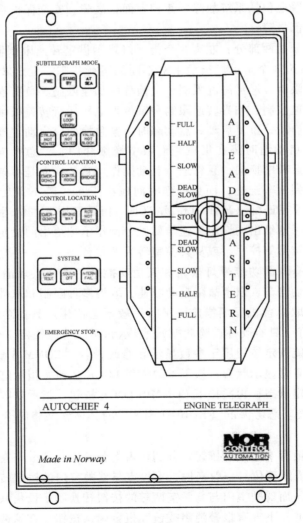

图 8-5　集控室车钟单元面板

2. 集控室 AC-4 遥控单元面板

集控室 AC-4 遥控单元面板如图 8-6 所示。同驾驶台一样，操作指示面板内部主要包括一台微处理器主板、多个 I/O 接口板和电源板等。它是轮机员与遥控系统之间进行人机交互的部件，可以实现系统状态监测、操作及参数修改等。

集控室操作指示面板指示主机启动、停车、换向等逻辑控制过程，面板外部分为 3 个区域，上部为整个主机启动过程状态图板，中部为整个主机遥控系统状态和报警指示灯及复位等按钮，下部为参数显示和修改功能区及计算机内部状态和报警指示灯。

主机遥控系统状态和报警指示部分包括主机状态指示、给定值限制器、启动失败/故障、主机未备妥、系统警告、系统故障共 6 个方框。主机状态指示方框有 8 个指示灯，它们指示主机的各种状态，包括禁止启动、允许启动、慢转启动、正在启动、运行、紧急换向、正在停车及故障停车等。系统警告方框指示遥控系统主要设备故障和某些应急操纵。系统故障方框指示测速装置失灵、电磁阀及控制位置丢失三大重大的故障。

给定值限制器方框有 7 个指示灯，它们分别指示轮机长最大转速限制、负荷程序、加速速率限制、临界转速、减速限制、最低转速限制和启动给定转速设定等。应特别注意的是：给定值限制器是位于车钟与调速器之间的给定转速处理环节，给定值限制器的输出才是调速器真正的转速给定值。

启动失败/故障方框包括启动失败（START FAIL）和启动故障（START BLOCK）两部分。启动失败包括两项，即由点火失败引起的三次启动失败和主机转速一直达不到发火转速所引起的启动超时。启动失败指的是主机已经实施了压缩空气启动，但启动没有成功，而启动故障指的是由于主机未备妥或设备故障等原因使主机启动被禁止。启动故障包括启动空气压力低、转速监测器故障、主机故障停车以及主机未备妥等。主机未备妥方框包括调速器未连接、主启动阀关闭、空气分配器阀关闭、盘车机未脱开及其他辅助设备未准备好等项目。其中，调速器未连接项目指的是调速器的执行电机输出轴未与主机燃油总轴相连或连接不到位。

主机遥控系统状态和报警指示部分有一排带灯按钮，包括复位（RESET）操纵部位转换（COMMAND POS）和调试功能锁定（COMMIS.）等按钮。复位按钮有 3 个，分别用于报警应答、报警声响切除和被禁止启动故障的复位。

操纵部位转换按钮有两个，它与驾驶台操作指示面板上的两个按钮是相对应的，用于驾驶室与集控室进行操纵部位转换的请求和应答，在本系统中，真正使操纵部位生效是靠主控台上的转换手柄实现的，此手柄控制的是气动二位五通阀。

显示和调试功能锁定按钮用于参数显示和修改，若"COMMIS."指示灯灭，则数码显示器为系统参数显示和整定状态，按下"COMMIS."按钮，指示灯变亮，则数码显示器为 I/O 通道参数整定状态。显示和调试功能锁定按钮需要与下部数码显示器及修改锁配合使用。

三、AC-4 主机遥控系统的主要控制功能

1. 启动阻塞（Start Block）

在启动主机时，要注意"Start Block"和"Engine Not Ready"信号。"Start Block"产生的原因包括：启动空气压力太低，转速检测装置故障，有应急停车命令，主机因滑油失压、超速等原因导致的故障停车。"Engine Not Ready"产生的原因包括：调速器与燃油齿条没连

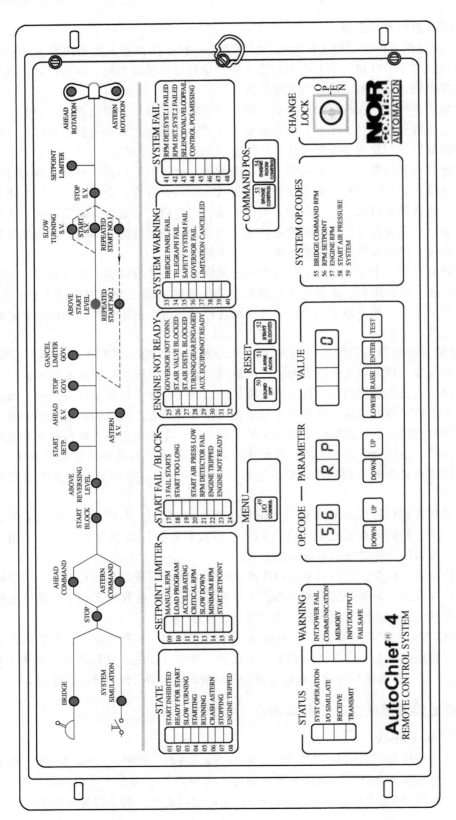

图 8-6　集控室 AC-4 遥控单元面板

接好，启动空气阀未打开，启动空气分配器未打开，盘车机未脱开。

2. 慢转启动（Slow Turning）

如果主机停机超过设定的时间（通常设定为 30 分钟）时，则第一次启动主机时，慢转启动电磁阀动作，供给有限的启动空气到主机，使主机进行慢转。如果在设定的时间内完成慢转，则自动进入正常启动过程；如果在确定时间内没完成慢转，则集控室"Slow Turning Failure"和驾驶台"Start Failure"报警灯亮。慢转启动功能可以通过驾驶台面板上的"CANCEL LIMITATION"或"CANCEL SLOW TURNING"按钮予以取消。

3. 正常启动（Normal Starting）

正常启动时，启动电磁阀动作，向主机提供 3MPa 的启动空气。与此同时，主机遥控系统给调速器提供一个预先设定好的转速设定值。当主机转速达到正常启动的发火转速时，切断启动空气并开始供油。预先设定好的转速设定值只持续 6 秒钟左右，随后被驾驶台的转速设定值所取代。在启动过程中，驾驶台和集控室单元面板上的"Starting"指示灯亮。

4. 重复启动（Restarting）

若启动空气切断后，主机未能正常的发火燃烧，则系统将自动进行第二次试启动，同时驾驶台和集控室单元上的"REPEAT START"指示灯亮。第二次试启动的发火转速设定值较高（重启动发火转速），同时取消调速器中的扫气空气压力限制和转矩限制。若三次试启动都失败，则发出启动失败报警信号。如果在规定时间内未达到发火转速，则发出启动时间太长报警。

启动故障的复位可通过把驾驶台车钟手柄置"Stop"位，或通过集控室的"START BLOCK"复位按钮来实现。

5. 转速设定（Speed Setting）

主机转速设定是通过驾驶台车钟手柄实现的。可以在驾驶台单元面板上的"Command Rpm"显示器上显示出来，也可以在集控室单元面板上显示出来。

6. 负荷程序（Load Program）

船舶出港时，主机从港内全速（Full Ahead）到海上全速（Max Ahead）的加速过程为负荷程序（Load Program）。此时，驾驶台单元面板上的"Load Up"和集控室单元面板上的"Load Program"指示灯亮，正常的加速过程时间约为 30 分钟。当加速过程结束时，上述两个指示灯熄灭。

船舶进港时，驾驶台车钟手柄从"Max Ahead"扳向"Full Ahead"，则系统自动进入一个降速负荷程序过程。此时，驾驶台面板上的"Load down"和集控室面板上的"Load Program"指示灯亮。降速负荷程序的时间大约需要 15 分钟。

如果驾驶台车钟手柄从"Max Ahead"直接扳到"Full Ahead"以下时，AC-4 主机遥控系统将自动取消降速负荷程序。如果降速负荷程序结束之前，车钟手柄又扳向"Max Ahead"位置，则系统将从当时的转速开始负荷程序加速过程，这时的加速时间比正常时间缩短。

负荷程序可以通过驾驶台上的"Cancel Load Program"或"Cancel Limitations"按钮取消；此时，在集控室单元面板上的"Limitation Canceled"和"Load Program Canceled"指示灯亮。

7. 轮机长最大转速限制（Manual RPM Limit）

在集控室单元面板上，轮机长可以对驾驶台的主机转速设定值进行限制。如果驾驶台车令超过该限制值，则驾驶台和集控室面板上的"Manual RPM limit"指示灯亮，同时调速器以该限制值为转速设定值控制主机的转速。

8. 临界转速回避（Critical RPM Limit）

如果驾驶台转速设定落在临界转速区内，驾驶台单元和集控室单元面板上的"Critical RPMlimit"指示灯亮。在加速过程中，主机转速将维持在临界转速下限；在减速过程中，主机转速将维持在临界转速下限；在减速过程中，主机转速将维持在临界转速上限。AC-4系统提供两个临界转速区可供使用，通常只需要一个。

9. 故障降速（Slow Down）

故障降速信号由安全保护系统检测和发送到AC-4主机遥控系统。故障降速分两种类型：可取消的故障降速和不可取消的故障降速。对于可取消的故障降速，安全保护系统首先给出故障降速报警信号，使驾驶台单元面板上相应的报警指示灯亮，经过一个预先设定的时间延时，再实际执行故障降速。此时，驾驶台单元面板上相应的报警指示灯亮。对于不可取消的故障降速，安全保护系统通常是直接执行故障降速。当故障降速执行时，主机转速即被限制在故障降速设定转速上。

10. 换向（Reversing）

当驾驶台车钟手柄从停车位置扳向正车或倒车任何位置，主机将根据启动顺序自动进行换向动作。如果在制动转速以上运行时进行换向，则供给制动空气，以便尽快地完成降速换向操作。

11. 应急操纵（Crash Maneuvering）

当驾驶台车钟手柄从"Full Ahead"扳向"Full Astern"时，AC-4控制系统认为这是应急操纵状态。此时，系统的工作过程为驾驶台和集控室单元面板上的"Crash Astern"指示灯亮，主机停油，应急换向和强制制动，重启动发火转速设定值、取消增压空气压力限制和转矩限制。启动成功后，切断启动空气和正常供油。

12. 恶劣海况模式（Rough Sea Mode）

恶劣海况模式是一种可供选择的工作方式，用来防止在恶劣海况情况下，发生超速停机现象。在AC-4驾驶台单元和安全保护系统控制面板上都设置了"Rough Sea Mode"选择按钮，按下此按钮，"超速"现象被特别监控，具体做法是：当主机转速达到"超速"转速时，切断燃油供给，主机转速将下降；当主机转速下降到复位转速时，恢复燃油供给，主机的转速慢慢地恢复到先前的转速。

为了得到更好的恶劣海况运行效果，该功能的动作上限值是可调整的，适当地调整这个上限值，可避免系统在"超速"/"复位"之间频繁波动。这种工作模式显然不利于发挥主机最大输出功率。

13. 轴带发电机控制模式（Shaft Gen. Control Mode）

如果船舶装备带有定频齿轮（CFG）装置的轴带发电机时，主机遥控系统必须具有和船舶电站控制系统进行信息交流的功能，以避免在主机转速降低或故障降速时造成轴带发电机跳闸，从而导致全船失电的恶性事故发生。

第三节　AC-4 主机遥控系统在不同车令下的工作过程

图 8-7 是 AC-4 集控室单元面板上指示主机启动、停机、换向等控制过程的 MIMIC 图，图中用 21 个 LED 指示灯全面地指示了主机各种控制过程的状态。下面对主机启动、停机、换向过程的状态指示分别加以说明。

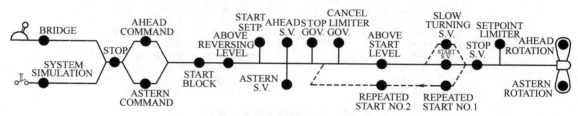

图 8-7　AC-4 集控室单元面板上的 MIMIC 状态流程图

一、主机正车启动过程的状态指示

控制部位选择在驾驶台，BRIDGE 灯亮；驾驶台车钟手柄在停车位置时，STOP 灯亮；如果启动阻塞灯亮，说明有启动故障存在，具体是什么故障，在"START FAIL/BLOCK"区域的指示灯 17 到 24 予以指示。例如："START FAIL/BLOCK"区域中的 20 号灯亮，则说明启动空气压力低，应检查空气瓶压力和主启动阀的位置。当启动空气压力恢复正常，按下复位按钮，或将车钟手柄扳向停车位置。复位后，将车钟手柄扳向正车任何位置，正车车令、启动设定、正车电磁阀、起动电磁阀指示灯亮。

主机启动后，正车转向指示灯亮。如果设定值限制器指示灯亮，则在设定值限制器区域中的相关指示灯亮。例如设定值限制器区域中临界转速指示灯亮，表明车令设定转速在临界转速区内。同时，驾驶台上的临界转速限制指示灯亮，当车钟手柄越过临界转速区后，指示灯熄灭。

二、主机停车过程的状态指示

驾驶台车钟手柄放在停车位置，停车指示灯亮；调速器停止工作、停车电磁阀和正车转向指示灯亮。在主机停车过程中，主机状态区域中的正在停机指示灯亮。在主机停车完成后，主机状态区域中的 02 号备车毕指示灯亮。

三、主机倒车起动过程的状态指示

驾驶台车钟手柄放在倒车位置，倒车车令指示灯亮。启动设定、倒车电磁阀、启动电磁阀指示灯亮。主机启动后，倒车转向指示灯亮。在主机倒车启动完成后，主机状态区域中的 05 号运行指示灯亮。

第四节　AC-4 主机遥控系统的参数显示与设置

为了便于在日常使用、管理维护、故障诊断和系统调试等过程中对遥控系统的内部状态和参数进行查看和设置，AC-4 的集控室单元面板上设有专门的数码显示器和操作按钮，数码显示器格式如图 8-8 所示。

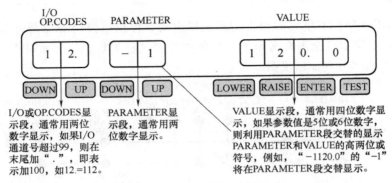

图 8-8　AC-4 的数码显示器格式

通过显示器和操作按钮进行显示或设置的参数类型有两种，即系统参数和 I/O 通道参数，可通过 "COMMIS LOCK" 按钮进行切换。显示器的左边两位用于显示系统参数编码（OP. CODES）或者 I/O 通道号编码（I/O CHANNEL），并可通过其下方的 "DOWN" 或 "UP" 按钮进行编码选择。中间两位用于显示当前编码下的参数（PARAMETER）名称或参数性质，同样可以通过其下方的 "DOWN" 或 "UP" 按钮进行选择。右边的四位用于显示具体的参数值（VALUE），必要的情况下可通过 "LOWER" 和 "RAISE" 按钮进行修改，修改完毕按 "ENTER" 键输入。平时，集控单元面板上的 "CHANGE LOCK" 修改锁一般置于 "LOCK" 位置，通过编码显示框下面的 "DOWN" 或 "UP" 按钮操作只能读出编码 55 至 58 的参数显示值。只有用钥匙将 "CHANGE LOCK" 修改锁置于 "OPEN" 位置时，才能将编码 1 至 59 的参数全部读出。

一、系统参数的设定

系统参数主要是指遥控系统在工作过程中的各种特征参数，如发火转速值、轮机长限制转速值、超速保护限定值、慢转启动参数和主启动空气报警参数等，系统参数的编码与集控室单元面板上的参数编码排序一致。例如，编码 9（MANUAL RPM）为轮机长转速限制参数，包括正车最大转速 P_1、倒车最大转速 P_2 和恶劣海况的正车最大转速 P_3。在驾驶台遥控操纵中，如车钟指令值超过轮机长设定值，则主机转速达到轮机长设定值时不再上升，并给出轮机长转速限制指示（09 号灯点亮）。

如欲显示或修改正车最大转速值 P_1，则首先使 "OP. CODES" 显示器中的显示值为 09，然后使 "PARAMETER" 显示器显示 P_1，此时 "VALUE" 显示器将显示当前的正车最大转速设定值，若需要修改，则通过 LOWER 和 RAISE 按钮调整到希望的数值，并按 ENTER 键。显示值闪烁两次后变为平光，说明设定的新值已被输入，修改完毕。参数修改完毕后应将修改锁置回 "LOCK" 位置，以防数据丢失。

二、I/O 参数的设定

I/O 通道参数是指与计算机输入/输出通道相关的设置参数或反应通道状态的状态参数，

如模拟量零点和量程参数、A/D 转换值以及开关量的状态等。I/O 通道参数的意义在于可以修正模拟量信号的零值和量程、设定上下限报警值、对输入信号及传感器接线情况等进行监测，在遥控系统不正常情况下可以借助显示来对输入信号进行检查，还可以进行遥控系统控制功能的输出模拟。I/O 通道参数的显示和设置与系统参数基本相似，区别在于打开修改锁开关后，需要按一下"COMMIS LOCK"按钮（49 开关灯点亮），使编码显示切换为 I/O 通道号。

I/O 通道的编号与输入/输出通道编号（CH xx）相同。其中，有些对应开关量，有些对应模拟量，具体的通道安排可查阅说明书。

开关量的典型例子如控制主机进行启动、停车、正车和倒车换向的电磁阀控制信号，它们的通道号分别为 CH65、CH70、CH66 和 CH68。以正车换向电磁阀（CH66）为例，若要查看它的输出状态，则首先按"I/O COMMIS"按钮一次，使 LED 指示灯 49 平光亮，然后选择通道号 66。此时，"PARAMETER"显示器将显示参数性质为 DO，"VALUE"显示器的显示内容与当前遥控系统所进行的逻辑动作有关。若此时车钟手柄在停车位，则"VALUE"显示器应显示"CLOSE"，若处在正车换向的过程当中，则应该显示为"OPEN"。如果实际显示内容与理论上应当显示的内容不符，则说明输出该路输出存在故障，如电磁阀故障或线路故障等。按同样的方法，也可以可查看启动、停车和倒车电磁阀的状态。

模拟量参数的显示和可设置内容比开关量要复杂。例如，在模拟量输入电路中，传感器输出的模拟量信号可以是 DC0~10V 或 DC0~±10V 的电压信号，4~20mA 或 1~5mA 的电流信号，还可以是 0~5kΩ 电阻信号。这些模拟量信号经模拟量输入接口电路进行模数转换，其转换值称为数字量（Counts）。这里的 Counts 是与 A/D 输出二进制数相对应的十进制数，例如，Counts=4095，表示 12 位 A/D 转换器输出的全 1 二进制数 111111111111 所对应的十进制数。微处理器再将"Counts"标度变换（Scaling）为统一标准的工程值（Technical value）或称为标度值（Scaled value），如压力（BAR）、温度（T）等，以便于参数显示与报警等，其信号变换情况如图 8-9 所示。

图 8-9 模拟量信号的转换过程

对应某一个通道编号，通过选择"PARAMETER"显示器中不同的参数类型可以得到模拟量电路中各种参数值。例如，若选择参数类型为 AC，则可读出这一通道的数字量（Counts）；选择 AI，可读出模拟量输入工程值；选择 AP，可读出模拟量输入的百分数。同理选择 CL、CH、tL 和 tH 可分别读取数字量低限、数字量高限、工程值低限和工程值高限。

第五节 AC-4 主机遥控系统的装置功能试验

AC-4 主机遥控系统提供了一种在线功能试验的功能，可以在不间断运行的情况下，对系统有关硬件进行全面自检。正常情况下，系统的功能试验程序是不运行的，只有在使用驾驶台和集控室单元上的 TEST 按钮时，试验程序才能被启动。在进行功能试验时，系统工作在试验模式（Test Mode）。

功能试验的步骤如下：

1）在集控室单元上将修改锁置于"OPEN"位置。

2）在驾驶台单元上按下"COMMIS LOCK"按钮。

3）在集控室单元上选择"OP. CODE"为 01，改变参数从"fals"变为"true"。

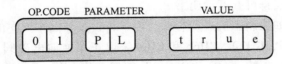

4）按下驾驶台单元上顶部显示器下的"TEST"按钮。

5）按下集控室单元显示器下方的"TEST"按钮，则检验程序被激活，控制面板上将出现：

① 在显示器上显示系统软件的版本型号；

② 所有的报警/状态 LED 指示灯将同时闪烁。

6）5秒钟之后，集控室单元面板将进一步出现：

① 所有的显示窗口将同时显示数字从 0 到 9，每个数字显示两次；

② 所有的报警/状态 LED 指示灯将成对交替闪烁。

7）过程 6 的显示进行两次以后，将发生下述过程：

① 所有的报警/状态 LED 指示灯将同时闪烁，并且数码显示器的每个显示位都显示数字"1"。按下控制面板上 RESET 区域的"ALARM ACKN."按钮，则重复上述试验一次。

② 数码显示器的所有显示位都显示"0"，若有某一位或若干位显示为"1"，则表示有故障。故障信息见表 8-1。

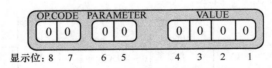

表 8-1　自检故障信息表

显示位	状态说明	
1	主计算机局部数据修改标志： 0 = 系统初始数据没有被修改过 1 = 系统初始数据通过控制面板修改过	该标志可通过主计算机命令或关掉系统电源复位
2	通信状态： 0 = OK 1 = Parity Error（奇偶校验错误）	该故障会引起多种报警 可用 ACKN. 按钮复位。检查 DIP 开关设置
3	通信状态： 0 = OK 1 = Overrun Error（数据溢出错误）	该故障会引起多种报警 有时，这些报警可能会因噪声引起
4	通信状态： 0 = OK 1 = Framing Error（硬件装配错误）	该故障可用 ACKN. 按钮复位 如果故障立即发生，则检查 DIP 开关设置

（续）

显示位	状态说明	
5	输入通道组状态： 0 = OK 1 = channel type combination illegal（不正确的通道类型组合）	可能因通道组合失配,不能正常工作 重新正确组合后,该故障将被自动复位
6	微处理器板硬件状态： 0 = OK 1 = processor fail（微处理器故障）	更换微处理器板（Intel 8088 微处理器板） 按 ACKN. 按钮清除
7	微处理器板上 EEPROM 存储器芯片状态： 0 = OK 1 = EEPROM malfunction（芯片损坏）	更换 IC U05,重新初始化程序和数据 更换微处理器板
8	内部数据状态： 0 = OK 1 = indicates faulty processor conditions（微处理器故障状态指示）	更换微处理器板 按 ACKN. 按钮清除

8）再次按下驾驶台单元顶部显示器的 TEST 按钮，结束试验，返回正常显示。

9）在集控室单元上选择"OP. CODE"为 01，改变参数从"true"变为"fals"。

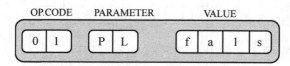

10）将集控室单元上的修改锁置于"LOCK"位置。

11）再次按下驾驶台单元上"COMMIS LOCK"按钮。

第六节　DGS8800e 数字调速系统

　　DGS8800e 数字调速系统是由计算机控制的全数字式调速系统，它不仅具备全制式液压调速器的所有功能，且能满足低速长冲程柴油机的所有调速任务，并可接受 4～20mA 电流信号、DC-10～10V 电压信号、5kΩ 电位器信号三种转速设定输入信号。DGS8800e 既适于定螺距系统（Fixed Pitch Propeller，FPP）又适于可变螺距系统（Control Pitch Propeller，CPP）。CPP 系统螺距反馈信号可以是 5kΩ 电位器信号或-10～10V 电压信号。

　　DGS8800e 包括两个由 Intel8088 微处理器组成的相对独立的微型计算机子系统。它们能计算和处理所有的测量信号和控制信号，包括控制台上的按钮选择、参数调整、系统试验、伺服装置对燃油电动执行器的驱动等。它还能与 AUTOCHIEF-IV 遥控系统和SSU8810 安保系统进行串行通信，及时响应其他系统送来的各种信号，而且充分利用计算机人-机交互的灵活性，实现多操作模式及故障的自动显示与报警。例如响应安全系统送来的故障减速（Slow Down）和故障停机（Shut Down）信号等。DGS8800e 还具有负荷限制等保护性功能。

　　在调速控制方面，系统实现了数字 PID 闭环转速调节。根据海况和柴油机负荷特性，其调速响应和调速精度可人工设定。即使在转速反馈通道或 PID 环节故障情况下，通过设定值操作模式，系统也可直接旁通这些环节，进行开环转速控制。在设定转速范围内，调速器可实现固定燃油量（负荷）控制。对装有轴带发电机的 CPP 系统，它可实现固定速度控制。

一、DGS8800e 数字调速系统组成及工作原理

1. 系统组成

DGS8800e 数字调速系统组成如图 8-10 所示，它由驾驶台和集控室的发令装置、电源、数字调速单元（DGU8800e）、转速检测装置和扫气空气压力传感器（GT7 或 GT100）五个基本部分组成。

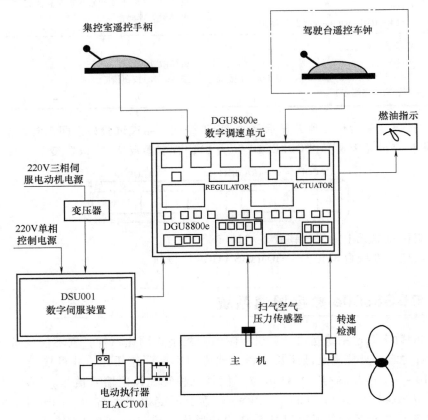

图 8-10　DGS8800e 数字调速系统的结构组成

电源有两路：一路是为三相伺服电动机提供的 220V 三相交流动力电源，另一路是为控制电路提供的 220V 单相交流电源。

数字调速单元（DGU8800e）包括调速器（REGULATOR）和执行机构（ACTUATOR）两部分，这两部分都有各自的 Intel8088 微处理器。数字调速单元位于集控室控制台框架内，来自外部过程的各种信号通过扁平电缆连接到标准的接线端子板上，再通过各自的适配器卡，被转换成标准的数字量信号进入到调速器内，其中主要的输入/输出信号有：

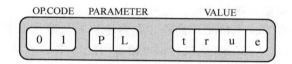

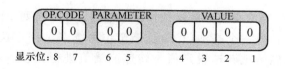

显示位：8　7　　6　5　　　4　3　2　1

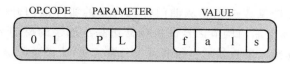

（1）输入/输出数据通道

1）来自两个测速探头的飞轮转速信号。

2）来自遥控系统或集控室手动设定手柄的两个车令速度输入信号，信号类型可以是 4～20mA 电流、DC0～10V 电压或 5kΩ 电位器信号。

3）一个扫气空气压力输入信号，4～20mA 对应 0～0.4MPa。

4）螺距反馈信号，5kΩ 电位器或 −10～+10V 电压信号（仅限 CPP 系统）。

5）两个燃油刻度指示（负荷指示）输出信号，4～20mA 电流或 DC0～10V 电压。

6）变负荷润滑（LCD）开关信号。

7）可变喷油定时（VIT）及其报警信号。

8）柴油发电机起动信号（轴带发电机运行且命令转速降低时激活）。

（2）逻辑输入信号

1）来自安全保护装置的停车信号。

2）来自安全保护装置的减速信号。

3）车令位置选择信号（遥控系统设定或集控室手动设定）。

4）操纵命令数量选择（1 个或 2 个，遥控系统设定和集控室手动设定）。

5）遥控系统电源故障（冻结最新设定转速）。

6）备用转速（适用于可变螺距系统）。

7）各类限制取消信号。

执行机构（ACTUATOR）其中包括：数字伺服装置（DSU001）和电动执行器（ELACT001 或 ELACT002），数字伺服装置和电动执行器的工作原理见有关电动执行机构部分。

转速检测装置可以安装在主机飞轮前，也可以安装在主机内部齿轮上，这要依据主机型号而定。安装在内部可避免意外损伤等，可靠性大大提高。转速检测装置采用感应式接近开关原理，有 A、B 两套转速检测装置。每套有两个感应式接近开关，可以将接近开关水平或垂直地安装在飞轮齿顶附近，间隙要求在 2.5mm±0.5mm。可检测主机的转速和转向，A、B

两套检测的信号供数字调速器择优选用，也可互为备用。

扫气压力传感器（GT7 或 GT100）的作用是将主机扫气空气总管内的压力（范围 G0～0.4MPa）成比例地转换成 4～20mA 电流。该电流信号经 A/D 转换后供调速器软件用于增压空气压力限制。

2. 系统工作原理

图 8-11 为 DGS8800e 数字调速系统组成原理方框图。图中有两个闭环控制系统，一个是转速 PID 反馈控制系统；另一个是油门 PI 反馈定位系统（油门定位系统也称执行机构）。转速控制系统的主要功能是把转速设定值与转速测量值进行比较、对偏差进行 PID 运算、再经负荷等限制后，可输出两种 4～20mA 电流信号或 DC0～10V 电压信号对应于主机燃油油门杆位置，即执行机构位置的油量控制信号到执行机构。执行机构的主要功能是接收来自转速反馈控制系统的油门杆位置指令和从油门杆机构来的实际油门开度信号，根据两者之偏差，按 PI 规律运算，输出油门调节信号使执行器对高压油泵的燃油齿条进行定位。它们的辅功能有运行模式的选择、参数显示、编程用户参数、燃油齿条限速、燃油齿条输出指示、参数显示、系统故障检验等。由此可见，DGS8800e 数字调速系统的主要作用是根据转速设定值来控制燃油执行机构执行器的位置，使主机转速保持在设定的转速上。

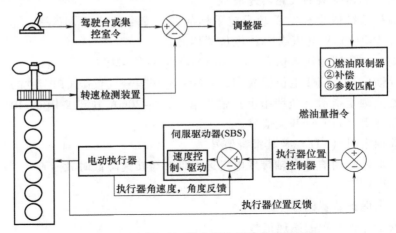

图 8-11　DGS8800e 数字调速系统的原理框图

二、DGS8800e 数字调速系统的主要功能

DGS8800e 数字调速系统所实现的控制功能比通常的液压调速器和电子调速器要强大得多，可以说是不可比拟的。强大的控制功能必然具有优越的控制质量和控制效果，许多大型船舶上都采用了 AC-4 主机遥控系统和 DGS8800e 数字调速系统，它具有高度可靠性、稳定性和非常理想的控制效果。

DGS8800e 数字调速系统由于是计算机全数字式装置，除输入/输出通道和伺服放大单元及其油门执行器外，几乎所有的控制环节、人-机交互环节及故障检测和报警功能的实现都是用软件来完成的，这给深入了解该系统带来较大难度。图 8-12 较详细地描述了 DGS8800e 的主要功能，并对该系统的主要环节进行功能性分析，以此加深对系统功能的理解。

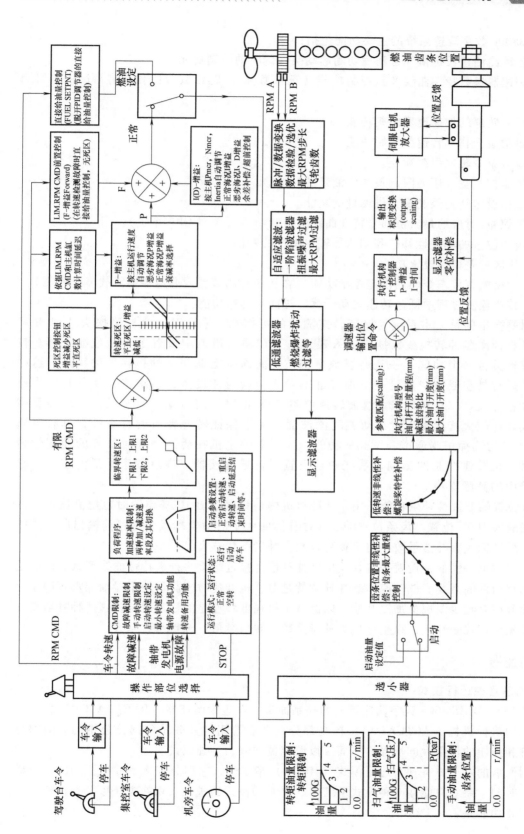

图 8-12　DGS8800e 数字调速系统主要功能框图

DGS8800e 数字调速系统的主要功能包括：

1）起动给油量设定值和起动后切断起动空气延时的控制功能。

2）调速器参数特性曲线及其控制功能（正常海况 PI 定参数特性和恶劣海况 PID 变参数特性）。

3）车令转速的加速速率限制功能。

4）自动避开临界转速区控制功能。

5）最大车令转速限制功能。

6）依据扫气空气压力限制最大供油量的功能。

7）依据设定转速限制最大供油量的功能。

8）零螺距/对应的最大供油量特性曲线的控制功能（仅对 CPP 系统）。

9）齿条位置的非线性补偿和调速器输出特性的补偿。

10）死区偏差增益设定功能。

11）无反馈直接车令燃油设定控制功能（在转速检测装置或调速器运算故障时使用）。

12）转速检测过程中低速转速波动干扰的过滤与抑制功能。

特别要指出的是，本系统为保证转速测量的可靠性，采用双冗余检测探头 A 和 B 两个通道及将检测脉冲转换成数据的输入通道，并在输入通道中设置了自适应滤波器。自适应滤波器具备两个功能：一是通过数字陷波，滤除特定低频率的扭转振动噪声，这种转速振动通常是在低速柴油机有个别气缸不发火运行时才发生，系统将自动寻找此噪声频率，设置陷波。二是实现最大滤波转速（约 50%MCR）的自动开启和关闭，即当恶劣海况下或其他较大扰动发生时自动关闭滤波器。为了保证转速数值的有效性，具有对通道 A 和 B 自动选择正确通道和试验的功能。为了消除主机在燃烧爆炸时引起的周期性转速波动对主机转速控制的影响，系统中还设置了低通滤波器，通过数字平滑滤波，滤除转速信号中的高频噪声。

齿条位置的非线性补偿功能是用来保证执机构在最大输出 100%位置时也把高压油泵的齿条开到最大 100%位置。齿条位置的非线性补偿曲线中的横坐标代表调速器输出所要求的油门量，纵坐标代表补偿系数，主机负荷越大，补偿系数越大。

调速器输出特性的补偿就是将其输出特性补偿到接近螺旋桨推进特性曲线形状，已满足螺旋桨吸收功率的需要。低转速非线性补偿就是对主机低速时因高压油泵漏油加重等因素引起的注油量相对减少弱现象加以补偿，以保持主机在低转速是的稳定运转。这两种补偿特性曲线的横坐标均代表转速，纵坐标代表补偿系数，转数越低，补偿系数越大。

三、调速器

1. 调速器的运行模式

图 8-13 是 DGU8800e 数字调速单元的控制面板，左边为调速器（REGULATOR）控制部分，右边为执行机构（ACTUATOR）控制部分，右边的钥匙开关是两部分公用的。两部分的指示灯和按钮的作用大同小异，下面仅以调速器部分为例加以说明。

控制面板的左上方有 6 个运行模式（MODE）指示灯，它们分别指示 6 种不同的运行模式，同一时刻，系统只能在 1 种模式下工作。这 6 种模式的进入、切换方法以及在该模式下系统的主要功能是：

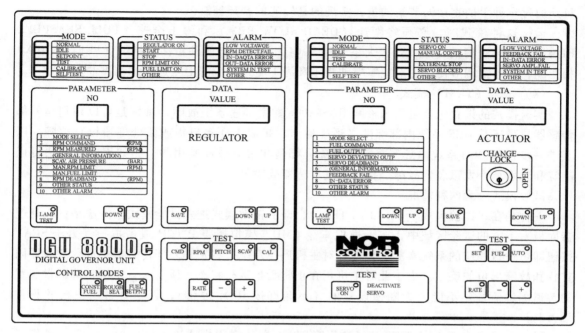

图 8-13　DGU8800e 数字调速单元控制面板

（1）正常（NORMAL）模式

"NORMAL"指示灯亮，表示系统在正常模式下工作。该模式的进入是由备车和各种有效的遥控操纵而自动实现的，假如主机在备车完成后的停车状态，现在操纵车钟手柄操正车或倒车，系统便自动地进入正常模式，调速器控制面板左上方的"NORMAL"指示灯亮。在这种模式下，主机处在遥控系统的正常控制之中，并且所有的系统参数和数据都可以利用相应的参数代码进行查询、监测或修改，所有调整后的系统参数都将被存储下来，关掉电源后这些被调整和存储的参数仍保留在存储器中。

（2）空闲（IDLE）模式

空闲（IDLE）模式也可说是运行就绪模式或停车模式，在系统加电后，或系统处在停车状态，或进行起/停逻辑操作的机动操作过程中，或车钟手柄放在停车位置时，系统都会自动进入空闲模式，此时"IDLE"指示灯亮。在空闲模式下，可以进行参数查询和修改。

（3）设定值（SETPOINT）模式

设定值模式又称直接燃油量控制模式，是一种由车钟手柄发出的车令转速设定信号，既不通过加/减速速率限制等转速设定值限制环节的限制，也不通过调速器的运算和调节，而直接发送到电动执行机构前的选小器，从而实现直接控制主机油门开度的应急操作模式。这种操作模式比以往的机旁应急操作更加方便、快捷和舒适。通常在主机遥控系统发生故障时才运行该模式。

进入设定值模式的方法是：将在执行机构面板中右方的修改锁（CHANGE LOCK）用钥匙将开关扳向开（OPEN）的位置，然后按下调速器面板左下方控制模式（CONTROL MODE）区域中的燃油设定值按钮（FUEL SETPOINT），系统便自动进入设定值模式，"SETPOINT"指示灯亮，这时调速器的转速设定限制功能和 PID 转速调节功能都将失效，只是通过车钟手柄直接调节给油量，实现的是转速的开环控制。

运行这种模式时，必须将微速（DEAD SLOW RPM）和海上全速（FULL SEASPEED RPM）两种转速时的转速设定值大小（RPM COMMAD）与燃油给油量指示（FUEL INDEX）相匹配，即通常调节使微速对应零燃油指示和海上全速对应海上全速的燃油供油量。

（4）试验（TEST）模式

实验模式的设置主要是用来诊断 DGS8800e 数字调速系统故障，特别是可以判别是外部传感器故障还是 DGS 系统内部部件（适配器卡、扩展 I/O 接口板或微处理器板）故障，以及进一步判断 DGS 系统内部哪个部件故障，都是非常有效和实用的。比如用这种方法可以确定和判别车令发讯装置故障、扫气空气传感器故障等。

试验模式分为两种情况：

一种是在线试验模式（ON-LINE TEST），即从正常模式进入试验模式。方法是：在调速器面板右下方的试验区域中，按下模拟车令 CMD、模拟螺距 PITCH 或模拟扫气力压 SCAV 按钮即可进行相应的系统实验。目的是对主机遥控系统，特别是外部传感器等进行故障原因查找和故障部位的确定。由于此时主机正在正常受控运行状态，所以来自主机转速测量装置的转速测量信号是不能人为随便设置的（不允许按 RPM 按钮），否则将影响主机的正常运行。

另一种是离线试验模式（OFF-LINE TEST），即从空闲模式进入试验模式，在这种模式下，主机处在停车状态，用户可以做比在线实验模式更多的实验内容。进入离线实验模式的方法是：在空闲模式下，选择调速器面板左侧参数编号（PARAMETER NO.）为 1，并将数值（VALUE）改为 2。

（5）校验（CALIBRATE）模式

在校验模式下遥控系统自动调用一个预设转速值来代替实际转速测量值，这时相当于对系统加了一个阶跃的转速扰动信号，观察调速器对输入扰动信号的响应情况，以此来检验调速器的灵敏度和调节精度。

该模式既可以在正常模式进入，也可以在空闲模式下进入。如果在正常模式下按下试验区域中的［CAL］按钮，系统将起动校验程序，"CALIBRATE" 指示灯亮。如果在空闲状态要进入校验模式，需要选择调速器面板左侧参数编号为 1，并选该参数点的数值等于 3。

（6）自检（SELF TEST）模式

自检模式是一个专门用于检测计算机存储器的模式。该模式必须在空闲模式或车钟手柄处于停车位置时才能进入，方法是：选择调速器面板左侧参数编号为 1 和数值等于 5，然后，按下参数区域左下方的 LAMP TEST 按钮（带自检功能），"SELF TEST" 指示灯亮，则计算机存储器检验程序被调用，自动进行存储器检验，如果检验结果正常，将显示 "REG-UP"，如果发现存储器有故障，将显示 "Error"。应当指出的是系统在运行这种检验程序的时候不再运行其他应用程序，不对其他设备进行控制。

在进行存储器检验的同时，必然检验了微处理器 CPU 的功能，因为检验存储器的程序必须通过 CPU 才能运行，如果 CPU 故障存储器检验程序是无法运行的，同时存储器检验的结果如果通过 I/O 接口电路控制控制面板上的指示灯亮灭，那么此时按下试灯按钮 LAMP TEST 将对存储器的检验过程体现在控制面板指示灯上，也可以间接试验指示灯的好坏。

2. 调速器运行状态指示灯

在调速器控制部分面板图上设有三组指示灯，它们分别是运行状态指示灯、运行模式指示灯和报警指示灯各6个，如图8-14所示。通过这些指示灯亮与灭的情况，管理人员可以了解到主机系统的运行状态、软件系统的运行模式和硬件系统的故障报警监测情况。

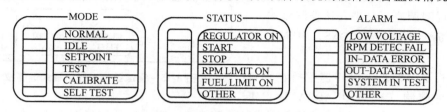

图8-14 调速器控制面板工作指示灯

（1）运行模式（MODE）指示灯

"NORMAL" "IDLE" "SETPOINT" "TEST" "CALIBRATE" 和 "SELF TEST" 这6个指示灯已讲过，在此不再赘述。

（2）运行状态（STATUS）指示灯

1）"REGULATOR ON"——该灯亮表示调速器在运行中，主机供油量受调速器控制。

2）"START"——该灯亮表示在启动阶段，调速器输出启动供油量。

3）"STOP"——该灯亮表示主机在停机状态，车令转速设定值为零。

4）"RPM LIMIT ON"——该灯亮表示车令设定转速处在被限制的状态，即至少有一种设定的转速限制值起作用。例如，手动转速限制，或临界转速限制（闪光）等。

5）"FUEL LIMIT ON"——该灯表示调速器输出的给油量在受限状态，即至少有一种负荷限制值起作用。例如，手动给油量限制，负荷加速程序限制，或扫气空气限制等。

6）"OTHER"——该指示灯用来反映参数9选择的参数的状态变化，可在显示器上查询到参数9选择的参数的状态。

（3）报警（ALARM）指示灯

1）"LOW VOLTAGE"——该灯亮表示 +5V、+15V、−15V、+24V 电源中的某种电源电压太低，用有关适配器电路板上的 LED 指示灯将它们分别加以指示。

2）"RPM DETECT FAIL"——该灯亮表示转速检测装置故障，详细信息见有关适配器电路板上的发光二极管（LED）指示灯。

3）"IN-DATA ERROR"——该灯亮表示从集控室或驾驶台车钟手柄输入到系统中去的转速设定模拟量信号故障，或机旁的扫气空气传感器故障。

4）"OUT-DATA ERROR"——该灯亮表示调速器电路板与执行机构电路板之间的数据通信有错误。

5）"SYSTEM IN TEST"——该灯亮表示系统工作在试验或校验模式。

6）"OTHER"——该指示灯用来指示参数 PARAMETER16 或 17 所反映的曾出现过的但现在已消失了的报警。在该灯亮时，用户可通过参数编号 16 或 17，查询到出现过的其他报警信息。

3. 调速器的三种特别控制模式

在一些特殊的工况下，调速器为用户提供了三种特别有效的控制模式，以获得主机更好的运行性能。这三种特别的控制模式是恒定供油量（CONST. FUEL）控制模式、恶劣海况（ROUGH SEA）控制模式和燃油设定值（FUEL SETPNT）直接控制模式。这三种模式的选择按钮位于调速器面板左下角的控制模式区域，如图 8-15 所示。按下某按钮（带灯按钮）指示灯亮，表示该按钮所选择的控制模式被启动，说明调速器已进入该控制模式。

（1）恒定供油量（CONST. FUEL）控制模式

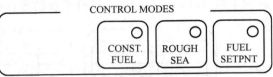

图 8-15　调速器特别控制模式选择按钮

该模式是一种当主机转速维持在预设的转速死区限制（RPM DEADBAND LIMIT）范围内时，燃油供油量维持恒定不变的控制模式。引入这种控制方式的目的主要是为了减少调速器的频繁动作。在正常海况定速海上航行时，可按下 CONSTANT FUEL 按钮，其发光二极管灯亮，恒定供油量控制模式被启动。此时，若主机转速在预定的死区范围内时，调速器保持恒值输出，高压油泵齿条的位置将不发生变化，调速器和齿条机构工作更加稳定。DGU8800e 调速单元中恒定供油量控制模式下死区偏差默认值为 ±2 RPM。应该说死区值越大，调速器工作越稳定，但对主机转速和船速的要求将放低了。死区值越小，调速器灵敏度越高，工作越不稳定。

（2）恶劣海况（ROUGH SEA）控制模式

在正常海况定速海上航行时，调速器采用 PI 调节规律调节，并按正常的 PI 参数运行。在恶劣海况（大风浪天气）航行时，按下 ROUGH SEA 按钮，调速器将进入恶劣海况转速控制模式运行。该模式主要采取以下三个操作：

1）减小 PI 调速器的比例带，即加强调速器对偏差的反映力度，以抑制因大风浪使螺旋桨部分露出水面而引起的主机转速过大的波动。

2）在 PI 调节规律中引入微分作用（D 作用），以便在主机螺旋桨开始露出或潜入水面时，调速器的微分作用给出一个超前调节，使主机转速相对稳定，不会因螺旋桨的露出或潜入引起主机转速波动过大或飞车。

3）DGS 数字调速系统还兼有极限调速器的功能，即当主机转速接近"超速"转速时，自动切断燃油供给，主机转速将下降；当主机转速下降到复位转速时，恢复燃油供给，主机的转速慢慢地恢复到先前的转速，这是一种双位式幅差控制。

（3）燃油设定值（FUEL SETPNT）直接控制模式

在调速器或转速检测装置等发生故障时，可以将执行机构面板中右方的修改锁用钥匙把开关扳向开（OPEN）的位置，然后按下 FUEL SETPNT 按钮，调速器的基本功能和转速反馈信号都将被切除，进入直接通过授权的车钟手柄给出的车令信号控制电动执行机构及燃油齿条位置调油调速。燃油设定值直接控制模式是一种撇开调速器和转速反馈环节的开环转速控制系统。在这种控制模式下，各种燃油限制仍然起作用，所以主机不会超负荷，但是容易超速，所以在这种模式下的加/减速操车速度不能太快。

4. 调速器参数的查询与修改

（1）调速器参数及参数类型

数字调速器软件中使用了大量的系统参数。这些参数中，有的是只读参数，其中一部分是从外部 I/O 设备采集进来的数据；另一部分是系统程序运行中随机产生的运算结果或变量

（主要是系统硬件故障自检发现的某种报警信息，如转速传感器故障 RPM detector fail 等），这些参数只能通过控制板上的数字显示器（LCD）显示查询，不能修改；有的是可调整参数。这些参数大多是遥控系统中使用的常数，如手动转速限制（Manual RPM limit）等。这些参数数量较多，而且是可以通过显示器显示和修改的，如图 8-16 所示。

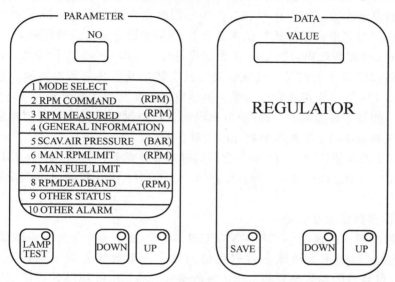

图 8-16　调速器（REGLATOR）参数显示与调整

由于该系统中所使用参数的数量过多，而显示器的位数有限。所以，该系统软件编程时将系统中使用的所有参数划归为三大类，用三种不同的参数类型代码（OpCode）来区分：

①OpCode 0 为遥控系统参数类型代码；②OpCode 1 为所有的功能调节类参数类型代码；③OpCode 2 为输入/输出通道信号类参数类型代码。

1）OpCode 0 类参数代码：OpCode 0 类参数是系统中使用的部分参数或变量，是参数号码和数值显示窗口默认的初始显示参数类型，即系统开机或正常的运行状态时。参数编号窗口显示的参数编码是 OpCode 0 类参数的代码编号，数值窗口显示的则是相应编号参数的具体数值。OpCode 0 类参数又分为用户 1 参数和用户 2 参数。

用户 1 的编号是 01~10，是一些最常用且最重要的对用户完全开放的参数，这些参数被特别标明在数字调速单元控制面板的参数编号区域，用户可以随时根据柴油机的运行工况，对这些参数作相应的调整：

① MODE SELECT（参数编号显示窗口选择 1，数值窗口选择 0 为 OpCode 0 类型；1 为 OpCode 1 类型；2 为 OpCode 2 类型）；

② RPM COMMAND（车令设定转速数值）；

③ RPM MEASURED（实际测量转速数值）；

④ GENERAL INFORMATION（公共报警信息常数，由参数编号 14 选择，范围 0~8）；

⑤ SCAV. AIR PRESSURE（扫气空气压力数值）；

⑥ MAN. RPM LIMIT（手动转速限制数值）；

⑦ MAN. FUEL LIMIT（手动给油量限制数值）；

⑧ RPM DEADBAND（转速死区限制数值）；

⑨ OTHER STATUS（其他状态）；

⑩ OTHER ALARM（其他报警）。

用户2"USER2 Parameters"的参数为受保护参数，设有钥匙开关，一般情况下不得随意改动，它的编码是11~21，其中，11、12、14、16为关于报警信息方面的参数；13是可变喷油定时关断设定参数；20、21是在打印示功图时用来设定恒定给油量的参数，其中20用于设定和复位"恒定给油量模式"的参数，21则用来设定恒定给油量的大小。

2）OpCode 1类参数代码：OpCode 1参数代码分为基本参数和专用参数。基本参数为受保护参数，主要包括柴油机型号、气缸数量、额定转数及负荷等基本数据，它参数编码是1~17、53、61、77~79；专用参数也为受保护参数，主要包括速度调节系统对柴油机转速调节的一些限制，如指令转速限制、加/减数率限制、扭矩供油限制、可变喷油定时控制等参数，它的参数编码是1~FF除基本参数外的所有参数。

3）OpCode 2类参数代码：OpCode2全部为基本I/O参数，其中CH01~CH32为输入/输出信号；通道EL、EH、CO、CL、CH、tL、tH、LL、LH、tF为模拟量参数设置，具体参数值请见说明书。

（2）调速器参数显示及调整

在调速器控制部分面板图上"PARAMETER NO."显示器用于显示参数编号，"DATA VALUE"区的显示器用于显示该参数的数值或状态。参数编号显示器的下方标有10个（种）可查询或可修改的参数编号和名称。参数编号区的UP和DOWN按钮用于在参数编号显示器上选择参数编号；数值区的UP和DOWN按钮用于修改那些可以修改的参数数值（例如：MAN. RPM LIMIT、MAN. FUEL LIMIT、RPM DEADBAND等）。

如果要修改某参数，则要配合使用修改锁（Change Lock）和维修密码（Service Code）。要对一些参数进行修改或要使用某些按钮功能时，必须将授权的钥匙插入修改锁并将钥匙转向开（OPEN）的位置。某些最重要的参数还必须附加维修密码，维修密码必须是一个特定的数值，密码只有被授权人才能知道。修改参数后，必须按下数值区左下方的贮存按钮SAVE，以便将修改过的参数保存起来。

在数值区显示器上的只读参数主要有：车令转速（RPM COMMAND）、测量转速（RPM MEASURED）、扫气空气压力（SCAV. AIR PRESSURE）等；可修改参数主要有：手动转速限制（MAN. RPM LIMIT）、手动燃油限制（MAN. FUEL LIMIT）、转速死区（RPM DEAD BAND）等。

5. 调速器模拟试验功能

在DGU8800e数字调速单元的控制面板图右下方的调速器模拟试验区，有5种模拟输入信号的选择按钮：模拟车令CMD、模拟转速RPM、模拟螺距PITCH、模拟扫气力压SCAV或校验CAL，如图8-17所示。

在维修管理人员进行系统检验和故障诊断及故障排除时，可以使用这些按钮产生相应的模拟信号临时代替原有I/O接口电路采集进来的真实信号，当这些模拟信号替代了原来信号后，系统必将对此产生相应的反映和作用，维修管理人员便可观察确定故障到底发生在传感器、适配器、接口电路上，

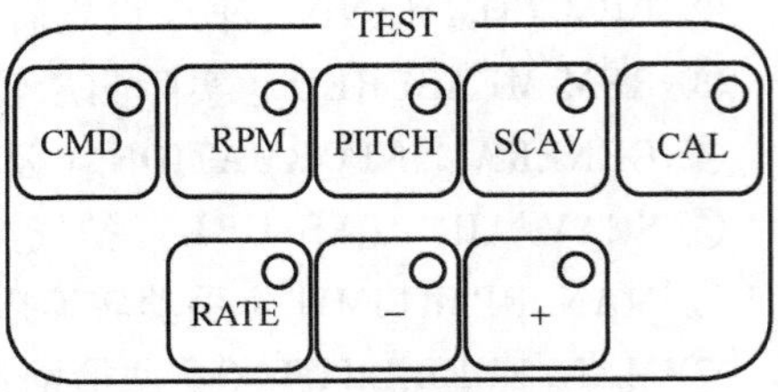

图8-17　调速器测试按钮

还是发生在中央处理器电路板上。

这 5 个试验按钮全部适用于面板左上方标注的 6 种系统模式。按下 5 个试验按钮中的任意一个，都能从面板直接输入一个数值，这个输入数值模拟和替代了外部传感器的输入信号并作用在系统及调速器上，然后按下增"+"按钮可使模拟输入数值增加，按下减"−"按钮可使模拟输入数值减少。

应注意按下试验按钮时，短时间按下某按钮使按钮内的指示灯闪光，则表示该按钮的模拟输入功能被启动，你可以使用增"+"或减"−"按钮调节（增/减）模拟输入数据，如果你想观察模拟数据的数值时，则选择了相应的参数编号后，在数值区域显示器上便可以看到该数值及其变化情况。例如，选择参数编号为 2，在显示器上看到的是车令转速设定信号（CMD）；选择数号为 3，在显示器上看到的是转速测量信号（RPM）；选择参数编号为 5，在显示器上看到的便是模拟的扫气空气压力（SCAV）数值。在模拟信号作用于系统时的调节过程中，如果维修人员想要观察系统有关数据的变化情况，则可通过相应的参数编号选择和在数值区域显示器上看到。

按下校验 CAL 按钮，在显示器上可观察到人为施加方波噪声扰动后，调速器输出的调节信号变化过程，这一作用类似于模拟车令按钮 CMD 功能，只是按钮 CAL 输入实现的是一个预定幅值的阶跃扰动输入，并且直接作用在 PID 调速器的偏差运算输入端，而按钮 CMD 输入的是一种通过参数设定的车令转速扰动信号，该信号要经过诸多的车令转速限制环节后才能到达 PID 调速器的偏差运算输入端。因此，这两种信号对调速器的影响是有相当大的区别的，其中按钮 CMD 主要用于检验调速器的响应速度及转速调节过渡过程，不是用于检查车令发讯系统。长时间按下被启动的按钮，模拟输入的数据将被自动复原为原始数据。数值增/减的速度有快慢两档，当按下试验区域的速率 RATE 按钮时，数据变化的速率将加快。

第七节　SSU8810 安全保护系统

安全保护系统是主机遥控系统三大重要组成部分之一，是为保护主机安全运行而特设的一个功能系统，它的主要作用是在主机运行过程中出现不正常情况时，例如，主机冷却水系统、滑油系统、燃油系统的温度、压力、流量等参数异常，主机排气温度过高，增压器滑油油柜液位过低，曲轴箱内油雾浓度越限，盘车机未脱开，主机超速，转速传感器故障等情况发生时，自动控制主机减油、减速或停油、停机。

上述情况的感知大多采用开关量传感器来检测，一旦出现异常，则通过安保系统输出信号去控制"安保电磁阀"动作，再通过操纵系统中的气路控制停油装置进行停油、停机或减油、减速，同时给出报警信号。在机舱无人的情况下，安保系统的重要作用是不言而喻的。

通常安保系统下达的故障减速和故障停机指令，还可以根据故障对主机的危害程度的不同，分成可取消（CANCELLABLE）和不可取消（NON CANCELLABLE）两类，例如：推力轴承高温、主机滑油失压、超速等所引发的故障停车指令通常是不可取消的。主机排气温度过高、增压器滑油油柜的液位过低、转速传感器故障等所引发的故障停车指令通常是可取消的。对现代先进的微机主机遥控系统而言，有些故障还可采取智能处理方法，例如，AC-4主机遥控系统中采用两套转速传感器，在正常情况下对两套转速传感器信号择优选用，若一套传感器故障,选用另一套,若两套都故障则采用被处理后的转速设定进行开环式转速控制等。图 8-18 是 SSU 8810 安全保护系统的控制面板,面板上大多是各种报警指示灯,少数是状态指示灯及复位与显示器操作按钮等。

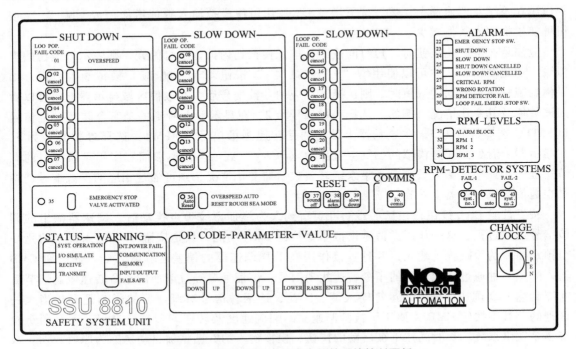

图 8-18　SSU 8810 主机安全保护系统控制面板

一、 (SHUT DOWN/SLOW DOWN) 故障停机和故障减速保护功能

1. (SHUT DOWN) 故障停机保护

本系统实现的故障停机 (SHUT DOWN) 保护项目是:

[01] 超速保护 (OVERSPEED);

[02] 主机滑油低压保护 (MAIN LUBRICATION OILLOW PRESSURE);

[03] 凸轮轴滑油低压保护 (CAMSHAFT LUBRICATION OILLOW PRESSURE);

[04] 推力块高温保护 (THRUST PADHIGH TEMPERATURE);

[05] 透平增压器进口滑油压力低 (TURBOCHARGER LUB. OIL INNETLOW PRESSURE)。

其中,不可取消的 (NONE CANCELLABLE) 故障停机保护项目有:"超速保护"和"主机滑油低压保护"。

可以取消的 (CANCELLABLE) 故障停机保护项目有:"凸轮轴滑油低压保护""凸轮轴滑油低压保护""推力块高温保护"和"透平增压器进口滑油压力低",SHUT DOWN 的取消权在驾驶台控制面板。

当上述故障停机发生时,主机遥控系统将控制操纵系统中的"应急/安全保护停油电磁阀 (127)"有电动作,控制停油机构停油停机,同时控制面板上 35 号 (EMERGENCY STOP VALVE ACTIVATED) 指示灯亮。

关于停油机构，对 MEN B&W 主机而言，控制燃油泵泄油阀打开泄油；对 NEW SULZER 主机而言，控制燃油泵停油机伺服机构动作关闭油门。

如果所发生的故障停机项目是可以取消的，若在规定时间内，驾驶员根据需要按下了驾驶台控制面板上的 SHUT DOWN CANCEL 按钮，或集控室轮机员按下本面板"SHUT DOWN"和"SLOW DOWN"左方"CANCEL"按钮，即可取消该项故障停机保护功能。

2. （SLOW DOWN）故障减速保护

本系统实现的故障减速（SLOW DOWN）保护项目是：

［08］曲柄箱油雾高（OIL MISTIN CRAKCASE GIGH）；

［09］缸套冷却水进口低压（JACKET COOL WATER INLETLOW PRESSURE）；

［10］活塞冷却水进口低压（POSTON COOLANT INLETLOW PRESSURE）；

［11］活塞冷却水出口高温（POSTON COOLANT OUTLETHIGH TEMPERATRE）；

［12］扫气空气高温（扫气箱失火）（SCAV. AIRHIGH TEMPERATURE（FIRE））；

［13］活塞冷却水出口流量低（PISTON COOLANT OUTLETLOW FLOW）；

［14］推力块高温（THRUST PADHIGH TEMPERATURE）；

［15］曲柄箱油雾高温（OIL MISTHIGH TEMPERATURE）；

［16］排气出口高温（EXHAUST GAS OUTLETHIGH TEMPERATURE）。

以上故障减速（SLOW DOWN）保护项目都是可以取消的保护项目，在上述保护项目发生时，驾驶员都可以在驾驶台上根据船舶安全航行的需要，随时取消这些保护功能。

应指出的是，当"SHUT DOWN"和"SLOW DOWN"故障现象解除后，必须按下集控室或驾驶台上的复位按钮（RESET）才能恢复正常的控制状态。

除"OVERSPEED"以外，每项"SHUT DOWN"和"SLOW DOWN"参数检测回路都带有故障检测回路（LOOP FAIL），并在每项保护指示的最左方设有一个回路故障 LED 指示灯，以指示"SHUT DOWN"和"SLOW DOWN"参数采集回路工作是否正常。

"SHUT DOWN"和"SLOW DOWN"的参数查询编号 OP. CODE 是：OP. CODE01～OP. CODE21，可以利用本面板下方的 LCD 显示器显示，其操作方法同 RCS AC-4 和 DGS8800e，这里不再赘述。

二、其他状态与报警指示

1. 综合报警指示

综合报警指示灯的参数查询编号 OP. CODE 是 OP. CODE22～OP. CODE30，这些报警是：

［22］应急停机（EMERGENCY STOP）；

［23］故障停机（SHUT DOWN）；

［24］故障减速（SLOW DOWN）；

［25］故障停机被取消（SHUT DOWN CANCELLED）；

［26］故障减速被取消（SLOW DOWN CANCELLED）；

［27］在临界转速区运行（CRITICAL RPM）；

［28］车令与转向不一致（WRONG ROTATION）；

［29］转速检测装置故障（RPM DETECTOR FAIL）；

［30］应急停机电磁阀回路故障（LOOP FAIL EMERG. STOP SW.）。

上述指示灯中，[23]、[24]、[25]、[26] 四个指示灯都是报警组灯，其具体内容还要看"SHUT DOWN"和"SLOW DOWN"指示灯和在 LCD 显示器上查询。

2. 系统运行状态与硬件故障指示

（1）系统运行状态（STATUS）

◆ 系统运行状态（SYSTEM OPREATION）；

◆ 输入/输出模拟试验状态（I/O SIMULATE）；

◆ 通信接收状态（RECEIVE）；

◆ 通信发送状态（TRANSMIT）。

（2）硬件故障指示（WARNING）

◆ 内部电源故障（INT. POWER FAIL）；

◆ 系统通信故障（COMMUNICATION）；

◆ CPU 主板上存储器芯片故障（MEMORY）；

◆ 输入/输出回路故障（INPUT/OUTPUT）；

◆ （安保失效）FAILSAFE。

（3）应急停机电磁阀（EMERG. STOP VALVE ACTIVAED）

当出现故障紧急安保停机时，主机遥控系统控制安保应急停机电磁阀（127）动作，35 指示灯亮，如果出现回路故障，则左边的 LED 灯亮。

3. SSU 面板功能按钮

（1）转速检测系统（RPM DETECTOR SYSTEM）

包括三个选择按钮及指示灯：41 SYSTEM NO.1，42 AUTO，43 SYSTEM NO.2，用于选择第一套转速检测系统 SYSTEM NO.1 或第二套转速检测系统 SYSTEM NO.2，如果按下"AUTO"按钮，系统将自动选择两套转速检测系统的一套工作。

（2）复位按钮（RESET）

包括消音按钮（SOUND OFF）、报警确认按钮（ALARM ACKN.）、故障减速复位按钮（SLOW DOWN）。

三、参数查询与修改

SSU 控制面板上的密码锁和 LCD 显示器的使用和操作参见 RCS AC-4 控制面板，有关参数代码编号请查阅 AC-4 主机遥控系统之 SSU8810 安全保护系统使用说明书，这里不再赘述。

第八节 AC-4 主机遥控系统的故障分析与处理

一、电气接线图在现代自动化船舶管理中的重要性

电气接线图是实船电气设备与控制系统之间的电气线路连接图，能够熟练地识读控制系统电气接线图，就具有查找和排除控制系统故障的实际动手能力。在船舶设备日日增多的今天，由于近年来先进的科学技术在船舶自动控制方面应用发展很快，新技术含量几乎是成倍的增长。以往的教科书中只讲授电气原理图不讲接线图的模式已经不能满足飞速发展的自动

化船舶管理的需要，实践证明，学懂识读电气接线图是一种多快好省并且很实用的学习模式，我们应该特别重视本节内容的学习和掌握依据实船接线图进行查线的方法。

图8-19非常详细地给出了AC-4主机遥控系统所有设备之间的总接线图，这张图上至驾驶台主机遥控设备，下至机舱气动操作系统及机旁操纵台，不仅将整个AC-4遥控系统连接起来，同时将AC-4遥控系统与气动操纵系统紧密联系起来，也就是将DGS8800e数字调速系统、AC-4主机遥控系统与柴油主机气动操纵系统的内容实现了总体连接，使读者对实际的主机遥控系统有一个完整的概念，将对主机遥控系统的管理和维修起到事半功倍的效果。

二、AC-4电气接线图的标注特点及识图方法

图8-19由Norcontrol公司设计的AC-4主机遥控系统的电气总接线图，其技术先进、功能完善，并广泛应用于船舶主机遥控系统。对于新的驾驶人员系统地学习电气总接线图和进行查找线路故障的训练是非常必要的。图8-19的特点是：

1）系统中的每个I/O设备和控制单元都用一个方块表示，方块中简要标注了I/O设备或控制单元的名称或符号，例如左下角的第一个方块中标注的名称是传感器P2、P9、P12、P14、P15、S1、S3、S5、S6、S7、S8、S15，共12个开关量传感器，这些传感器大多代表MAN B&W型主机操作系统工作过程中有关机构和阀件的状态或位置信号。

2）图中方块与方块之间（即每个I/O设备和控制单元之间）的每一条连线上都标有导线条数，以便查线时作为确定接线数量的参考。

3）每一条连线上都标有局部接线图的图样标号，我们找到标注图号的图样就可以很快地找到所要查找的局部环节的局部接线图，这个局部接线图是非常具体和非常详细的局部电气接线图。例如，扫气压气传感器与数字调速器的接线情况在局部接线图HA443954中，扫气压气信号接在DGU X13接线端子13和14上，经接线端子13和14接入通道20（CH.20）模拟量输入适配器板NN832.2，经CH.20 NN832.2适配器板转换为标准信号后，再送入CPU主板。

4）有时几个方块之间的连接线都标注着同一个局部接线图号，这说明这些连接线所连接的设备都在同一张局部接线图内。

三、AC-4主机遥控系统的故障诊断程序

当主机遥控系统出现故障的时候，轮机管理人员应该从以下几方面着手工作：

1）观察控制台和控制面板上状态指示灯、报警指示灯以及LCD显示器显示的故障信息等，了解故障的大致内容和范围。

2）根据故障的报警指示和故障信息提示，采取相应的操作试验以便区分开故障是发生在主机遥控的气动操作系统部分还是在电动自动遥控部分。例如，如果不能由驾控遥控启动主机，则应该首先改集控室或机旁试启动，如果集控室或机旁都不能启动，则首先应检查的范围是气动操作系统而不是电的主机遥控系统，应检查和排除气动操作系统方面的故障，否则，可以确定故障发生在电的主机遥控系统中。

3）在进行了两项后，再参照第1项提供的各种指示及信息，有目的的利用遥控系统所提供的其他专用"检验/实验功能TEST"或通过"参数检查与修改"等方法，进一步确定

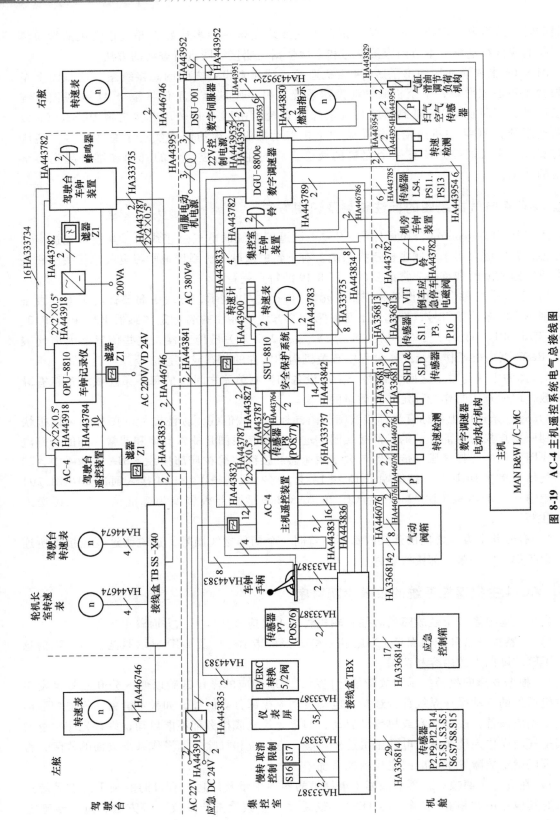

图 8-19　AC-4 主机遥控系统电气总接线图

故障的具体部位、具体环节或具体回路。

4）在确定了故障的具体部位、具体环节或具体回路后，应"查找—分析—测试—判断"接线图及其环节中的"I/O设备""导线""接线端子或针孔插件""适配器板、扩展I/O接口板或专用I/O接口板"等每个小环节的确切状况，如果发现故障，应给予相应的维修或更换备件。

5）检修后应进行运行实验。对于AC-4这样功能强大的系统，检修后的实验可以启动主机进行实操实验，以便验证故障是否已经消除；如果在条件不允许的情况下，也可以将启动空气和燃油总阀关闭，仅通过遥控系统模拟试验或参数监测等方法即可验证故障是否已经修复，而无须启动主机。

四、利用电气接线图查找故障举例

[例1]　故障现象：不能在驾驶台遥控正车启动主机。

故障分析：通过故障现象观察、信息提示分析和相应操作试验后，认为故障环节可能是换向电磁阀回路或启动电磁阀回路。实际上，电磁阀回路是主机遥控系统故障多发环节之一。

线路检查：换向电磁阀和启动电磁阀是主机遥控系统和气动操纵系统之间的接口部件，它们受遥控系统控制和作用于操纵系统的气动阀件，达到控制主机换向和启动的目的。因此这些电磁阀可以属于电动遥控系统，也可以属于气动操纵系统，实船上，这些电磁阀都组装在气动阀箱中，所以应查找与"气动阀箱"方块有关的接线，从AC-4系统接线总图（图8-19）中可以看出"气动阀箱"有两组引线：其中一组有2条线，连接到接线盒TBX；另一组有8条线，连接到AC-4遥控装置。根据引线条数和去向，很明显所要查找的电磁阀回路应该查找接线图HA446076。

将图HA446076中关于气动阀箱回路的启动、正车、倒车和停车4个电磁接线回路单独取出来进行查线分析。

如图8-20所示，虚线框为气动阀箱，气动阀箱内有4个电磁阀，其中启动电磁阀START S. V.（Pos. 90）（在MAN B&W气动操纵系统中的阀件编号是90和正车换向电磁阀AHEAD S. V.（Pos. 86）（在MAN B&W气动操纵系统中的阀件编号是86可能是引发本故障的主要可疑元件，当然这两个电磁阀回路的每一根导线、每一个接头或插件以及适配器电路板都是引发本故障的可疑点。以启动电磁阀START S. V.（Pos. 90）回路的故障检查为例，比较合理的检查步骤是：

1. 区分故障范围

确定是扩展I/O接口板（或适配器板），还是电磁阀回路。检修的方法：在停车和启动操作过程中，用万用表VDC档测试接线端子5、1，如果在停车操作时5、1端无电压输出、启动操作时5、1端有电压输出，则说明故障不在扩展I/O接口板，而是在电磁阀回路。如果在停车操作和启动操作时5、1端都无电压输出，则说明故障在扩展I/O接口板，与电磁阀回路无关。

2. 电磁阀回路检修

如果故障在电磁阀回路中，则需要检修电磁阀回路，检修的方法：将电磁阀回路导线从接线端子5和1脱开，用欧姆档测量电磁阀回路的电阻值，如果阻值无穷大则说明回路有开路点，这时需要在气动阀箱中将该电磁阀接线端拆开，然后测试电磁阀线圈和分别测试电磁阀接线端与端子 5 和 1 之间的两根引线，找出它们之中哪个是开路。如电磁阀线圈断路，则需换上相同型号的线圈，如船上无备件，可调换一个相同型号电磁阀的线圈进行试验，以验证主机遥控系统的这项功能，然后再采取切实可行的措施。经过测试，如发现是两根导线中有开路情况，则应做相应的处理。如果电磁阀回路阻值基本正常（应考虑与电磁阀线圈并接的失电续流二极管的极向）则说明回路绝缘损坏，造成加电后回路漏电太大，信号电压大幅度下降，电磁阀有电但不足以动作，造成不能启动故障。这时，可将 5、1 端子和电磁阀端子接线都全部脱开，用绝缘表分别测试电磁阀线圈和两断导线各部分的绝缘，找出绝缘损坏的部分进行更换。如果采用的是绝缘电阻表，应避免绝缘电阻表 500V 电压损坏电路有关元件（如电磁阀线圈续流二极管等）。

3. 扩展 I/O 接口板回路故障的处理

如果故障发生在扩展 I/O 接口板回路中，首先更换同型号的扩展 I/O 接口板，如果故障仍然存在，则应考虑更换 8088CPU 主板。如果扩展 I/O 接口板损坏又没有备件，则可以对扩展 I/O 接口板进行维修，更换板内故障芯片。

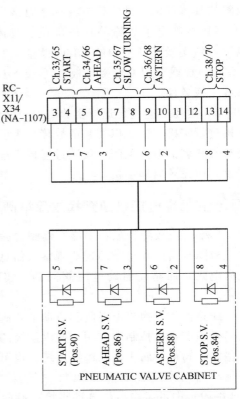

图 8-20　HA446076 中的气动阀箱回路

[例 2]　故障现象：驾/集遥控主机时，主机转速失控。

故障分析：通过故障现象观察、信息提示分析和相应的操作试验后，认为故障环节可能是数字调速器转速反馈回路（包括转速检测装置、回路及转速检测接口电路板）。实际上，转速检测回路是主机遥控系统故障多发环节之一，一旦故障将引起严重后果，为此 AC-4 主机遥控系统中安装了两套转速检测装置。

线路检查：从 AC-4 系统接线总图（见图 8-19）中可以看到，有 3 个转速检测方块，也就是说有 3 组转速检测装置。第一组信号送往 DGU-8800e 数字调速器系统的转速测量装置，接线图是 HA443954；第一组信号用于转速显示和转速等级判别，它是经模拟量输入适配器板 NN-806.3 进入 CPU 主板的；第二、三组是送往 RCS AC-4 遥控系统和 SSU8810 安全保护系统的转速测量装置，接线图是 HA446076。第二、三组用于转速反馈信号，第二组信号要作为主机实际转速信号与主机操作手柄所设定转速信号经处理后进行比较，得到偏差信号送调速系统对主机转速进行控制，另外还要与第一组反馈信号进行相位比较，以此来判断主机的实际转向，还要将两组信号的数值大小进行比较，如两组传感器检测到的信号差值超过规定值时发出报警信号，同时调速系统将主机转速锁定在当前的转速上；第三组信号送到安保系统，供安保系统用来监测主机是否超速之用。这里采用的是 OMRON 转速检测装置，传感器以脉冲信号输入，经固定在控制面板背面的 CPU 主板/扩展 I/O 接口板与箱内底层适配器板之间夹层右座上的专用转速检测板（NA-1120.0 RPM Detector Card）送入 CPU 主板。

　　由此可见，本故障与第二、三组转速检测装置有关，应根据接线图 HA446076 进行接线检查和排除故障。图 8-21 所示的是图 HA446076 的转速检测部分接线图，读者可参照例 1 的方法进行测试，所不同的是这里输入的是脉冲信号，用万用表 DVC 档可看到表头指针在摆动，其摆幅与主机转速有关，另外其输入接口电路板专用的，在 RSC AC-4 和 SSU8810 控制面板内的夹层中。

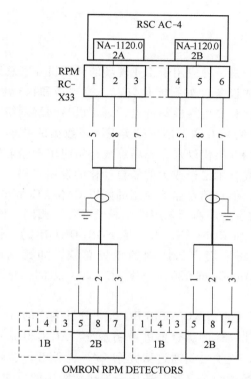

图 8-21　HA446076 的转速检测部分接线图

第九章
基于现场总线的主机遥控系统

现场总线（Field Bus）是一种应用于工业现场的计算机互联总线，只需少量的几根通信线便可将各种计算机控制的设备（如智能化仪表、控制器和执行机构等）连接起来。它具有分布式、开放式、互联性和高可靠性等特点，既可以与同层网络互联也可以与不同层网络（上层局域网或下层现场网络）互联，还可以实现网络数据的共享，因此广泛应用于各种工业控制的场合。自 20 世纪 90 年代以来，现场总线开始应用于船舶机舱的监测报警和主机遥控等系统。目前，现场总线技术已经成为船舶自动化的发展趋势。

现场总线的种类较多，但目前在船上应用的则以 CAN（Controller Area Network）总线和 Profibus 总线为主，不同的设备厂商所采用的总线类型各不相同。例如，以西门子 PLC 构建的系统一般采用 Profibus，而 KONGSBERG（原 NORCONTROL）等公司的产品则采用 CAN 总线。此外，还有一些厂商采用自己研制的现场总线，如德国的 SAM 公司等。本章以 KONGSBERG 公司生产的 AutoChief C20（简称 AC C20）为例，介绍基于现场总线的主机遥控系统。

AC C20 型主机遥控系统是由 KONGSBERG 公司开发生产的 AutoChief 系列产品，是一种集控制、报警和安全保护于一体的综合推进控制系统。AC C20 采用分布式模块化设计，分布式模块采用标准化设计，模块之间通过双冗余 CAN 总线互联。针对不同的船舶和主机类型，可以通过软件进行灵活的组态，除了适用于连接定距桨的可逆转主机之外，还适用于各种连接变距桨的不可逆转主机，以及各种通过减速齿轮箱连接螺旋桨的各种中、高速柴油主机。此外，AC C20 还适用于 MAN B&W ME 系列和 SULZER RT-FLEX 系列等智能型电喷主机。这里主要介绍与 MAN B&W MC 主机相配套的 AC C20 主机遥控系统。

第一节 AC C20 遥控系统的结构组成

与 MAN B&W MC 主机相配套的 AC C20 主机遥控系统主要由驾驶台操作单元（Bridge Manoeuvring Unit，BMU）、集控室操作单元（Control Room Manoeuvring Unit，CMU）、主机接口单元（Main Engine Interface，MEI）、电子调速器单元（Digital Governor Unit，DGU）和主机安全单元（Engine Safty Unit，ESU）等组成，其结构框图如图 9-1 所示。结构框图按上、中、下分别对应驾驶台、集控室和机舱三个位置。

驾驶台主要安装驾驶台操作单元（BMU）和车令打印机。某些具有特殊要求的船舶要求能够在驾驶台的两侧对主机进行操纵，AC C20 系统还可配置侧翼操作单元（Bridge Wing Manoeuvring Unit，BWU），在图 9-1 中标示为 PORT WING 和 STB. WING。驾驶台操作单元

（BMU）包含两部分，一部分是 AutoChief 控制面板（AutoChief Control Panel，ACP），另一部分是单手柄复合车钟（Combined Lever and Telegraph Unit，LTU），两者组装在一起形成一个整体；侧翼操作单元包括操作手柄、指示灯按钮面板、启动空气压力表和主机转速表等；车令打印机与驾驶台操作单元相连，对车令进行实时记录。

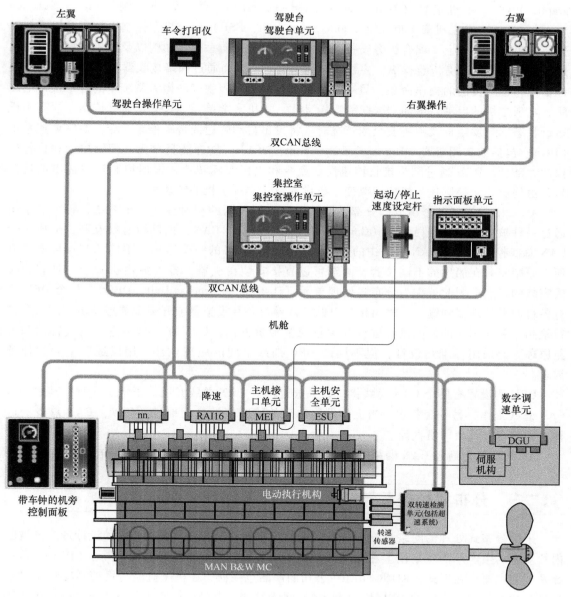

图 9-1 AC C20 主机遥控系统的组成原理图

集控室主要布置有集控室操作单元（CMU）、主机启/停与转速设定杆（Start/Stop & Speed-setLever）和指示面板单元（Indication Panel Unit，IPU）。集控室操作单元的结构组成与驾驶台操作单元完全一致；"主机启/停与转速设定杆"设有主机的启动、停车挡位和正、倒车转速设定区域，用于在集控室操作时对主机进行半自动操纵；指示面板单元包括反映主机运行状态的各种指示灯和辅助风机控制开关等。其中，"主机启/停与转速设定杆"为可选设备，如果不安装，则可通过集控室操作单元上的单手柄复合车钟（LTU）直接操纵主机。

机舱设有机旁控制面板（Local Control Panel，LCP）、按钮式车钟（Push Button Telegraph，PBT）、主机接口（Main Engine Interface，MEI）、数字调速系统（Digital Governor System，DGS）和主机安全单元（Engine Safety Unit，ESU）等。机旁控制面板和按钮式车钟安装在机旁控制台上，配合机旁安装的启动、停车和换向手控气动阀以及主机油量调节手轮用于完成主机的机旁应急操纵。主机接口（MEI）一方面通过网络接收驾驶台操作单元或集控室操作单元发出的操作命令，另一方面输出控制信号控制气动操纵系统中的各个接口电磁阀，实现主机的启动、停油和换向等逻辑动作。主机安全单元（ESU）通过传感器检测主机运行状态，当发生危及主机安全的情况时，将发出自动降速或自动停车命令。数字调速系统（DGS）包括数字调速器（Digital Governor Unit，DGU）、转速测量单元、伺服单元和执行机构四大部分，DGU通过网络接收转速设定命令和主机实际转速，根据控制规律输出油量信号，由伺服单元控制执行机构，改变主机供油量，实现主机的转速控制。

AC C20的上述各个组成部分都是由单板计算机控制的相对独立的子系统，各个子系统通过一种被称为控制器局域网（Controller Area Network，CAN）的网络总线互联，形成一个CAN总线控制网络，CAN网络中的每个子系统称为网络的一个节点。不同的节点可根据方便性原则安装在船舶的不同位置，甚至可以直接安装在机器设备（如主机）上，具有分布式安装的特点，因此被称为分布式处理单元（Distributed Process Unit，DPU）。每个DPU均有各自的微处理器和输入、输出接口电路，能够对各种模拟量或开关量传感器输入的信号进行检测，并向不同的外围设备进行开关量或模拟量输出。DPU在机械构造、电气特性和电路原理方面采用标准化设计，但不同的DPU加载不同的应用软件，用以适应不同的任务需求。

DPU均设置有两个CAN总线接口，并通过两套CAN总线互联。正常工作时，其中一套CAN总线工作，另一套备用，当工作网络出现故障时能够自动地进行切换。CAN总线的这种设计称为双冗余网络设计。

AC C20就是通过CAN网络中的各个DPU协同工作来实现主机遥控系统的各种功能。

第二节 分布式处理单元

采用分布式处理的网络化设计是目前船舶自动化发展的方向之一，这种设计理念已被国内外众多的生产厂商所采用。在这种网络化的控制系统中，分布式处理单元（DPU）是系统硬件的主要存在形式。KONGSBERG公司的产品也一样，在机舱监测与报警系统和主机遥控系统中均采用了相同的DPU模块和CAN网络结构，其AC C20主机遥控系统和DC C20（或K-Chief 600）监测与报警系统的DPU模块互为通用。

AC C20所用到的DPU模块包括开关量输入、开关量输出、模拟量输入、模拟量输出等通用模块和专门用于主机遥控的专用模块。专用模块在机械和电气特性上与通用模块完全一致，只是在输入输出通道的设计上考虑了主机遥控的特殊需要。关于通用模块参见第三章的相关阐述，下面简要介绍主机遥控系统的专用模块。

一、主机接口单元（MEI）

MEI 是专门为主机遥控系统的电动部分与主机的气动操纵系统相接口而设计的，模块提供了各种与气动操纵系统相接口的开关量和模拟量输入输出通道。图 9-2 给出了 MEI 在某轮 AC C20 主机遥控系统中的应用实例。图中，X1 为输入输出接线端子，端子编号采用 3 位数，个位数为端子编号，十位和百位表示通道号（191 和 192 分别代表第 19 通道的第 1 和第 2 个接线端子）；X8 为 CAN 1 总线的接线端子，X8 中的 81 和 83 连接网络中的上一个相邻 DPU，82 和 84 连接下一个相邻 DPU；X9 为 CAN 2 总线的接线端子，与 X8 类同；X10 接入 DC24V 电源。

在本应用实例中，开关量输入（DI）包括各种反映主机当前操作状态的开关量信息，如当前操作是机旁"应急控制"还是"遥控"、是集控控制还是驾驶台控制、空气分配器和主启动阀是手动关闭还是处在工作位置、高压油泵是否泄压停车、调速器输出杆与油门拉杆是连接还是脱开以及集控室的手动操作命令等。开关量输出包括反映当前操作部位的继电器触点输出（即"驾控指示"和"集控指示"）和控制各种电磁阀逻辑动作的电压输出（VO）两大类，其中电压输出

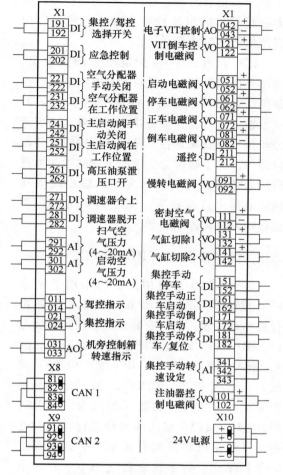

图 9-2　主机接口单元 MEI

可直接驱动电磁阀。模拟量输入（AI）包括来自扫气空气和启动空气压力传感器的电流输入和来自集控室手动转速设定手柄的电位器输入。模拟量输出（AO）包括电子 VIT 控制信号和送至机旁转速表的指示信号。各个输入输出通道的详细分配情况如图 9-2 所示。

二、主机安全单元（ESU）

主机的安全保护是指在出现主机超速、滑油低压或曲柄箱油雾浓度高等应急情况下对主机采取自动降速或自动停车的保护性措施，在早期的自动化船上，一般设置独立的主机安全保护系统。随着计算机技术（尤其是网络技术）在船上的普及应用，安全保护系统通常和主机遥控系统相结合，形成一个有机的整体。AC C20 系统采用专门的 DPU 模块来实现主机的自动停车功能，主机的应急降速功能由电子调速系统实现。该 DPU 模块称为主机安全单元（ESU）。

ESU 只有开关量输入和开关量输出通道，开关量输入通道接收主机操作部位开关、手动应急停车和自动应急停车等开关量信号；开关量输出包括向指示灯和 ALPHA 注油器送出

主机状态指示的继电器触点输出和控制停车电磁阀动作的电压输出。ESU 的典型应用实例如图 9-3 所示。

图中，通道 1～4 为继电器触点输出，输出主机状态信号；通道 5 为电压输出，控制停车电磁阀；通道 14～28 为接触点式开关量输入信号，如来自转速测量单元的超速停车信号以及来自各个操作部位的应急停车信号等。为了确保应急情况下能够可靠地进行应急停车，ESU 的许多输入输出通道在内部电路上直接连通，即使 ESU 故障也不会影响其自动停车功能。

三、转速检测箱（RPMD）

在 AC C20 系统中，专门采用了两个 DPU 模块 RPME1 和 RPME2 对主机转速进行检测和处理，它们安装在一个转速控制箱（RPMD）内。转速检测系统共有两组，共 4 个脉冲式检测探头（NPN 输出或 PNP 输出），一组接至 RPME1，另一组接至 RPME2，两组测速装置互为冗余。RPME1 和 RPME2 对探头输入的信号进行计算和处理后得到主机转速的测量值，一方面通过 CAN 网络送至数字调速器（DGU）和网络中的其他 DPU（如 ACP），另一方面还以 RS422/485 通信方式直接送给 DGU。当发生主机超速时，RPMD 将输出一个开关量信号送至主机安全单元（ESU），在 ESU 的输出控制下进行应急停车。图 9-4 给出了 RPME 与转速传感器的连接及其与 DGU 之间的 RS422 连接关系。

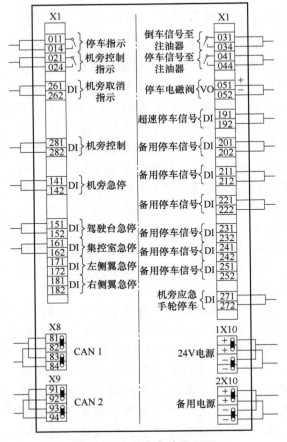

图 9-3　主机安全单元 ESU

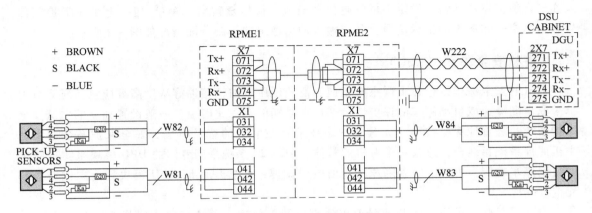

图 9-4　RPME 与转速传感器的连接

四、数字调速器（DGU）

DGU 是为实现主机的转速与负荷控制而专门设计的 DPU 模块，它包括 4 个 CAN 网络接口和两个 RS422/485 接口。在 DGU 的 4 个 CAN 网络接口中，两个称为全局 CAN 网络（Global CAN Net）接口（其接线端子标识为 X8G 和 X9G），与同层网络的其他 DPU 互连；另外两个称为局部 CAN 网络（Local CAN Net）接口（其接线端子标识为 X8L 和 X9L），用于在复杂系统中进行网络扩展。两个 RS422/485 通信接口中，一个连接转速检测模块 RPME，直接获取主机的转速测量值，另一个向油门执行机构的伺服单元传送调速器的油量输出信号（即油门位置信号）。

DGU 在转速控制过程中所需的所有参数命令均通过 CAN 网络获取。若在驾驶台或集控室以单手柄车钟（LTU）操作，则手柄设定值直接通过网络传送；若在集控室通过"主机启/停与转速设定杆"进行手动操作，则手柄发出的电位器输出信号经过 MEI 处理后再由网络送至 DGU。此外，在 ACP 上针对调速器所进行的各种参数设置也通过网络传送。

DGU 具有与主机调速有关的所有功能，例如加速速率限制、负荷程序限制、增压空气压力限制和自动调速等。并且可以独立工作，即使网络通信失效，也能以当前设定转速为设定值继续工作。

第三节　车钟系统

AC C20 车钟系统的典型配置是一个由驾驶台车钟、集控室车钟和机舱应急车钟组成的三地车钟系统，如图 9-5 所示。对于有侧翼操作台的系统，则还有侧翼车钟。其中，驾驶台车钟和集控室车钟与 Autochief 控制面板（Autochief Control Panel，ACP）一起分别组成驾驶台操作单元和集控室操作单元，和 ACP 共用一个 DPU，而机舱应急车钟则单独使用一个 DPU。三地车钟通过 DPU 的双冗余 CAN 总线相互通信。

驾驶台车钟和集控室车钟完全相同，均为单手柄复合车钟（LTU），而机舱应急车钟则为按键式车钟（Pushbutton Telegraph，PBT）。

一、单手柄复合车钟（LTU）

单手柄复合车钟（LTU）安装在驾驶台操作面板和集控室操作面板上，所谓复合车钟是指装置同时具有传令和主机操作指令的发讯功能，图 9-6 所示为 LTU 的面板结构。

车钟手柄共分为 11 挡，包括停车（Stop）位和正、倒车各 5 个挡位。正车的 5 个挡位包括微速（Dead Slow）、慢速（Slow）、半速（Half）、全速（Full）和海上全速（Navigation Full）；倒车的 5 个挡位包括微速（Dead Slow）、慢速（Slow）、半速（Half）、全速（Full）和应急倒车（Emergency Astern）。手柄两侧，对应各个挡位，分别布置有发光二极管（LED）指示灯，当手柄打在不同位置时，对应的 LED 点亮，并且手柄下方的文本显示器会显示相应的挡位名称。例如手柄的当前位置为"Slow"，则"Slow"灯点亮，其文本显示内容也为"Slow"。尽管手柄分为不同的挡位，但手柄也可以自由地移动到两个挡位之间的任意一个位置，因此可实现精细的转速设定。

车钟左下方设有 3 个带灯按钮，其上标明 Bridge（驾驶台）、ECR（集控室）和 Local

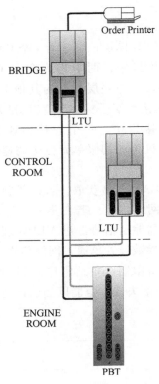

图 9-5　AC C20 车钟系统

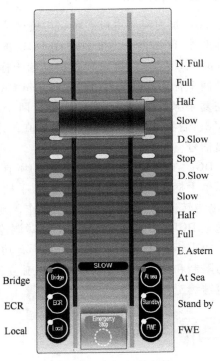

图 9-6　单手柄复合车钟

（机旁）标识，用于进行操作部位的指示和切换。

车钟右下方的 3 个带灯按钮分别为 At Sea（海上航行）、Stand by（备车）和 FWE（完车）按钮，用作辅助车钟。

车钟的正下方还设有一个保护翻盖，上面的红色标识为 Emergency Stop（应急停车）。紧急情况下，可打开翻盖，按下应急停车按钮。此时，遥控系统将触发主机安保系统发出应急停车信号，同时也将使转速控制系统的转速设定值为 0，实现应急停车。再按一次应急停车按钮，并将车钟手柄回零，可实现应急停车的复位。

二、按键式车钟（PBT）

按键式车钟位于机舱机旁控制台上，用于在机旁操作时与驾驶台或集控室进行传令联络，其面板结构如图 9-7 所示。按键式车钟的挡位划分与单手柄车钟完全一致，区别在于它是通过带灯按钮来进行传令操作和车令指示的。

按键式车钟没有主机操作指令的发讯功能，因此它只是一个纯粹的传令车钟。当在机旁进行操作时，轮机员要通过机旁的主机应急操作装置对主机进行手动操作。

按键式车钟的左侧还设有一个试灯按钮和错向报警指示。

三、操作部位及其切换

AC C20 主机遥控系统典型的操作部位包括驾驶台、集控室和机旁三个位置，主机的当前操作部位由车钟上相应的按钮灯指示。

"Bridge"按钮上的 LED 灯亮表示为驾驶台操纵，此时主机将根据驾驶台操作手柄发出的指令由遥控系统进行自动遥控。当进行驾驶台操作时，车钟的传令功能将失效，但集控室和机旁车钟上挡位指示灯还将指示驾驶台手柄的位置。

"ECR"按钮上的 LED 灯亮表示为集控室操纵，此时集控室和驾驶台之间的通信联络通过车钟系统进行。当驾驶台车令发生变化时，目标挡位的指示灯点亮，同时蜂鸣器响。轮机员应首先回令（即把集控室车钟手柄移动到目标挡位，蜂鸣器停响），然后通过"主机启/停与转速设定杆"（Start/Stop & Speed-set Lever）操纵主机，使主机达到车令要求的状态。

"Local"按钮上的 LED 灯亮表示为机旁操纵，此时机旁与驾驶台之间可通过车钟系统建立通信联系。当驾驶台车令发生变化时，轮机员首先通过机旁车钟的按键回令，然后通过机旁应急操纵装置对主机进行相应操纵。机旁应急操纵装置因主机类型而异，一般为主机气动操纵系统自带的手动控制阀和主机油量调节手柄或手轮。

操作部位切换可通过带灯按钮的操作来实现。例如，从集控室转到驾驶台操作时，首先按下集控室车钟上的"Bridge"按钮，这将使集控室和驾驶台车钟上"Bridge"按钮的 LED 闪光且使蜂鸣器响，然后在驾驶台按下"Bridge"按钮，两地"Bridge"按钮

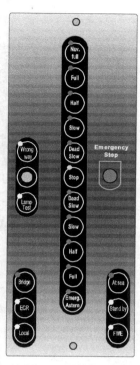

图 9-7　按键式车钟

的 LED 变为平光，且蜂鸣器停响，"ECR"按钮的 LED 熄灭，操作部位切换完毕。其他切换与上述过程相类似，但应注意到以下两点：

1）对于有侧翼操作台的系统，当需要进行侧翼操作时，还需进行驾驶台与侧翼操作台之间的操作转换。具体方法这里不予展开。

2）在机旁与集控室之间进行转换时，还需根据气动操纵系统的具体情况进行其他某些操作，例如进行气动阀件的转换操作和油门拉杆的离合切换等。

第四节　AC C20 控制面板

一、Autochief 控制面板

Autochief 控制面板（Autochief Control Panel，ACP）是 AC C20 主机遥控系统的重要组成部分，它和单手柄复合车钟（LTU）一起构成驾驶台/集控室操作单元，如图 9-8 所示。ACP 由独立的一个 DPU 控制，内装嵌入式操作系统，通过 LCD 显示窗口、按键和多功能旋转按钮为用户提供了丰富的人机交互功能，操作简单便捷。

1. 显示窗口

显示窗口具有丰富的显示功能，通过菜单操作能够调出各种模拟显示画面。图 9-9 所示为两个常用的显示页面，窗口顶部文本显示副车令、操作部位和主机状态等，底部显示为菜单按钮，中间部位为主要显示区域，可以是文本信息、流程图或显示参数的模拟仪表和条形

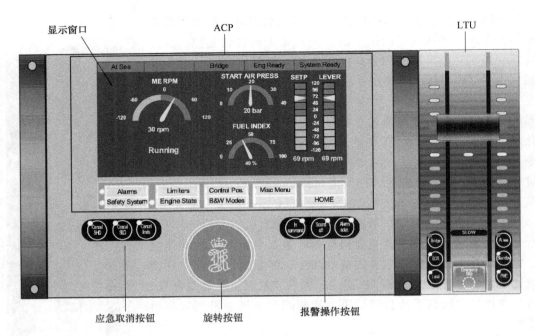

图 9-8　AC C20 驾驶台/集控室操作单元

图等。例如图 9-9a 显示主机转速、启动空气压力、燃油齿条刻度、手柄设定转速（SETP）和经过各种转速限制环节之后实际送到调速器的设定转速（ACT）；9-9b 显示出主机当前状态（STATE）、启动失败/启动阻塞（START FAIL/BLOCK）原因和主机备车未完成（EN-GINE NOT READY）原因等。

AC C20 的软件显示功能不仅省去了传统的硬件显示面板，而且也使显示内容更加丰富多彩。

2. 多功能旋转按钮

多功能旋转按钮相当于计算机的鼠标，可用于单击显示窗口中菜单键和模拟图中的操作对象、移动 mimic 图中的虚拟手柄以及进行参数修改等。通过左右旋转可对操作目标进行轮回选择（被选目标变为高亮），按下旋转按钮即可激活相应的功能。因此，旋转按钮是驾驶台和集控室操作面板的重要操作工具。

3. 应急取消按钮

应急取消按钮是为紧急情况下取消遥控系统的各种限制和自动降速及自动停车功能而设置的。"Cancel SHD"键按下时将取消被设定为可取消的自动停车项目，而按下"Cancel SLD"键则可取消被设定为可取消的自动降速项目，"Cancel limits"用于取消转速和负荷限制。

4. 报警操作按钮

报警操作按钮包括"Sound off"（消音）按钮和"Alarm ackn."（报警确认）按钮。当有报警事件时，显示窗口将出现报警信息的文本显示，可通过这两个按钮进行消音和确认，恢复正常后报警文本消失。与报警确认和消音按钮并排设置的还有一个"In command"绿色指示灯，灯亮表示该 ACP 具有对主机的操作权。

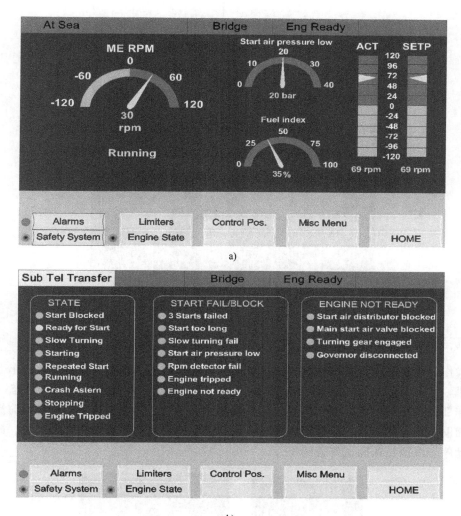

图 9-9　ACP 显示窗口

二、IPU 指示面板单元

IPU 指示面板单元位于集控室控制台，面板的结构和布局如图 9-10 所示。它由一个独立的 DPU 进行控制，其主要功能是对主机及遥控系统状态进行直接显示，另外还兼有辅助风机的控制和状态指示功能。面板上半部分指示主机及遥控系统的状态，具体内容参见面板上的各个指示灯名称；下半部分用于辅助风机的运行控制和状态显示。辅助风机的数量最多可以有三台，分别通过带灯按钮"START/RUN"和"STOP"进行控制和指示。运行选择开关打在"MAN"位置时可通过"START/RUN"或"STOP"按钮进行手动启停控制；打在"AUTO"位置时，风机将根据风压情况自动启动或自动停止，增加或减少运行风机的数量；而打在"STOP"位置时，将禁止对风机的操作。若有风机出现故障，则"WARNING"报警灯发出报警信号。

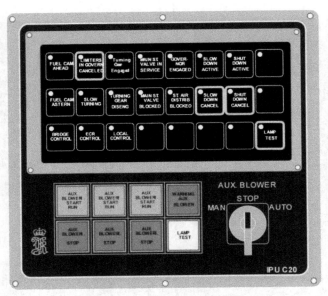

图 9-10　IPU 指示面板单元

三、机旁显示面板

当操作部位切换至机旁操作时，通过按键式车钟与驾驶台联络，根据驾驶台车令在机旁操作主机，如图 9-11 所示。此时，借助机旁显示面板能够了解主机当前运行状态、安全状态及操作部位等综合信息。显示内容包括主机转速、主机运转方向指示、主机当前操作部位指示、辅助风机运行指示、应急操作指示、自动停车指示和盘车机未脱开指示等，此外包括一个自动停车取消按钮和试灯按钮。

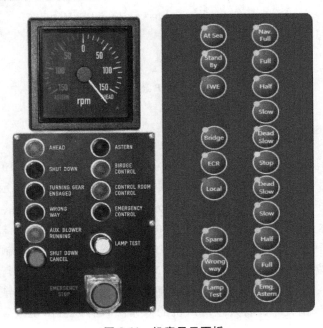

图 9-11　机旁显示面板

第五节 AC C20 的控制功能

一、逻辑控制

1. 启动封锁功能

启动封锁是指在某些特定的情况下，不允许主机进行启动的一项安全措施。在 AC C20 遥控系统中，只要出现下列任意一种情况，都将激活遥控系统的启动封锁功能。

1）主机故障停车。当主机安保系统检测到某种严重故障而导致故障停车时，将封锁主机的启动操作。故障停车的具体原因可通过 ACP 上的 mimic 画面查询。

2）启动空气压力低。为保证主机的成功启动，必须保证有足够的启动空气压力，启动空气压力的最低值可在 ACP 面板上进行设置。当启动空气压力低于设定压力时，将触发启动封锁。

3）转速检测故障。转速是主机启动过程和运行过程的关键性参数，当转速检测系统发生故障时，主机不允许启动。

4）调速器脱开。当进行机旁操作时，油门拉杆是人工通过气动操纵系统进行手动操纵的，油门拉杆离合器应从调速器执行机构断开，合向手动拉杆。此时，主机的启动操作也是在机旁进行的，因此不允许遥控系统发出启动命令。

5）主启动阀封锁。出于安全的考虑，当主机停止工作时，主启动阀必须手动置于"封锁"位置。因此，在进行主机启动之前，必须将主启动阀置于工作位置。

6）空气分配器封锁。和主启动阀一样，在主机停止工作时，还要封锁空气分配器。在主机启动之前，必须将空气分配器的封锁解除。

7）盘车机未脱开。如果盘车机齿轮未从主机飞轮脱开，主机的启动是严格禁止的。

2. 主机的启动功能

在主机处于备车完毕状态下，只要将驾驶台操作手柄从停车位置扳向正车（或倒车）任意位置，主机都将自动地进行正车（或倒车）启动。

（1）正常启动

当驾驶台手柄发出启动命令时，遥控系统将通过 MEI 触发启动电磁阀动作，使启动空气按空气分配器规定的顺序进入主机气缸，推动主机启动。同时，系统将向调速器送出一个预设的"启动转速设定值"。当主机转速达到油气切换转速时，关闭启动空气，调速器送出一个预设的油量作为启动油量（该启动油量将在主机转速超过"启动转速设定值"时自动取消，切换为按调节规律输出的计算油量）。若启动成功，则主机在"启动转速设定值"下运行某一预设时间（一般为 6 秒，可调）后自动切换为手柄设定转速。

（2）慢转启动

当满足慢转逻辑条件时，主机的第一次启动将自动包含一次慢转过程。若在规定时间内完成曲轴的一圈慢转，则自动进入正常启动程序，否则将在驾驶台和集控室发出慢转失败报警。慢转启动功能可在 ACP 上操作"取消限制"按钮加以取消。此外，是否有慢转功能还和主机的机型有关。

（3）重复启动

若启动空气切断后，主机未能在燃油的维持下持续运行（即起动失败），则系统将进行自动重复启动。第二次和第三次启动的"启动转速设定值"要比第一次启动高（重启动设定转速）。若第二次启动失败，则将进行第三次启动；若第三次启动失败，则将发出启动失败报警。

（4）重启动

在重复启动和应急倒车的情况下，遥控系统将自动提高"启动转速设定值"，调速器因此向伺服控制单元输出一个较大的油门拉杆位置设定值，使伺服控制单元给出一个较大的启动油量，提高主机启动的成功率。

（5）启动失败报警

慢转失败、一次启动时间过长和三次启动失败等三种情况均被视为启动失败，并在驾驶台和集控室的 ACP 上发出起动失败报警。将操作手柄扳回到停车位置可对启动失败报警进行复位。

3. 换向功能

AC C20 的换向功能分为以下三种情况：

（1）停车换向

当主机处在停车状态下，驾驶台将车令手柄从停车位置扳到正车或倒车位置，且车令与主机的转向控制装置位置（包括空气分配器凸轮轴位置和各个高压油泵的滚轮位置）不一致时，遥控系统将首先执行换向操作，当换向完成后再进入启动程序。

（2）运行中换向

当主机在运行状态下，驾驶台将车令手柄从正车（或倒车）扳到倒车（或正车）位置时，遥控系统将首先停油减速，并进行换向操作和反方向启动。若当前转速高于制动转速，则当转速下降到制动转速时进行换向，并进行强制制动，以加快主机反转的过程。

（3）应急倒车

应急倒车是运行中换向的一个特例，即驾驶台手柄从全速正车直接扳到应急倒车位置时的一种紧急操作。一般情况只在船舶避碰的情况下才使用，因此也称为避碰倒车（Crash Astern）。在应急倒车情况下，遥控系统将有如下动作：

1）驾驶台和集控室 ACP 上显示"Crash Astern"；

2）发出主机停车命令；

3）主机转速下降到制动转速；

4）对主机进行换向，换向结束后打开启动空气进行强制制动；

5）重启动和取消限制命令送至调速器进行重启动，并取消各种限制；

6）倒车转速达到油气切换转速时切断启动空气，调速器供油。

4. 停车功能

当车令手柄扳至停车位置时，遥控系统将通过 MEI 控制停车电磁阀动作，各个高压油泵停油阀动作，使主机停车。同时，停油信号还将送至调速器，使调速器输出油量为零。

另外，在驾驶台、集控室和机旁控制台的车钟面板上还设有应急停车按钮，在应急情况下按下应急停车按钮，将通过主机安全单元（ESU）进行应急停车。

5. 其他辅助功能

AC C20 遥控系统还提供了以下辅助功能：

（1）辅助风机控制

系统可以控制 1～3 个辅助风机，在主机低负荷条件和启动之前，可在集控室指示面板上通过手动或自动的方式启动或停止风机的运行。在自动模式下，风机的启停由扫气箱压力传感器控制。当扫气压力达到 6.5×10^4 Pa 时风机自动停止。

（2）燃油凸轮监控

燃油凸轮监控功能可确保在换向过程中所有的燃油凸轮都能动作到位，以便主机能按照希望的方向正确启动。

（3）电子 VIT 控制（可选功能）

作为一个可选功能，AC C20 遥控系统可提供电子 VIT（Variable Injection Timing，可变喷油定时）控制功能，以取代 MAN B&W 主机的机械式 VIT 机构。

（4）气缸追加润滑（可选功能）

当监测到主机负荷在相对长的时间内有明显增加时，调速器将控制气缸注油系统的一个电磁阀动作，使得注油量在原来的基础上额外增加，更好地适应主机负荷的变化。这是针对 MAN B&W 主机的可选功能。

（5）可变气缸切换

该功能是针对主机的低负荷和低转速情况设计的，也称气缸切除（Cylinder Cut Out，CCO）。当主机的负荷和转速都比较低时，可将主机的工作气缸分为两组，并且只让其中一组工作，即只有一半的气缸在同时工作。其目的是保证主机在低转速和低负荷情况下的运转能够更加平稳。考虑到各缸热负荷的均匀以及避免气缸润滑油的浪费，两组气缸一般按照时间顺序进行轮流工作。但是，为了保证主机的安全启动，从主机启动直至稳定运行期间，气缸切除功能将被屏蔽。另外，如果"取消限制"功能被激活，或者手柄设定转速和实际转速偏差超出预定的范围，也必须保证所有气缸同时工作。

二、转速控制

主机转速控制是遥控系统的重要组成部分，AC C20 的主机转速控制系统由测速单元、数字调速器、伺服控制单元和电动执行机构（伺服电动机）组成，如图 9-12a 所示。

为确保测速可靠，测速单元采用了两套 CAN 节点式测速模块（RPME），即通过两个 DPU 对来自测速探头的脉冲信号进行处理，转换为主机实际转速值，并以数字信号输出。转速测量值通过两种方式送给数字调速器（DGU），一种是通过 RS422/485 通信接口直接连接，另一种是通过 CAN 总线连接，两种连接互为备用。

DGU 一方面通过 CAN 网络和 RS422 接口接收转速测量信号，另一方面通过 CAN 网络接收操作手柄发出的手柄设定转速，其控制输出通过 RS422/485 通信送给伺服控制单元，由伺服控制单元进行位置反馈控制和功率放大后驱动伺服电动机，对油门拉杆进行精确定位。

主机转速控制系统的逻辑结构如图 9-12b 所示。手柄设定转速经各种转速限制环节后作为转速设定值与来自测速单元的转速实际值相比较，得到转速偏差，经 PID 作用规律获得控制输出。PID 控制的输出再经燃油限制（负荷限制）和输出补偿（如非线性补偿）得到

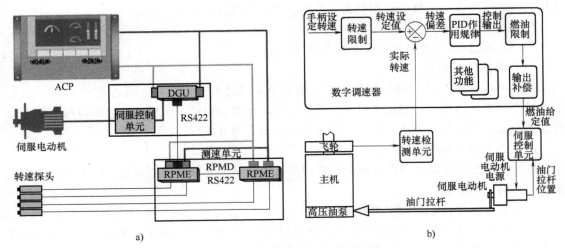

图 9-12　主机转速控制系统结构原理图

数字调速器的最终油量输出，送给伺服控制单元。调速器的输出可以理解为燃油给定值（即油门拉杆的希望位置），而伺服控制单元实质上是一个局部的反馈控制器。伺服控制单元将油门拉杆设定值与来自伺服电动机的绝对编码器所反映的油门拉杆实际位置进行比较，根据偏差和控制规律驱动伺服电动机带动油门拉杆动作，直到油门拉杆位置与调速器希望的位置相符为止。

　　为了保证主机能在控制系统失电情况下仍能继续运转，调速系统的伺服控制单元设置了对伺服电动机的刹车功能。一旦控制系统失电，伺服电动机将被锁定在当前位置，使主机以当前的输出油量继续工作。恢复供电后，调速系统自动转入正常工作状态。

三、转速与负荷限制

　　主机的转速与负荷限制是转速控制系统的附加功能。AC C20 主机遥控系统采用了 DPU式数字调速器（参见图 9-12），调速器根据转速设定值和实际测量转速的偏差进行 PID 调节，实现对主机的加减速和转速定值控制。但作为转速控制对象，船舶柴油主机具有一定的特殊性，为防止主机超负荷，AC C20 在数字调速器的软件中设有各种转速限制和负荷限制功能。

1. 转速限制

　　转速限制包括加速速率限制、负荷程序、最低转速限制、轮机长最大转速限制和临界转速回避等。在 AC C20 系统中，以上各种限制都是通过计算机软件实现的。

　　（1）最大转速手动限制

　　通过 ACP 的菜单操作可以对主机允许的最大转速限制参数进行修改，当手柄转速设定值超过预设转速时，实际送至 PID 算法程序的转速设定值将受到限制，如图 9-13 所示。由于这一限制通常由轮机长根据主机的工作状况进行决策，因此也称为轮机长最大转速限制。

　　（2）负荷程序

　　当驾驶台手柄推到"Nav. Full"（海上全速）位置时，从"Full"（全速）至"Nav. Full"（海上全速）加速段将实行程序慢加速；同样，当手柄从"Nav. Full"（海上全速）扳至

"Full"（全速）或"Full"（全速）以下时，从"Nav. Full"（海上全速）至"Full"（全速）减速段也可实行程序慢减速。程序慢加速和程序慢减速统称为负荷程序，系统进入负荷程序时，ACP 将提示"Load up program active"或"Load down program active"。加速和减速速率可通过 ACP 上的菜单操作进行编辑，但一般而言，慢加速时间为 30min，而慢减速时间为 15min。程序负荷限制曲线如图 9-14 所示。

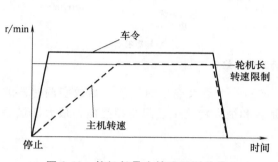

图 9-13　轮机长最大转速限制曲线

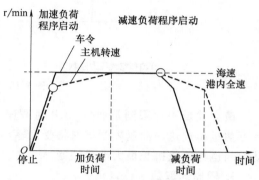

图 9-14　程序负荷限制曲线

（3）加、减速速率限制

当主机在"Full"（全速）转速以下区间进行加速或减速时，系统将进行加、减速速率限制。其加、减速速率大小通过 ACP 设定。

（4）最低转速限制

最低转速限制的转速值对应主机的最低稳定转速，当转速设定值低于这一限制时，遥控系统将以此最低转速送至调速器的 PID 算法程序，确保主机能够稳定运行。

（5）自动减速限制

当主机出现异常情况需要减速运行时，遥控系统将根据引发降速的原因，在 ACP 上显示"可取消降速"或"不可取消降速"报警。在预警时间内，对于"可取消降速"，可通过"Cancel SLD"（按钮取消）。预警时间过后，安全单元将发出自动减速命令，主机将自动减速至预先设定的某一转速运行，即进行自动减速限制。

（6）临界转速限制

AC C20 系统最多可设置两个临界转速区，均采用上、下限回避策略，即加速过程采用避上限，减速过程采用避下限。若主机在临界转速区运行的时间过长，则在 ACP 上产生"Critical RPM"（临界转速）报警。

2. 负荷限制

在数字调速器中，经 PID 控制算法得到的油量信号还要经过油量限制环节才能作为油量输出值送给伺服控制单元。这种限制是为了确保主机不超负荷而设置的，即负荷限制。在 AC C20 系统中，负荷限制包括增压空气压力限制、转矩限制和最大油量手动限制，均通过软件实现。

增压空气限制程序根据扫气箱压力传感器测得的扫气压力，对允许的供油量进行分段限制，如图 9-15a 所示。转矩限制是根据主机的实际转速进行限制的，即根据测量转速值的大小对允许输出的供油量进行分段限制，如图 9-15b 所示。最终送至伺服控制单元的油量值为 PID 计算值和各种限制值当中的最小值。图 9-15 所示的曲线可根据实际需要通过 ACP 进行修改。

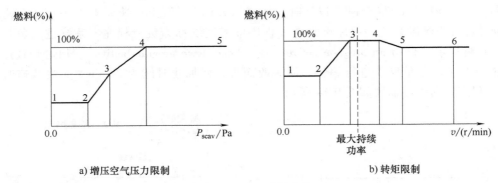

a) 增压空气压力限制   b) 转矩限制

图 9-15　负荷限制曲线

最大油量手动限制是通过 ACP 对调速器设定的一个最大输出油量值，当数字调速器的计算油量超过这一油量限制值时将受到输出限制。和最大转速手动限制相类似，最大油量手动限制也称作轮机长最大油量限制。

3. 限制的取消

当按下 ACP 上的"Cancel limits"（取消限制）按钮时，最大转速和最大油量的手动限制可被取消，同时增压空气压力限制和转矩限制的限制值将自动提高 10%（可调）。

四、特殊工作模式

为了满足某些特殊情况的需要，AC C20 的转速控制系统还提供了几种特殊的工作模式。

1. 轴带发电机模式

当轴带发电机带有恒速装置时，为避免因主机正常减速或自动降速导致全船失电，遥控系统提供了一种可选工作模式，即轴带发电机模式。主配电板上有一路反映轴带发电机并车状态的开关量信号（"轴带运行"信号）送至主机遥控系统，当轴带发电机与电网连接时，要求主机转速必须高于某一规定转速（通常为 75% MCR，可调）。一旦驾驶台手柄设定转速低于这一转速，或者发生自动降速时，系统将进行以下动作：

1）立即减速到轴带发电机要求的最低转速；

2）驾驶台和集控室的 ACP 上显示"RPM holding"警示；

3）向主配电板发送"柴油发电机组启动和轴带发电机解列"指令；

4）主机继续维持轴带最低转速直至轴带发电机解列，但最长不超过 60s（可调）；

5）"轴带运行"信号消失后，转速降至要求的转速，即设定转速或自动降速限制转速。

以上过程同样适用于主机停车操作或应急倒车操作的情形。轴带发电模式转速控制过程如图 9-16 所示。

2. 恶劣海况模式

恶劣海况模式是在风浪天航行时采用的一种可选工作模式，其目的是避免主机因超速而导致停车。在海况恶劣的航行条件下，通过 ACP 菜单操作可进入恶劣海况模式。当转速超过设定

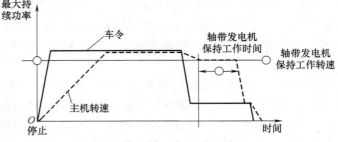

图 9-16　轴带发电模式的转速控制过程

的上限转速值时，遥控系统切断燃油供应，迫使主机降速，转速下降到停车复位转速后恢复供油，然后维持该转速持续运行。此后，若想让主机再按手柄设定转速运行，则需将手柄拉回至复位转速，再推向希望的设定转速。恶劣海况模式的转速控制过程如图 9-17 所示。

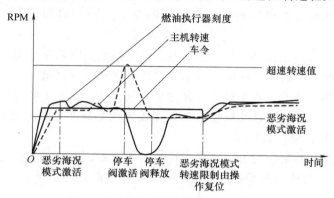

图 9-17　恶劣海况模式的转速控制过程

3. 定油量模式

这是 KONGSBERG 电子调速器所特有的一种控制模式。当测量转速在某一预设时间范围内保持恒定时，调速系统将在指令控制下进入定油量控制模式。此时，调速器将通过伺服控制单元锁定燃油齿条，保持恒定的主机供油量，此时转速将随外界负荷的波动而波动，但转速偏差不允许超出规定的范围。转速偏差一旦超限，系统将自动退出定油量模式，转入正常的转速控制模式。定油量模式的控制过程如图 9-18 所示。

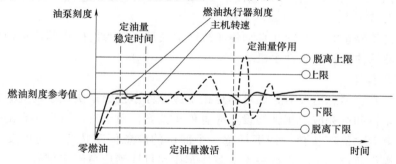

图 9-18　定油量模式的控制过程

这种模式并不适用于低转速区间和高转速区间，因为前者有可能导致主机低于最低稳定转速，而后者则有可能使主机超负荷。通过 ACP 操作可限定此种工作模式的允许转速范围。

第六节　AC C20 的安全保护功能

安全保护系统的主要功能是在出现某些特殊情况时对主机进行应急停车或自动降速，确保主机的安全。

一、应急停车

应急停车包括自动停车和手动应急停车两种情况，AC C20 的应急停车功能主要通过安全单元 ESU 实现。

1. 自动停车

自动停车是当测速单元（RPME）发出主机超速信号或其他专门的应急停车传感器发生作用时，ESU 将指挥停车电磁阀动作，转速控制系统也同时将调速器的输出减少至零位，使主机停车。AC C20 一般可设置 6 个自动停车项目，即"Shut down 1"~"Shut down 6"。其中"Shut down 1"固定用作超速停车，其余 5 个可根据实际需要分配给其他应急停车传感器。在某些特殊的场合，若所需的应急停车项目较多，则还可以增加 5 个额外的定制项目。

超速信号来自测速单元，当主机转速超过额定转速的 109%（可调）时，RPME 将发出一个继电器触点信号，并通过硬线连接（所谓硬线连接是指非数据连接）送至 ESU 的第 19 输入通道（见图 9-3），触发自动停车。

其他应急停车传感器可以是开关量或是模拟量传感器，若是开关量传感器，则可通过硬线连接直接接到 ESU 的备用停车通道，若是模拟量传感器，则必须通过 CAN 网络将应急停车指令送达 ESU。

（1）自动停车的取消

对所有的自动停车项目均可通过 ACP 屏幕操作将其设置为"不可取消（Non cancellable）"或"可取消（Cancellable）"两种类型，一般情况下超速停车应设为"不可取消"。对于不可取消的项目，只要传感器起作用就将立即触发主机自动停车；而对于可取消的项目，则可分别设置一定的延时时间，并且在延时范围内可以取消。取消方法有两种：一是在集控室 ACP 上通过屏幕操作对当前出现的自动停车项目进行选择性取消（这种方法与当前操作部位无关）；二是在当前操作部位按下"Cancel SHD"按钮进行一次性全部取消。

（2）自动停车的复位

一旦发生自动停车时，必须在自动停车故障消失后，在当前操作部位将操作手柄回零进行复位操作，然后才能再次启动主机。

2. 手动应急停车

当值班人员发现紧急情况时，还可通过按下应急停车按钮来实现手动应急停车。驾驶台车钟、集控室车钟和机旁应急车钟均设有应急停车按钮，对于有侧翼操作台的船舶，则在侧翼操作台也设有应急停车按钮。按下任意一个部位的应急停车按钮，均可发出应急停车命令，且与当前操作部位无关。再按一次应急停车按钮可取消应急停车信号。

二、自动降速

AC C20 的自动降速是由自动降速传感器和转速控制系统在网络通信的配合下完成的，最多可设置 20 个自动降速项目，对应 20 个降速传感器。降速传感器可以是开关量或是模拟量传感器，只要其中某个开关量传感器动作或模拟量传感器的测量值越限都将使调速器的转速设定值自动降低到某个预设值（一般为"慢速"挡设定值），迫使主机自动降速。此时，主机转速不会超过这一预设转速，但在最低稳定转速和该预设转速之间，手柄调速仍然有效。

同自动停车项目类似，自动降速项目也可被设置为"不可取消（Non cancellable）"或"可取消（Cancellable）"两种类型。对于不可取消的项目，只要具备相应的自动降速条件，遥控系统将指挥调速器进行立即降速；对于可取消的项目，则可分别设置一定的延时时间，并可在延时范围内取消。取消方法有两种：一是在集控室 ACP 上通过屏幕操作对当前出现的自动降速项目进行选择性取消；二是在当前操作部位按下"Cancel SLD"按钮进行一次性全部取消。

当引发自动降速的故障现象消失时，自动降速将自动复位。只有复位以后，手柄的转速设定功能才能在正常的转速区间有效。

不论是发生自动降速还是应急停车，AC C20 都将发出报警信号，并在 ACP 显示屏上显示相应的文本信息。此时，可通过 ACP 上的"Sound off"和"Alarm ackn."按钮进行消音和报警确认。

第七节　AC 600 主机遥控系统简介

AC 600 主机遥控系统是 AC C20 系统的升级产品，其硬件组成、网络结构和系统功能与 AC C20 基本相同，只是对车钟系统和控制面板的外观及操作界面做了改进。AC 600 主要适用于 MAN B&W ME 系列和 SULZER RT-FLEX 系列等智能型电喷主机。

ME 和 RT-FLEX 电喷主机都自带发动机控制系统（Engine Control System, ECS），此 ECS 包括替代实现了主机遥控系统的部分传统功能，如 ME 电喷主机的 ECS 包括 EICU、ECU、ACU 和 SCU 等控制单元。因此，与电喷主机配套使用时，AC 600 的逻辑控制、转速控制、安全保护、转速和负荷限制等功能都不同程度地被主机 ECS 替代。目前，电喷主机已成为新造船舶的主流配置，尤其是 ME 电喷主机拥有更高的市场份额。下面以某轮 MAN B&W ME 电喷主机为对象，介绍与之配套的 AC 600 主机遥控系统。实际上，与 ME 电喷主机和与 MC 传统主机配套的 AC 600 在系统架构和原理上几乎一样，区别主要在于分布式处理单元（Distributed Process Unit, DPU）的安装位置、数量以及具体功能等方面。

一、车钟系统及操作部位的切换

AC 600 车钟系统的典型配置是一个由驾驶台车钟、集控室车钟和机舱应急车钟组成的三地车钟系统，如图 9-19 所示。对于有侧翼操作台的系统，则还有侧翼车钟。其中，驾驶台车钟和集控室车钟与 AC 600 控制面板（ACP）一起分别组成驾驶台操作单元和集控室操作单元。三地车钟分别单独使用一个 DPU，通过 DPU 的双冗余，CAN 总线相互通信。

驾驶台车钟和集控室车钟完全相同，均为单手柄复合车钟（LTU），而机舱应急车钟则为按键式车钟（PBT）。

1. 单手柄复合车钟（LTU）

LTU 包含一个复合车钟操作手柄、一个触控屏和一个应急停车按钮，图 9-20 所示为 LTU 的面板结构。LTU 主要实现 4 个功能：转速和车令设定、控制位置转换、副车钟模式转换、应急停车。

车钟手柄共分为 11 挡，包括停车（Stop）位和正、倒车各 5 个挡位。正车的 5 个挡位包括微速

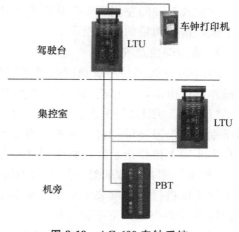

图 9-19　AC 600 车钟系统

（Dead Slow）、慢速（Slow）、半速（Half）、全速（Full）和海上全速（Navigation Full）；倒车的 5 个挡位包括微速（Dead Slow）、慢速（Slow）、半速（Half）、全速（Full）和应急倒车（Emergency Astern）。手柄两侧对应各个挡位，分别布置有发光二极管（LED）指示灯，当手柄打在不同位置时，对应的 LED 和挡位名称点亮。尽管手柄分为不同的挡位，但手柄也可以自由地移动到两个挡位之间的任意一个位置，因此可实现精细的转速设定。

车钟手柄可以通过单击触控屏右上角的锁形图标进行锁定和解锁。当车钟手柄被锁定时移动手柄，一个伺服电动机将会让车钟手柄返回到原来的设定位置，如果强制移动手柄并保持 5s，车钟手柄锁定会自动释放。锁形图标右侧的两个带箭头的图标用于车钟的微调操作。

触控屏左上角实时显示车钟设定转速命令（RPM CMD）。错向报警（Wrong Way）位于车钟转速命令的顶部，当主机转向与车令方向相反时会红色高亮显示。

触控屏左下角设有三个可触控图标，分别为"Bridge"（驾驶台）、"ECR"（集控室）和"Local"（机旁），用于进行操作部位的指示和切换。

触控屏右下角设有三个可触控图标，分别为"At Sea"（海上航行）、"Stand by"（备车）和"FWE"（完车），用于进行副车钟模式的指示和切换。

触控屏具有防止误操作的自锁功能。如果在设定时间内没有任何操作，触控屏将锁定。下次触控屏幕时，先弹出一个解锁图标（Tap to unlock），单击一下这个图标让屏幕解锁，之后才可以进行交互操作。

触控屏下方分别是一个蜂鸣器和一个带保护盖的应急停车按钮（Emergency Stop）。紧急情况下，可打开翻盖，按下应急停车按钮。此时，遥控系统将触发主机安保系统发出应急停车信号，同时也将使转速控制系统的转速设定值为 0，实现紧急停车。再按一次应急停车按钮，并将车钟手柄回零，可实现应急停车的复位。

2. 按键式车钟（PBT）

按键式车钟位于机旁操作单元（Local Panel）上，用于在机旁操作时与驾驶台进行传令联络，其面板结构如图 9-21 所示。按键式车钟的挡位划分与单手柄车钟完全一致，区别在于它是通过带灯按钮进行传令操作和车令指示的。按键式车钟没有主机操作指令的发讯功能，因此它只是一个纯粹的传令车钟。当在机旁进行操作时，轮机员要通过机旁的主机应急操作装置对主机进行手动操作。

按键式车钟的左侧还设有具有复视功能的副车钟指示，用于控制位置转换的带灯按钮，一个试灯按钮和错向报警指示。

3. 操作部位及其切换

AC 600 主机遥控系统典型的操作部位包括驾驶台、集控室和机旁三个位置，主机的当前操作部位由车钟上相应的图标或按钮灯指示。

"Bridge"图标或按钮灯点亮表示为驾驶台操纵，此时主机将根据驾驶台操作手柄发出的指令由遥控系统进行自动遥控。当进行驾驶台操作时，车钟的传令功能将失效，但集控室和机旁车钟上挡位指示灯还将指示驾驶台手柄的位置。

"ECR"图标或按钮灯点亮表示为集控室操纵，此时集控室和驾驶台之间的通信联络通过车钟系统进行。当驾驶台车令发生变化时，目标挡位的指示灯点亮，同时蜂鸣器响。轮机员应回令（即把集控室车钟手柄移动到目标挡位，蜂鸣器停响），由于 AC 600 采用复合车钟，回令的同时也发出新的转速设定命令，使主机达到车令要求的状态。

图 9-20　单手柄复合车钟（LTU）

图 9-21　按键式车钟（PBT）

"Local"图标或按钮灯点亮表示为机旁操纵，此时机旁与驾驶台之间可通过车钟系统建立通信联系。当驾驶台车令发生变化时，轮机员首先通过机旁车钟的按键回令，然后通过机旁应急操纵装置对主机进行相应操纵。机旁应急操纵装置因主机类型而异，一般为主机气动操纵系统自带的手动控制阀和主机油量调节手柄或手轮，而电喷主机则简化了部分机械装置。

操作部位切换可通过单手柄复合车钟（LTU）触控屏上的操作部位图标和按键式车钟（PBT）上的带灯按钮来实现。例如，从集控室转到驾驶台操作时，首先单击集控室车钟上的"Bridge"图标，这将使集控室和驾驶台车钟上"Bridge"图标闪烁且蜂鸣器蜂鸣，然后在驾驶台车钟上单击"Bridge"图标，两地"Bridge"图标变为平光，且蜂鸣器停止蜂鸣，"ECR"图标指示灯灭，操作部位切换完毕。其他切换与上述过程相类似，但应注意到以下三点：

1）对于有侧翼操作台的系统，当需要进行侧翼操作时，还需进行驾驶台与侧翼操作台之间的操作转换。具体方法这里不予展开。

2）集控室设有操作部位强制转换开关，紧急情况下，轮机员可以操作此开关直接将控制权转到集控室。

3）对于传统机械控制式主机，在机旁与集控室之间进行转换时，还需根据气动操纵系统的具体情况进行其他一些操作，例如进行气动阀件的转换操作和油门拉杆的离合切换等。

二、AC 600 控制面板

AC 600 控制面板（Autochief 600 Control Panel，ACP 600）如图 9-22 所示，是 AC 600 主机遥控系统的重要组成部分，它和单手柄复合车钟（LTU）一起构成驾驶台/集控室操作单元。ACP 600 硬件是一款 13.3in（1in＝0.0254m）的触摸屏电脑，通过触摸屏的图形用户界面为操作者提供了丰富的人机交互功能。每个 AC 600 单独使用一个 DPU。

图 9-22　AC 600 控制面板

1. 图形用户界面（Graphical User Interface，GUI）

图形用户界面（GUI）具有丰富的显示功能，通过菜单式软按钮能够调出各种 mimic 显示界面。图 9-23 所示为 ACP 600 的"Home"界面，窗口顶部显示副车钟状态、操作部位和系统状态等；窗口中间为主要显示区域，可以是文本信息、流程图或显示参数的模拟仪表和条形图等；窗口底部为菜单按钮，用于切换界面；菜单按钮上方有两条状态栏，用于显示关键的报警信息，更为详细的报警信息在"Alarm"和"System"界面中显示。为了防止误操

图 9-23　ACP 600 的"Home"界面

作，GUI 也具有和 LTU 触控屏类似的自锁功能。

2. 按钮

（1）应急取消按钮

应急取消按钮位于 ACP 600 左边缘，是为紧急情况下取消遥控系统的各种限制和自动降速及自动停车功能而设置的。"Cancel SHD"按钮用于取消被设定为可取消的自动停车项目；"Cancel SLD"按钮用于取消被设定为可取消的自动降速项目；"Cancel limits"按钮用于取消转速和负荷限制。

按下相应的应急取消按钮，按钮左下角的指示灯亮，表示应急取消激活。再次按下相应的按钮，指示灯熄灭，应急取消失效。

（2）报警操作按钮

报警操作按钮包括消音按钮和报警确认（ACK）按钮。当有报警事件时，显示窗口将出现报警信息的文本显示，可通过这两个按钮进行消音和确认，恢复正常后报警文本消失。

（3）主页图标按钮

消音按钮和报警确认按钮中间是 KONGSBERG 公司的图标，单击此图标，GUI 窗口直接回到"Home"界面。

三、AC 600 的控制功能

1. 逻辑控制

（1）启动封锁功能

启动封锁是指在某些特定的情况下，不允许主机进行启动的一项安全措施。针对不同机型的柴油机，启动封锁的具体条件略有不同。启动封锁信号通常由主机遥控系统产生并执行其功能，但与 ME 电喷主机配套使用时，下列启动封锁信号由主机 ECS 产生并执行其功能，同时将信号发送给主机遥控系统显示。

1）主机故障停车（Shut Down）。当主机安保系统检测到某种严重故障而导致故障停车时，将封锁主机的启动操作。故障停车的具体原因可在 ACP 600 上的"Safety System"界面查询。

2）主启动阀封锁（Main Start Air Valve Blocked）。出于安全的考虑，当主机停止工作时，主启动阀必须手动置于封锁位置。因此，在进行主机启动之前，必须将主启动阀置于工作位置。

3）空气分配器封锁（Start Air Distributor Blocked）。和主启动阀一样，在主机停止工作时，需要封锁空气分配器。在主机启动之前，必须将空气分配器的封锁解除。

4）控制空气泄放（Control Air Vented）。出于安全的考虑，当主机停止工作时，需要关闭控制空气阀并将空气管理中的压力泄放。在主机启动之前，必须打开控制空气阀以恢复管路控制空气压力。

5）盘车机未脱开（Turning Gear Engaged）。如果盘车机齿轮未从主机飞轮脱开，主机的启动是严格禁止的。

6）启动空气压力低并处于驾控权限（Starting Air Pressure Low And Bridge Control Active）。为保证主机的成功启动，必须保证有足够的启动空气压力，启动空气压力的最低限值可在 ACP 界面上设置。在 AC 600 遥控系统中，该封锁信号只有当控制权限位于驾驶台时才会被触发。实际上，遥控系统中设定的启动空气压力最低限值并非主机启动所需空气压力的真实最小值。在集控室或机旁控制时，尽管实际启动空气压力低于遥控系统最低设定限值，主机也可能成功启动。

7）辅助鼓风机不可操作（Auxiliary Blowers Not Operational）。为了确保主机的顺利启动，主机启动前辅助鼓风机应处于遥控可用状态。否则，将被作为主机的一项启动封锁条件。

（2）主机的启动功能

在主机处于备车完毕状态下，只要将获得控制权限的驾驶台或集控室车钟手柄 LTU 从停车位置扳向正车（或倒车）任意位置，AC 600 立即将车钟信号通过 RS422 通信传给主机 ECS，由主机 ECS 控制主机正车（或倒车）启动。同时，主机的启动状态由主机 ECS 反馈到 AC 600。下列启动状态可以在遥控系统 ACP 的"Engine State"界面中查看，如图 9-24 所示。

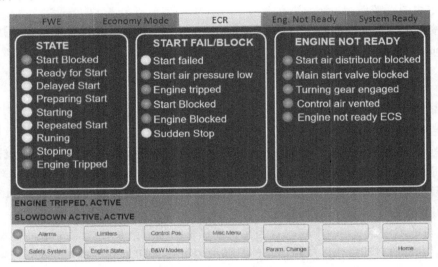

图 9-24　AC 600 主机状态显示界面

1）延迟启动（Delayed Start）：主机在启动之前，如果满足了所有的备车条件，但是辅助鼓风机未运行，此时主机处于延迟启动状态。该状态表示主机需要一个预备启动才能正常启动。

2）预备启动（Preparing Start）：预备启动是主机正常启动前启动辅助鼓风机的一个功能和过程。当主机处于延迟启动状态时，如果推动车钟启动主机，将先执行预备启动功能，待辅助鼓风机运行后，主机进入正常启动时序。

3）正常启动（Starting）：当获得控制权限的驾驶台或集控室车钟手柄 LTU 从停车位移动到正车（或倒车）的任意位置，车钟系统将发出两个信号。一个信号是非停车的开关量信号；另一个信号是传递设定转速值和转向的 4~20mA 的电流信号。这两个信号通过硬线连接送入主机 ECS，由主机 ECS 控制主机启动。

4）重复启动（Repeated Start）：若启动空气切断后，主机未能在燃油的维持下持续运行（即启动失败），则系统将进行自动重复启动。第二次和第三次启动的"启动转速设定值"要比第一次启动高（重启动设定转速）。若第二次启动失败，则将进行第三次启动；若第三次启动失败，则将发出启动失败报警。

5）启动失败报警（Starting Failure）：启动失败触发后，主机将停止启动，并在驾驶台和集控室的 ACP 上报警显示。将车钟手柄扳回到停车位置可对启动失败报警进行复位。

（3）换向功能

AC 600 的换向功能分以下三种情况：

1）停车换向：当主机处在停车状态下，驾驶台将车令手柄从停车位置扳到正车或倒车位置。这种情况下，主机启动前没有单独的换向过程，随着启动过程自动完成换向。

2）运行中换向：当主机在运行状态下，驾驶台将车令手柄从正车（或倒车）扳到倒车（或正车）位置时，主机反向启动前先要进行。若主机当前转速高于制动转速，则当转速下降到制动转速时进行换向，并进行强制制动，以加快主机反转的过程。

3）应急倒车：应急倒车是运行中换向的一个特例，即驾驶台手柄从全速正车直接扳到应急倒车位置时的一种紧急操作。一般情况只在船舶避碰的情况下才使用，因此也称为避碰倒车（Crash Astern）。在应急倒车情况下，遥控系统将有如下动作：

① 驾驶台和集控室 ACP 上显示"Crash Astern"；

② 发出主机停车命令；

③ 主机转速下降到制动转速；

④ 对主机进行换向，并且供给启动空气进行强制制动；

⑤ 重启动和取消限制命令送至转速控制系统，进行重启动；

⑥ 倒车转速达到油气切换转速时切断启动空气，同时供给燃油。

（4）停车功能

当车钟手柄扳至停车位置时，遥控系统将停车信号发送至主机 ECS，停止主机运行。

另外，在驾驶台 LTU、集控室 LTU 和机旁 PBT 上都设有应急停车按钮，在应急情况下按下应急停车按钮，将通过主机安全单元（ESU）将应急停车信号发送至主机 ECS，停止主机运行，同时转速设定值变为 0。

2. 转速控制

主机转速控制是主机遥控系统的一项重要的传统功能，但由于电喷主机 ECS 具有完备的转速控制功能，使得与 MEI 电喷主机配套的 AC 600 不需要重复该功能，其转速控制系统去掉了 DGU 和伺服控制单元，实际只剩下转速检测单元，如图 9-25 所示。

在 AC 600 中，专门采用了两个 DPU 模块 RPME1 和 RPME2 对主机转速进行检测和处理，它们安装在一个转速控制箱（RPMD）内。转速检测系统共有两组，共 4 个脉冲式检测探头（NPN 输出或 PNP 输出），一组接至 RPME1，另一组接至 RPME2，两组测速装置互为冗余。RPME1 和 RPME2 对探头输入的信号进行计算和处理后得到主机转速的测量值，并送入 CAN 网络的 DPU 中。当发生主机超速时，RPMD 将输出一个开关量信号送至主机安全单元（ESU），由 ESU 输出自动停车信号，控制主机应急停车。

3. 转速与负荷限制

主机的转速与负荷限制是转速控制系统的附加功能。与主机转速控制功能类似，由于电喷主机 ECS 具有完备的转速与负荷限制功能，使得与 ME 电喷主机配套的 AC 600 不需要重复该功能。

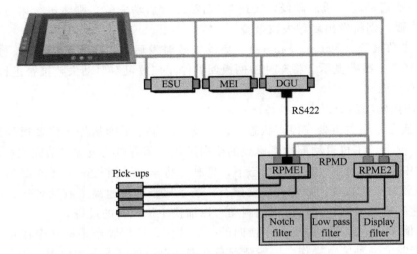

图 9-25　主机转速检测单元结构原理图

四、AC 600 的安全保护功能

安全保护功能是指在出现某些特殊情况时对主机进行应急停车或自动降速，确保主机的安全。

AC 600 的安全保护主要包括应急停车和自动降速（Slow Down，SLD），其中应急停车又分为自动停车（Shut Down，SHD）和手动应急停车（Emergency Stop）两种，如图 9-26 所示。

1. 应急停车

应急停车包括自动停车（Shut Down，SHD）和手动应急停车（Emergency Stop）两种情况。AC 600 的应急停车功能主要通过主机安全单元 ESU 实现。

（1）自动停车

自动停车是当测速单元（RPME）发出主机超速信号或其他专门的自动停车传感器被触发时，ESU 产生 SHD 信号触发停车电磁阀动作，使主机停车；同时，ESU

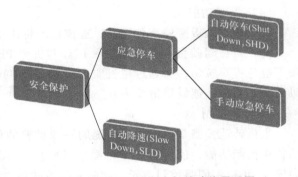

图 9-26　AC 600 的安全保护功能原理图

将 SHD 信号通过硬线连接送至主机 ECS，主机 ECS 随之进入主机停车程序。

AC 600 可设置的自动停车项目见表 9-1。

"Shut Down 1" 固定用作超速停车。超速信号来自测速单元，当主机转速超过额定转速的 107%（可调）时，测速单元将发出一个继电器触点信号，并通过硬线连接送至主机安全单元中，触发自动停车。

"Shut Down 2~6" 可根据实际需要分配给其他应急停车传感器。常见的信号有主机滑油压力过低、涡轮增压器进口滑油压力过低、推力块高温等。

"Shut Down 7~x" 为根据用户需要定制的停车保护项目。

其中 Shut Down 1~6 信号类型只能是开关量，其余的可以是模拟量或开关量。

表 9-1　AC 600 可设置的自动停车项目

编号	停车信号	信号类型	是否可取消	复位
Shut Down 1	超速（额定值 107%，可调）	开关量	不可取消	
Shut Down 2~6	常见的信号有： 主机滑油压力过低 涡轮增压器进口滑油压力过低 推力块高温 ……	开关量	可设置	自动停车故障消失后，在当前操作部位将操作手柄回零进行复位
Shut Down 7~x	根据用户需求定制的停车保护项目	模拟量/开关量	可设置	

（2）自动停车的取消

所有的自动停车项目均可通过 ACP 屏幕操作将其设置为"不可取消（Non cancellable）"或"可取消（Cancellable）"两种类型，超速停车通常设为"不可取消"类型。对于不可取消的项目，只要传感器起作用就将立即触发主机自动停车；而对于可取消的项目，则可分别设置一定的延时时间，并且在延时范围内可以取消。取消方法有两种：一是在当前操作部位的 ACP 左侧按下"Cancel SHD"按钮进行一次性全部取消；二是在集控室的 ACP 上通过屏幕操作对自动停车项目进行选择性取消（这种方法与当前操作部位无关）。第二种取消方法实际上是禁用自动停车信号输入，通常在检修系统时使用。

（3）自动停车的复位

一旦发生自动停车时，必须在自动停车故障消失后，在当前操作部位将操作手柄回零进行复位操作，然后才能再次启动主机。

（4）手动应急停车

当值班人员发现紧急情况时，还可通过按下应急停车按钮实现手动应急停车。驾驶台车钟 LTU、集控室车钟 LTU 和机旁操作单元 LOP 均设有应急停车按钮，对于有侧翼操作台的船舶，则在侧翼操作台也设有应急停车按钮。所有应急停车按钮都通过硬线连接将开关量信号送至 ESU，ESU 控制主机停车，方式与自动停车一样。因此，按下任意一个部位的应急停车按钮，均可发出应急停车命令，且与当前操作部位无关。再按一次应急停车按钮可取消应急停车信号，并在当前操作部位将操作手柄回零进行复位操作，然后才能再次启动主机。

2. 自动降速

AC 600 的自动降速功能主要由 ESU 和主机 ECS 在网络通信的配合下完成的。当 ESU 接收到自动降速传感器信号，ESU 产生自动降速信号并通过 RS422 通信将自动降速信号传送至主机 ECS，由主机 ECS 控制主机降速。此时，主机转速不会超过自动降速设定转速值，但在最低稳定转速和该预设转速之间，手柄调速仍然有效。自动降速设定转速值可以在 ACP 触控屏上修改。

AC 600 可以设置多个自动降速项目，具体数目根据实际船舶项目而定。AC 600 可设置的自动降速项目见表 9-2。

表 9-2　AC 600 可设置的自动降速项目

编号	信号类型	降速信号	是否可取消	复位
Shut down1 ~ x	模拟量/开关量	常见的信号有： 主机滑油压力低 主机滑油高温 推力块高温 各缸排烟温度高 各缸冷却水温度高 曲轴箱油雾浓度高 ……	可设置	自动降速故障消失后,自动复位

（1）自动降速的取消

所有的自动停车项目均可通过 ACP 屏幕操作将其设置为"不可取消（Non cancellable）"或"可取消（Cancellable）"两种类型，超速停车通常设为"不可取消"类型。对于不可取消的项目，只要传感器起作用就将立即触发主机自动停车；而对于可取消的项目，则可分别设置一定的延时时间，并且在延时范围内可以取消。取消方法有两种：一是在当前操作部位的 ACP 左侧按下"Cancel SHD"按钮进行一次性全部取消；二是在集控室的 ACP 上通过屏幕操作对自动停车项目进行选择性取消（这种方法与当前操作部位无关）。第二种取消方法实际上是禁用自动停车信号输入，通常在检修系统时使用。

（2）自动降速的复位

当引发自动降速的故障现象消失时，自动降速将自动复位。只有复位以后，手柄的转速设定功能才能在正常的转速区间有效。

不论是发生自动降速还是应急停车，AC 600 都将发出报警信号，并在 ACP 显示屏上显示相应的文本信息。此时，可通过 ACP 上的消音按钮和报警确认按钮进行消音和报警确认。

第十章

电控柴油机控制系统

随着智能控制在陆地上工业各领域的广泛应用和成熟，船上控制系统也发生了变化，最先引入智能控制的是船舶航向自动操舵仪，随之航迹保持器。到了 20 世纪 80 年代末，引入船舶主机，形成了智能型柴油机概念。由于人们对船舶可靠性、经济性和废气排放控制的日益关注，90 年代各大船舶主机制造商相继在实验室开展了智能柴油机研究，1993 年 MAN B&W 公司研制出试验机，在实验室中运转。1998 年首台智能型柴油机安装在挪威的 Bow Cecil 轮上。2000 年 11 月使用智能系统船舶主机进行试航，并通过了 DNV 等船级社认可，2002 年初 MAN B&W 公司正式推出了电子控制的 ME 系列柴油机。而瑞士 Wartsila 公司在 1998 年首先推出共轨式全电子控制的智能型柴油机 Sulzer RT-flex 燃油喷射系统，该系统实现了无凸轮轴柴油机燃油喷射，排气阀启、闭，启动空气和缸套润滑的全电控制，堪称柴油机的第三次革命。

目前，国内关于智能柴油机的叫法不一，这里尊重多数人的叫法，称之为电控柴油机。

第一节　电控柴油机控制系统的基本概念

智能控制引入船舶主机控制系统是从智能调速器开始的，它将船舶主机现时排烟中的含氧量、温度、增压器的压力、转速等信号都引入控制系统，根据现时主机的给定转速与实际转速的偏差大小，再综合现时的排烟温度、增压器的压力、含氧量等来决定燃油量，使其充分燃烧，达到经济性要求。但是，影响船舶柴油机燃油燃烧充分与否的因素很多，不仅与增压器压力的大小、输入新鲜空气量的大小有关，还与喷射开启时间、喷射持续时间长短、燃油喷射的压力有关，而且在不同柴油机转速下，它们也是不相等的。所以，当时的智能型调速器就达不到减排高效的目的，只能通过传统柴油机自身结构上的突破，才能提高船舶主机可靠性、经济性和降低排放。Wartsila 公司首先提出共轨技术，在传统的 Sulzer RTA 型柴油机上取消了废气排气阀驱动装置（exhaust valve driver）、单缸高压油泵（fuel pump）、凸轮轴（Camshaft）、可逆（倒车）伺服电动机（reversing servomotor）、燃油连接（fuel linkage）、启动空气分配器（start air distribution）和凸轮轴驱动（camshaft drive）等机构。采用共轨（Common Rail）装置，用来建立燃油压力，采用液压控制气阀启、闭操作，容积喷射控制单元（Volumetric InjectionControl Unit）控制燃油的流量和喷射时间；采用燃油供给单元（fuel supply unit）取代原有的燃油泵来提供高压燃油，由液压伺服油泵提供动力液压油。其结构示意图如图 10-1 所示。

一、 电控型柴油机的共轨技术

采用传统机械结构的柴油机无法实现高效减排目标，只有通过机电一体化设计对传统柴油机在结构上进行变革，才能实现高可靠性、经济性和高效减排的目的。图 10-2 为瑞士 Wartsila 公司研制的 Wartsila RT-flex 型船用低速柴油机电子控制共轨技术系统。从图 10-2 中可以看出，该系统取消了凸轮轴装置对其喷油和排气控制，取而代之的是 WECS 控制系统，它给各缸的气缸控制单元（CCU）发送燃油喷射控制信号，气缸的控制单元，根据这个指令和本缸气缸的活塞位置等来控制燃油喷射量、喷射时间、喷射方式（一次性喷射，脉冲性喷射）以及喷射油头的个数。排气阀的控制是由 WECS 控制系统发出指令给各缸控制单元（CCU），CCU 就根据指令给本缸的排气控制电磁阀通电，控制高压伺服

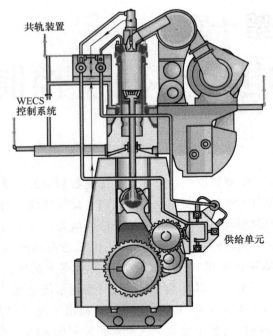

图 10-1　RT-flex 型电控柴油机的结构示意图

油，去驱动排气阀使之排气；而柴油机的起动也是由 WECS 控制系统根据曲轴角度传感器送来的曲轴的位置信号来判别各缸的活塞位置，从而发出哪个缸应打开启动阀进气进行起动。这里的启动阀也是采用电动控制电磁阀。

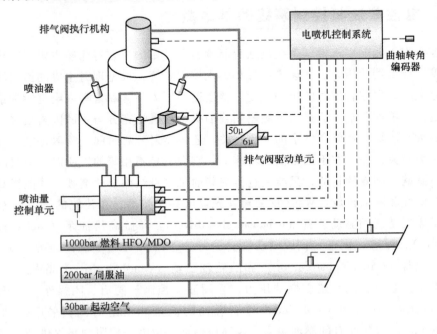

图 10-2　RT-flex 型船用低速柴油机电子控制共轨技术系统示意图

从图上看，各缸的燃油压力都是一样的，各缸的液压伺服油压力也是一样的，由此而得名，称之为共轨技术，只不过各大柴油机制造商所采用的压力不同而已。像瑞士 Wartsila 公司的 Wartsila RT-flex 机型是采用 100MPa 高压燃油压力，而 MAN B&W 的 ME 系列是采用 0.7~0.8MPa 低压燃油压力，它需进行二次增压后才能喷射。

二、电控柴油机控制系统的组成和主要功能

1. 电控柴油机控制系统的组成

要实现柴油机高效率和降低废气排放量，采用传统的机械结构是无法达到的，只有通过机电一体化设计才能实现。运用电的控制手段，才能做到灵活多变，适应不同柴油机的工况要求。船舶柴油机的电控系统主要由以下各部分组成：

（1）运行模式选择程序

它主要由低排放控制模式、燃油经济性模式、主机运行保护模式、应急停/倒车的最优化等模式组成。智能控制系统可根据船舶航行的实际情况，由驾驶台或自身控制系统选择对应所需的运行模式。

（2）主机控制系统

它主要由气缸喷射油量的控制，燃油泵的控制，气缸的压力测量与分析，最大功率 P_{max} 的控制，排气阀的控制，压缩压力的控制和增压系统的控制等单元组成，它控制着柴油机各系统的运行。

（3）主机工况监测、分析与管理

主机工况监测、分析与管理应能自动采集主机的各种运行参数，并通过计算机控制，使主机始终运行在最佳状态，它主要由活塞环或气缸套的工况监测、气缸压力监测、扭力和振动监测以及柴油机智能管理等单元组成。

综上所述，电控柴油机控制系统的组成可用拓扑图表示，如图 10-3 所示。

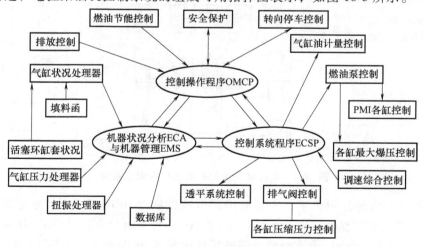

图 10-3　电控柴油机控制系统的组成可用拓扑图

2. 电控柴油机的主要功能

实现智能型柴油机的各种功能，要靠现代自动化、计算机、通信等技术手段来支持。首先将检测的柴油机各种运行状态信号送到计算机进行处理（按照最佳的工作模式，使柴油

机燃油效率最高，排放最低），利用处理结果对柴油机的燃油喷射系统、电子调速系统、增压系统、排气系统等进行控制，这就要求检测信号的传感器反应快、可靠性高，计算机运行速度快，各系统的执行机构动作迅速、灵敏和可靠。其次是对柴油机的维护管理、故障诊断等进行深层次管理，使柴油机在寿命期限内达到最大效率。它可监测柴油机各工况、记录历史数据，进而对其进行分析，检测出磨损量，预测出检修、更换备件的时间表，同时，还能对备件进行管理，在少件或缺件的情况下自动形成申购表。通过检测的柴油机运行参数，对存在的故障进行诊断，它能实现对柴油机全方位的管理。最后，由于检测参数多，执行机构也多，用单台计算机处理控制无法满足适时性，需采用分散式控制方案就得使用多台处理器。它们之间是通过现场总线方式进行交换和传递相关信息的。

电控柴油机的控制系统结构示意图如图 10-4 所示，图 10-5 是电控柴油机的控制系统方框图。由图 10-4 可见，集控室可用多台计算机与现场总线（双总线制互为备用），柴油机由两个主机控制单元（EU）控制，它们之间也是互为备用，一个单元在运行工作，另一个处于热备用，通过集控室上的转换开关来切换，由集控室或驾驶台车钟发讯器下达车令，通过数据处理送到总线上，主机控制器（EU）接收到该车令后根据传感器（S）检测的柴油机现时状态信息进行处理，然后按处理结果形成指令，通过总线送到各缸的控制器（CU），对本缸的燃油喷射控制、排气阀控制、启动阀控制和特定气缸的气缸注油器控制等。

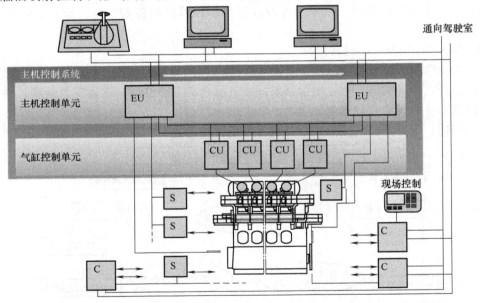

图 10-4　电控柴油机的控制系统结构示意图

开发电控柴油机的公司很多，主要有美国卡特彼勒（HEUI 系统），德国博世（Rebert Boseh 公司），意大利菲亚特（Fiat 集团 Unijet 系统），日本电装公司（ECD-UZ 系统），英国 Loucas 公司（diesel system）及大型低速柴油机供应商 Wartsila 公司（RT-flex 系统）和 MAN B&W 公司（ME 系统）低速柴油机。我国船上所采用的比较典型的是 Wartsila 公司的 RT-flex 系统和 MAN B&W 公司的 ME 系统，后面两节将对这两个系统分别作介绍。由于各公司对技术保密，只能对其方框结构介绍。作为维护管理人员，了解其控制系统以及各现场传感器、执行器的作用，在这些单元发生故障时，有助于尽快地排除故障。

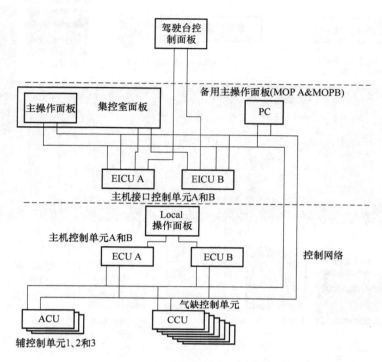

图 10-5　电控柴油机的控制系统方框图

第二节　Wartsila RT-flex 系列电控柴油机控制系统

　　Wartsila 公司的 RT-flex 型电控柴油机控制系统的核心单元是 WECS-9520，它的结构原理如图 10-6 所示。由图 10-6 可见，它主要由推进控制系统（Propulsion Control System）和各气缸的控制单元（FCM-20）等组成。推进控制系统（Propulsion Control System）接收外界的信号，如主机遥控系统、电子调速系统、安保系统等。各控制管系统（如控制油系统、燃油系统、液压伺服系统等）的传感器连接到各气缸的控制单元（FCM-20），如图 10-7 所示。燃油系统的执行器、液压伺服系统的执行器等也由各气缸的控制单元（FCM-20）进行相应调节，使柴油机完成相应的功能，达到最佳的运行状态。

　　WECS-9520 控制系统不仅取代了传统柴油机上凸轮轴相关的机械零部件的功能，而且能对燃油喷射、排气阀动作、柴油机的起动、换向、停车以及气缸润滑等功能实现全电子化灵活控制。通过对相关参数的设定和修改，可调节主机的运行状态和性能参数，实现柴油机最佳性能。此外，还可对主机的运行情况进行实时监测，并与船上的其他控制系统、报警系统连接，将主机的运行情况直接反馈给各系统，各系统可直接采用该信号进行综合处理。可见，它主要的作用是对共轨的燃油压力、伺服油压力进行控制以及实现对主机、气缸相关功能的管理，其中控制内容包括主机的状态检测、参数的调整、控制气缸的喷油时间、喷油量、排气时间，使主机处于最佳工作状态。另外，还负责与外界系统进行通信。

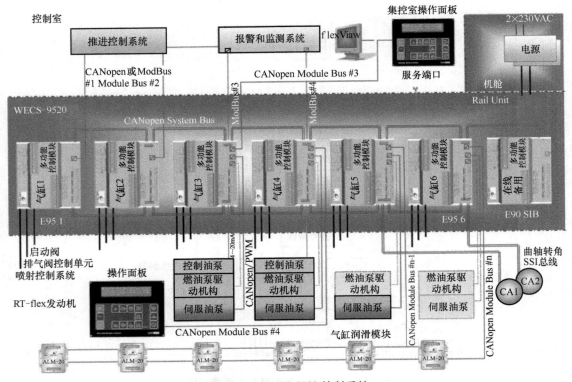

图 10-6 WECS-9520 控制系统

一、WECS-9520 控制系统各功能单元的作用

1. 推进控制系统（Propulsion Control System）

与 WECS-9500 不同，WECS-9520 没有中央控制计算机。推进控制系统主要由集控室手动控制面板（ECR Manual Control Panel）、电子调速系统（Electronic Speed Control System）、主机遥控系统（Remote Control System）、车钟系统（Telegraph System）、安保系统（Safety System）等部分组成。其中，集控室手动控制面板由柴油机厂家提供，其他部分通常由独立的主机遥控系统厂家提供。

2. 气缸控制单元（FCM-20）

每个气缸都装配一个 FCM-20 控制模块，安装在共轨平台的下部，负责对气缸的喷射控制单元、气阀控制单元、注油器单元、气缸启动单元的检测与控制。

3. 曲轴角度传感器（Crank Angle Sensor）

曲轴角度传感器用于准确测量曲轴位置，该信号通过总线传输至控制模块，控制模块接收曲轴位置信号，从而推算出气缸的活塞位置，便于对气缸的喷油和排气的时间控制。

4. 各缸执行器的传感器

各缸执行器的传感器主要用于检测各电磁阀和液压伺服油缸的工作状态。

二、WECS-9520 控制系统的通信功能

1. 与主机遥控系统的通信

所有主机的运行命令如正车、换向、倒车等，依据操作人员所操车钟要求形成指令发送

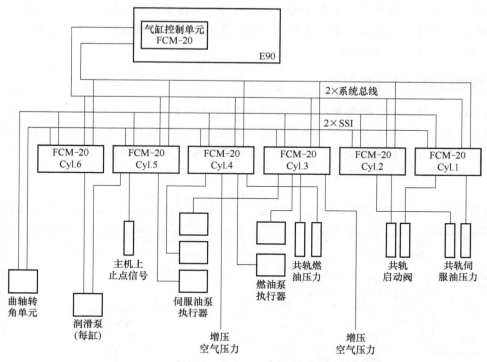

图 10-7 WECS-9520 控制系统传感器与执行元件原理图

给 WECS-9520，同时，WECS-9520 也会将主机负荷和检测到的排气压力、排烟温度等信号传送给主机遥控系统。

2. 与船舶报警系统通信

WECS-9520 控制系统检测到主机故障信号时，会发送给船舶报警系统进行报警、打印、记录或向安保系统发出减速、停车信号。WECS-9520 报警信号可分为重要报警信号和次要报警信号，如封缸报警信号为重要报警信号。

3. 与电子调速系统的通信

主机调速系统是独立的一部分，WECS-9520 控制系统接到主机调速系统的一个燃油指令信号，将这个信号分配到所有各气缸的控制模块（FCM-20），这就是柴油机此时的燃油给定值。如果调速系统发生故障，仍可手动调节燃油命令信号，此时，主机处于手动运行模式，在该模式下，对于可变螺距的主机而言，为了防止主机超速，应把螺旋桨设为定螺距运行。

4. 与安全保护系统的通信

WECS-9520 控制系统对液压系统的泄漏监测、各传感器工作状态监测、曲柄角度传感器监控，并将这些监控到的信号都发送到安全保护系统。泄漏检测是在整个液压系统的外包装中安装多个检测开关，当系统中某个部位或子系统发生不正常的泄漏，可及时检测出来。对各传感器的工作状态监控是判断传感器送出的信号是否越过上、下限值，若超出测量范围，说明传感器工作不正常，此信号不可信，同时也显示一个测量误差信号。由于曲柄角度是极其重要的参数，对其检测采用冗余设计，把两个曲柄角度编码器安装在自由端，通过联轴器由曲轴驱动。这两个曲柄角度编码器提供绝对转角信号，两个信号都传送到各气缸控制单元（FCM-20），对这两个曲柄角度编码器的信号进行比较，出现偏差超限，说明编码器不正常或故障。若不出现偏差超限，再与飞轮端的转速传感器读数进行比较，必要时还需通过WECS辅助控制器进行补偿和校正。

三、气缸控制单元（FCM-20）

图 10-8 是 RT-flex 电控柴油机的气缸控制单元的（FCM-20）原理图，它负责对气缸运行状态进行控制，同时也采集燃油喷射信号、排气阀的位置信号以及三个喷射阀状态的实时信号，然后通过设定的程序进行计算处理，对各燃油喷射阀、废气排放阀、启动进气阀和液压伺服油泵的执行器进行控制。

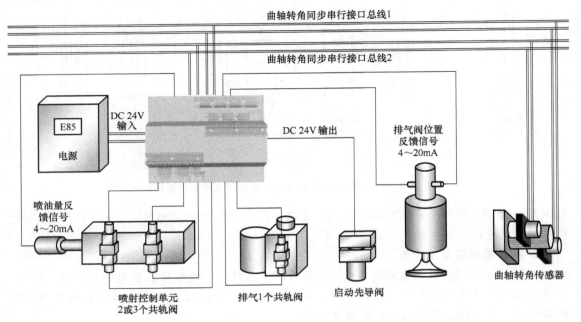

图 10-8　RT-flex 电控柴油机的气缸控制单元（FCM-20）原理图

四、电控柴油机燃油系统的控制

由于电控柴油机燃油是采用共轨系统，因此有共轨燃油压力控制和各缸喷射油量的控制。图 10-9 为 Wartsila RT-flex 电控柴油机的共轨管路燃油压力控制原理图。由图 10-9 可见，特定的气缸控制模块 FCM-20 接收柴油机转速信号和现时共轨上的压力信号，然后通过内部运算处理输出控制燃油泵执行机构的驱动器信号，并对其实现控制，使得燃油泵输出的燃油压力达到现时柴油机的转速所要求的压力。当共轨上的燃油压力过高时，通过燃油压力控制释放阀，使其保持稳压；当安保系统检测到危及主机的故障信号时就发出关闭燃油信号，使燃油速闭阀动作，把燃油排放掉。同时，共轨燃油压力也受主轴承滑油压力控制的燃油压力控制阀控制，起到保护柴油机的目的。燃油增压泵是由曲轴通过传动机构来驱动的，如果其中一个燃油泵驱动器发生故障，它会通过弹簧使得正常连接在适当位置或移动到最高位置，变成定量泵，其余没有发生故障的燃油泵仍保持变量泵而受控的状态。

图 10-10 为 Wartsila RT-flex 电控柴油机的液压伺服油压力控制原理图。在非喷射燃油时

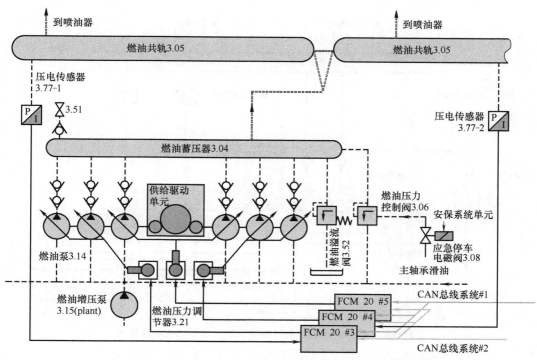

图 10-9　RT-flex 电控柴油机的共轨管路燃油压力控制原理图

间段内，气缸控制模块不发出喷射燃油信号，三个电磁阀无电，控制伺服油不能进入喷射控制阀的信号端，喷射控制阀下位通，共轨管路中的 100MPa 的燃油通过三个喷射控制阀下位，进入燃油喷射量油缸中，控制好量油缸中活塞位置，就确定了该气缸燃油喷射量的大小。燃油喷射量是通过比较速度控制器中的喷射油量和燃油指令信号的要求推算出的。当气缸控制模块根据曲轴编码器送来的曲轴角度信号和 VIT，就可计算出喷射初始角，到达喷射初始角时刻发喷油指令，使共轴电磁阀通电（这三个电磁阀是否同时通电，取决当时柴油机的负荷和转速，如：低速、低负荷时，只需一个电磁阀工作，即一个油嘴工作），这时相应的液压伺服控制油出现在喷射控制阀的信号端，使其上位通，这时共轴管路的燃油被堵塞，量油缸中 100MPa 燃油再通过活塞驱动，形成更高压，通过喷油嘴喷入气缸进行雾化燃烧。由于各阀件启、闭是需要时间的，为了准确定时喷油，需要计算出延时时间，通常把触发信号发出时刻到有效喷射的时刻之间差值称为喷射动作滞后时间。根据之前循环的喷射动作滞后时间可计算出下一个喷射循环。喷射系统还可以采集三个喷射阀的开启时间来监测每次的循环，以防混乱。如果油量传感器损坏了，控制系统将进行定量喷射。

五、液压伺服油压力控制

图 10-10 为 Wartsila RT-flex 电控柴油机液压伺服油压力控制原理图。WECS-9520 控制系统采集控制油轨的伺服油的压力信号，与给定值 20MPa 比较，若出现偏差，通过总线使各气缸控制模块去控制伺服泵输出量，从而控制伺服油轨的压力。每个气缸控制模块都输出一个指令信号给伺服泵内部的压力控制器，通常该控制信号是一个脉宽调制信号（1~2.5A），其频率为 60~100Hz。伺服和控制油都是把润滑油再经过一次过滤后的滑油。伺服控制油共轨管路系统装了一个安全阀，还安装两个压力传感器，采集共轨伺服控制油压力信号。

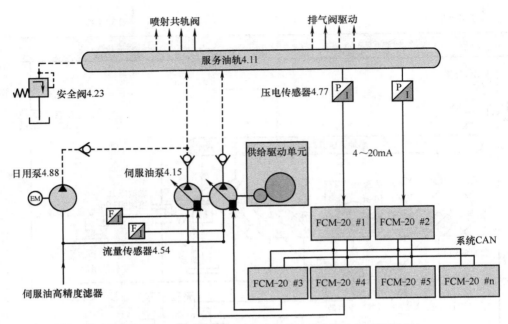

图 10-10　RT-flex 电控柴油机的液压伺服油压力控制原理图

六、排气阀的控制

图 10-11 为 Wartsila RT-flex 电控柴油机的排气阀控制原理图。气缸控制模块根据曲轴角度编码器的信号和排气阀开启（VEO），发出开启排气阀的信号，该信号使排气轨道电磁阀动作，上位通，伺服油进入排气控制阀的信号端，使上位通，这时伺服油进入执行油缸，活塞移动，把 0.4MPa 的液压油增压推入排气阀的上油室，阀芯下移进行排气，同时排气阀移动的位置由两个冗余设计位置传感器进行监测，反馈给气缸控制模块，监测排气阀是否开启。若一个位置传感器损坏，另一个传感器可继续使用，这时发出报警信号。若两个位置传感器都损坏，气缸控制模块内部的固定动作程序仍然保持有效，排气阀仍能工作。同样，气缸控制模块从发出排气指令到排气阀打开也有延时，称其为排气动作滞后时间。计算开启动作滞后时间是以阀的 0~15% 的行程为终止，计算关闭动作滞后时间是以阀的 15%~100% 的阀行程为终止。每个动作滞后时间都可通过之前的动作滞后时间来调校下一个循环的动作滞后时间，这样，就可准确定时对排气阀打开（VEO）和关闭（VEC）进行定时控制。

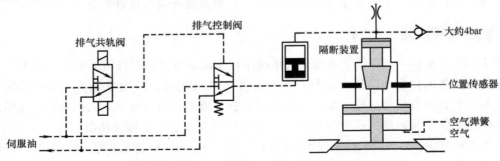

图 10-11　RT-flex 电控柴油机的排气阀控制原理图

以上介绍了 Wartsila RT-flex 电控柴油机控制系统的主要硬件部分及其运行原理，软件部分是系统的核心，属于技术保密，资料甚少，再加篇幅有限，其软件的流程图和操作界面请参阅该机型的操作说明书。

第三节　MAN B&WME 系列电控柴油机控制系统

MAN B&W 公司的 ME 系列电控柴油机也是采用共轨技术，但是燃油共轨管路的压力为低压 0.7~0.8MPa，伺服油的压力为 20MPa，都属于低压力系统，能较有效地防止漏油。这样在机械结构上与 Wartsila 公司共轨柴油机有所不同。对于燃油就得各缸进行二次增压来达到喷射压力要求。图 10-12 为 ME 系列电控柴油机的共轨系统示意图，由燃油泵使燃油增压到 0.7~0.8MPa，送到各个气缸的燃油升压器进行喷射前的再增压，使压力达到喷射压力，而液压伺服油是由主滑油泵送来的滑油通过二次过滤（6μm），再通过曲轴驱动的增压泵或电动驱动增压泵，增压到 20MPa 送到阀箱，通过控制各缸的电磁阀，使伺服油分别进入各缸排气阀的液压缸单元进行排气操作和进入各缸燃油增压的液压缸单元进行增压喷油操作。

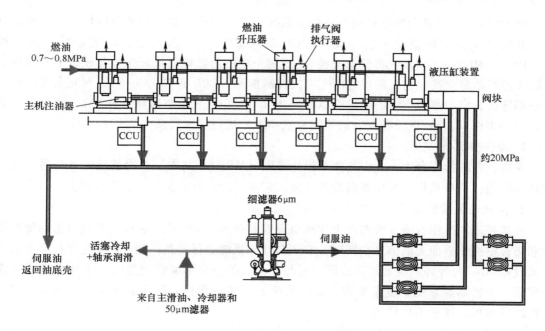

图 10-12　ME 系列电控柴油机的共轨系统示意图

同样，ME 系列电控柴油机也有燃油喷射、排气阀、启停和换向等控制。它也是采用计算机直接控制系统，如图 10-13 所示。与常规计算机控制系统相似，其输入通道有开关量信号、模拟量信号（有电压信号±10V，电流信号 4~20mA）、脉冲信号（曲柄轴角度编码脉冲信号）等；输出通道有控制各个电磁阀的开关量信号，也有继电接触器控制信号，模拟量电压（±10V），电流（4~20mA）信号等去控制相关执行器，还有通信通道，与其他计算机进行串行通信，与上、下位机进行网络通信，人机界面有一个专用通道。

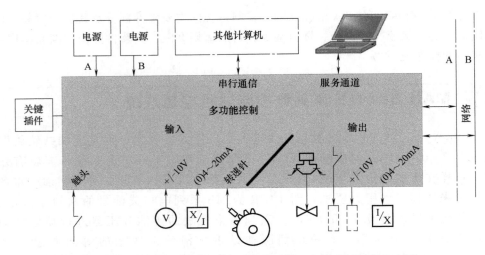

图 10-13　ME 系列电控柴油机的计算机直接控制系统硬件示意图

一、ME 系列柴油机的电控控制系统

图 10-14 为 ME 系列柴油机的电控控制系统。其主控板也是采用冗余结构。在集控室有两个并联冗余的主机信息控制单元（EICU A 与 EICU B）和两个并联冗余的控制面板（MOP A 与 MOP B，实现人机信息交换）。这两个主机信息控制单元也与驾驶台上的操作显示面板进行信息交换，在机舱里有两个主机控制单元（ECU A 和 ECU B），与冗余设计的双总线相连接，它与集控室中的主机信息控制单元（EICU）、控制面板（MOP）、执行器控制单元（ACU1、2、3）以及各气缸的控制器（CCU）进行信息交换（通信）。

1. 操作界面（MOP）

在集控室的操作台中，上面有两个操作界面（MOP），其中一个为运行状态，另一个为热备用状态，一旦运行中操作界面发生故障，它能自动切换到另一台备用界面上。

2. 主机信息控制单元（EICU）

在集控室的操作台内安装有两个主机信息控制单元（EICU），它接收驾驶台上的操作信息和集控室操作界面上的信息，同时，它还与外部系统进行通信。图 10-15 为主机信息控制单元（EICU）与外部系统通信示意图。它与上位机的主机电源管理系统、手柄 4~20mA 停止信号、主机遥控系统、报警系统、安保系统进行信息交换，其功能和作用与 WECS-9520 控制系统相似，这里不再赘述。

3. 主机控制单元（ECU）

主机控制单元（ECU）是 ME 系列柴油机智能控制器的核心，它管理着三个辅助控制单元（ACU）和各缸控制单元（CCU），并对其进行监控，同时接收现场传感器送来的信号和机旁操作板的操作指令，对 ACU、CCU 下达指令，实现主机换向、启动、喷油、排气、停车等一系列操作，使主机各运行状态达到最佳，为了安全可靠，它可直接控制备用泵的启、停运行。

4. 辅助控制单元（ACU）

辅助控制单元（ACU）是对燃油泵、滑油泵和辅助鼓风机进行启、停控制，使其共轨

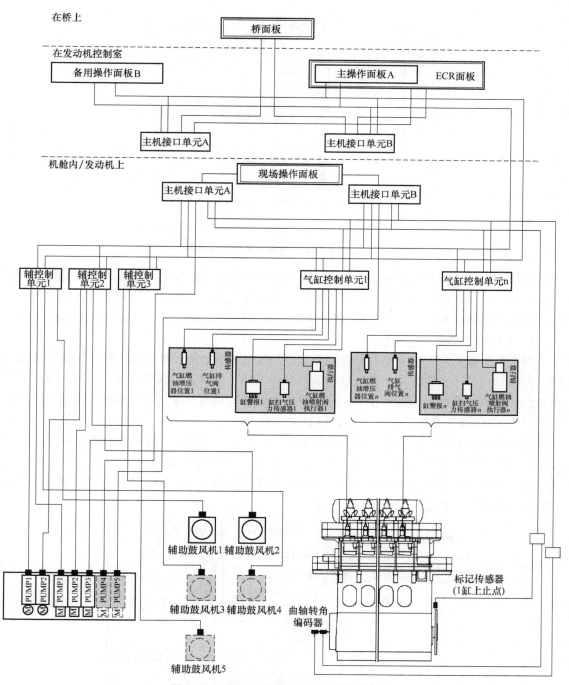

图 10-14　ME 系列柴油机的电控控制系统

管路中保持所要求的压力。它有自动控制模式和手动控制模式。在自动控制模式下，各台辅助鼓风机是根据设定好的"启动顺序"，按扫气压力的大小进行启、停控制，当扫气压力小于等于 40kPa 时，就按"启动顺序"启动辅助鼓风机，当扫气箱中压力达到 70kPa 时，就依次停止这些鼓风机，其停止是按扫气压力逐一减台的，即扫气压力高于 70kPa 时，先延时

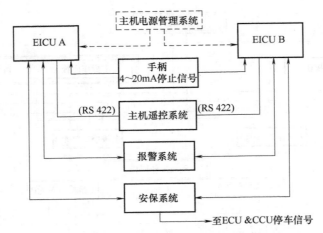

图 10-15 主机信息控制单元与外部系统通信示意图

停一台鼓风机，当扫气压力为 40~70kPa 就不再停第二台，若停了一台鼓风机，扫气压力还是大于 70kPa 时就停止第二台，以此类推，启动正好相反，以 40kPa 为起动值，当主机停车时，辅助鼓风机将继续运行 15 分钟后才停机，在手动操作模式下，由操作人员控制。

5. 气缸控制单元（CCU）

每个气缸都有一个独立的气缸控制单元（CCU），它接收曲轴自由端安装的曲轴角度编码器的脉冲信号，由此计算出本气缸活塞位置和工作进程状态；同时，接收主机转速传感器信息，计算出活塞的运行速度信号；还采集了燃油增压活塞和废气排气阀的位置信号。再根据 ECU 发来的指令进行综合处理，去控制主机各缸的启动、停车、喷油、排气等操作。本系统与 RT-flex 机型有所区别，它的燃油喷射采用模拟量控制，而排气阀控制则采用开关量控制。对燃油喷射采用的是比例阀，而对排气控制则采用开关量的开启/关闭。两者不会混乱，因为燃油喷射时间段与排气阀开启时间段是不会重合在一起的，所以它采用了一个三位三通液压伺服阀来控制，如图 10-16 所示。

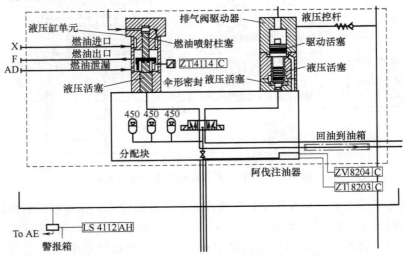

图 10-16 ME 系列柴油机的燃油喷射和排气阀液压操作的原理

当要进行燃油喷射时，使电磁阀左边有信号，左位通，高压动力油进入左边的燃油增压器活塞的下位，高速推动增压缸活塞，使燃油缸内的燃油升压，从喷油嘴向气缸内喷油。燃油量的多少是由 CCU 控制 FIVA 的比例阀（图中未画出）来控制，与 Wartsila RT-flex 机型不同，它是靠控制燃油进油阀的开度来实现，而 Wartsila RT-flex 机型是以量油缸的活塞位置来度量的。当轮到排气操作时，CCU 就使得右端有信号，右位通，高压动力就进入排气阀执行器的液压油缸的活塞的下端，高速推动液压油使排气阀执行器的油缸活塞向上运动，形成高压动力油去操作排气阀，使其打开排出废气。当排气结束时，处于即不喷油，又不排气操作时，控制阀两端都没有信号，阀处于中位，两个增压器的活塞下端高压油回流到回油柜中。

有一气缸自动润滑器（AL），它也是由 CCU 控制的，也是一个启、闭阀，它的通断馈给率是由喷射的频率来控制，即燃油喷射频率高，说明主机转速高，气缸的润滑注油也要频繁，以保持气缸活塞良好润滑。

二、柴油机转速控制

当驾驶台或集控室的车钟发出主机转速指令，通过转速调速器进行调制，按照主机的运行参数和本身特性参数对车钟的转速指令进行调制：如稳速过程、停车减速过程、最小转速、最大转速、定速航行过程中、紧急停车指令、故障减速、功率与转矩最佳配合、启动时的加速速率、负荷程序、临界转速回避、转速微调等，这时车令的发送是不一样的，按照对应的设定程序发送车令，然后，这个车令与主机实际转速信号进行比较，得到偏差值，送到调速器（Governor）进行比例积分微分调节或智能控制算法进行计算处理，所得的信号，经过主机性能指标的限制器进行相应限制，使其不超过限制值，将输出结果作为当时燃油量的给定值，若超过限制值，只能以限制值输出作为当时燃油量的给定值指令，送到气缸控制单元（CCU），由它控制 FIVA 的比例阀，实现燃油量控制，使主机转速跟随车令的要求，ME系列机型的调速器功能被集成在主机控制单元（ECU）中，图 10-17 就是主机控制单元（ECU）实现调速器（Governor）功能的操作界面图。

三、曲轴角度编码器

ME 系列机型转速传感器是采用磁脉冲式输出转速传感器，它的曲轴角度编码器与通常编码器有所不同，图 10-18 为该机型曲轴编码器原理图。它有八个磁感应探头，分成 A 组与 B 组；A 组中两个为检测转速和方向，另两个为标记位检测，一个放在 0° 位，另一个放在 90° 位上。B 组也用两个探头检测转速和方向，其他两个为标记位，但与 A 组的标记位相差 45°，一个放在 45° 位上，另一个放在 135° 位上，这样，曲轴自由端驱动一个磁性半圆环转动，在标记位上的探头就会有输出电动势变化，若输出高电平为 "1"，低电平为 "0"，则可做出四个标记位探头输出的电平高低与曲轴位置角度的关系表，见表 10-1。

表 10-1　四个标记位探头输出电平高低与曲轴位置角度的关系表

位置	0°~44°	45°~89°	90°~134°	135°~179°	180°~224°	225°~269°	270°~314°	315°~359°
MMA	1	1	1	1	0	0	0	0
MMB	0	1	1	1	1	0	0	0
MSA	0	0	1	1	1	1	0	0
MSB	0	0	0	1	1	1	1	0

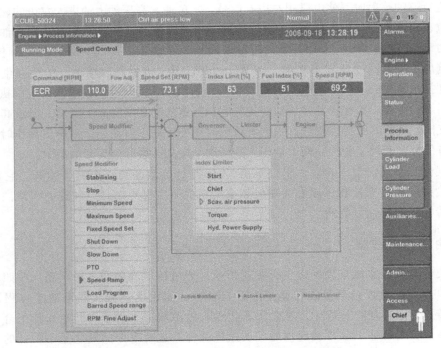

图 10-17　ME 系列电控柴油机的调速器界面

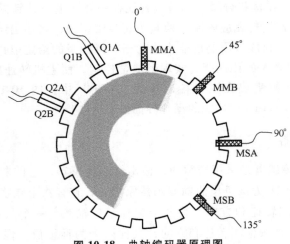

图 10-18　曲轴编码器原理图

用于检测转速的两个探头是正交的，在时间上相差 90°（1/4 周期）。这两组信号通过转速角度测量系统处理后送到主机控制单元（ECU）和气缸控制单元（CCU），从而推算出气缸活塞的位置，做出相应的控制和操作。

ME 系列机型的智能控制系统的操作软件是采用组态软件方式，界面友好，操作方便，由于篇幅有限，请参阅 ME 系列的操作手册。

电控柴油机是柴油机第三次变革的产物，也是机电一体化设计在内燃机设计的成功应用。由于电控柴油机正处于发展壮大阶段，随着新的控制策略和方法的改变，其性能和管理能力将进一步提高，使电控柴油机成为真正"智能化"。